彭璐珞　肖伟光　著

中国式现代化的文化基因

中华书局

图书在版编目（CIP）数据

中国式现代化的文化基因/彭璐珞,肖伟光著. —北京:中华书局,2024.4
ISBN 978-7-101-16554-8

Ⅰ.中… Ⅱ.①彭…②肖… Ⅲ.中华文化-关系-现代化建设-研究-中国 Ⅳ.①K203②D61

中国国家版本馆 CIP 数据核字（2024）第 030354 号

书　　　名	中国式现代化的文化基因
著　　　者	彭璐珞　肖伟光
责任编辑	杜艳茹　李　猛
责任印制	管　斌
出版发行	中华书局
	（北京市丰台区太平桥西里 38 号　100073）
	http://www.zhbc.com.cn
	E-mail:zhbc@zhbc.com.cn
印　　　刷	天津裕同印刷有限公司
版　　　次	2024 年 4 月第 1 版
	2024 年 4 月第 1 次印刷
规　　　格	开本/920×1250 毫米　1/32
	印张 11⅝　插页 2　字数 223 千字
印　　　数	1-8000 册
国际书号	ISBN 978-7-101-16554-8
定　　　价	58.00 元

目　录

序　一

楼宇烈

　　要自觉树立文化主体意识，很重要的一点，就是搞清楚中西文化的差异问题。这个问题不搞清楚，文化主体意识就很难树立起来。

　　文化差异主要有两种，时代差异和类型差异。一百多年前，西方文化携强大的物质文明闯入中国，为冲破保守思想的束缚以图强自新，人们将中西文化差异定位为时代差异，在当时有其合理的一面。而在今天，人们应当更加注重的是中西文化的类型差异。

　　中西方文化之间的差异，既有历史发展阶段上的差异，也有类型上的差异，而其中不同类型文化之间的差异是根本的。不同类型的文化，在其各自的历史发展过程中，由于所在地区、民族、国家具体历史进程的差异，当人们在同一时段内对它们进行比较时，则常常会首先显现出许多时代性差异的特征来。从理论上来讲，当我们对中西文化进行比较时，最主要的是应当注意其类型上的差别，发现其间由此而形成的各自不同特点，以及相互之间的互补性，以推进全人类文化的相互交流、共同繁荣和发展。但是，要在实践中这样去做并不容易。

在以往有关中西文化的争论中，有不少学者已注意到了中西文化为类型上之不同，并强调不应对西方文化盲目崇拜、对中华优秀传统文化妄自菲薄。然而，由于当时中国社会历史发展阶段、经济发展水平整整落后于西方一个历史阶段，因此，社会上对中西文化之间的差异，更注意和强调的是两者之间的时代性差异。近代以来，在器物、制度、观念三个层面都试图学习西方乃至照搬西方，但最终都以失败告终，这些都在不断强化人们关于中国文化在时代上落后的想法。这也就是在以往一个多世纪中为什么会形成对中国文化有如此强烈批判和否定倾向的一个重要历史原因。

二战结束以后，东方地区民族、国家和社会的情况发生了巨大变化。这些民族和国家不仅在政治上摆脱了殖民地或半殖民地的地位，获得了独立，而且其中一部分国家在经济上也实现了高速发展。新中国成立特别是改革开放以来，我们用几十年时间走完西方发达国家几百年走过的工业化历程，创造了经济快速发展和社会长期稳定的奇迹，成功开辟中国特色社会主义道路。这些都说明，东方地区、国家的整个社会发展情况发生了根本变化，尽管在许多方面与西方地区、国家相比还存在着不同程度的差距，但它已不再是过去那种历史阶段或时代之间的差距了。正是这种政治、经济、社会境况的变化，促使了东方民族对自己文化传统的反思和自觉，并开始恢复对民族传统文化的自尊和自信。这正是我们所以提出文化自信的现实根据，正如习近平总书记所说的："随着改革开放一路走过来，随着正确的中国特色社会主义思想、社会主义道路的建立，随着我们在实践中真正证明这条道路是正确的，文化自信随之而来。"

如果说时代上的差异我们可以通过社会变革和观念变革来迎头赶上乃至消除的话，那么对待文化类型上的差异是不能用"赶上"的方法去解决的，而且可能是永远不能消除的。因为，这种文化类型的差异，是在各自地区、民族、国家文化的长期发展中形成的，它凝聚着不同地区民族的历史传统，体现着不同地区民族的特有性格和精神风貌（诸如生活习俗、礼仪举止、思维方式、价值观念等），因而它也就会深刻地影响着不同地区、民族、国家今天文化发展的总体方向和特点。在这一问题上是不可能、也不应当强求一致的。

当然，这并不是说不同类型文化之间不需要交流，更不是说不同文化类型之间不可能进行交流。事实上，从古到今，不同类型的文化之间无时无刻不在进行着交流。不同文化都是人类共同创造的，正因为有类型上的差异，文化的互补才有可能。我们当然也要学习西方文化的优点，但前提是要挺立文化主体性，否则出主而入奴，势将沦为他种文化的附庸。当今世界，文化交流、交融、交锋之势前所未有，西方强势文化深刻影响甚至侵蚀着一些欠发达国家和民族的文化。如何保持和增强自身的文化主体性，成为这些国家和民族最关切的问题之一。对于中华文化来说也是如此：如果没有主体意识，就有可能被其他文化侵蚀甚至同化，沦为"文化殖民地"。这是一个非常严峻的问题。

《荀子》中有这样的记载：孔子向他的弟子子路、子贡和颜渊提出一个相同的问题："仁者若何?"子路认为，"仁者使人爱己"。对这个回答，孔子的评价是："可谓士矣。"这个评价已不低。子贡认为，"仁者爱人"。对这个回答，孔子的评价是："可谓士君子矣。"这比对子路的评价高了一层。颜渊认为，"仁者自爱"。对这个回答，孔子的评价是："可谓明君子矣。"显然，这是一个更高层次的评价。为什么孔子高度肯定"仁者自爱"？这是因为，在儒家看来，一个有仁德的人一定是自爱、自尊、自立的人，而一个真正自爱、自尊、自立的人一定会推己及人，做到"己欲立而立人，己欲达而达人"。这样，他就会爱人，也容易赢得他人的爱。儒家的这一理念对我们今天增强中华文化主体意识很有启示。

多年前我在《中国的品格》一书中提出，要树立文化主体意识，没有文化主体意识就没有自信和自尊，就没法进行文化交流、促进文化进步。文化交流是多元文化的交流，如果只是单一的文化，就会停滞发展，没有发展前途。只有树立起自己文化的主体意识，才能更好地跟世界文化交流，才能更好地吸取世界文化中优秀的东西。如果没有文化主体意识，我们就看不到自己文化的长处和短处，也看不到世界文化的长处和短处，也不知道怎么取长补短。

应当看到，一种文化要具有穿越时空的引领力、凝聚力、辐射力，必须具有主体性。文化主体性是文化自信的前提，文化自信是文化主体性的重要体现。当下和未来，我们还会不断受到西方文化的冲击和影响，但是只要我们站稳脚跟，挺立文化主体性，以开放心态迎接、消化西方文化，以我为主、择善而从，我们就完全可以在与西方文化的交流融通中创造属于我们这个时代的新文化，更好建设中华民族现代文明。

以上是去年在《人民日报》所刊文章《文化自信来自我们的文化主体性》的原稿，由肖伟光贤契整理。

肖伟光和彭璐珞两位北大博士，十多年前都是北大国学社骨干，他们组织的《论语》读书会等国学活动颇有影响力，经常有其他高校的学子往返三个多小时来参加。如今，他们在各自岗位上为弘扬传统文化做了不少有意义的事情。他们联手写作的这本《中国式现代化的文化基因》，将"中国式现代化"和"文化基因"这两个关键词连接起来，作了比较深入而有特色的思考，有些地方还有一定新意，对于我们更好理解中华民族的文化主体性、增强中华文化主体意识都有一定参考价值和启示意义。肖彭二位贤契请我作序，但如今年事已高，眼睛也不太好，就简单写这么几句，聊且为序吧！

（作者为北京大学哲学系教授）

序 二

张维为

"实为数千年来未有之变局。"这是1874年，李鸿章面对列强侵凌、外忧内患时发出的一声浩叹。古老中华文明的式微、中国在现代化进程中的迟到，诠释了这一变局的核心内涵。一个半世纪后的今天，"百年未有之大变局"再次被广为谈论。只不过，这一次伴随的是中国作为一个超大规模国家的崛起，是中国从现代化的迟到者变为现代化的增长极的历史性转折，它给世界带来的很可能是新一轮的"千年未有之大变局"。

国家的崛起需要伴随话语体系的崛起。在过去的数十年中，中国的迅速崛起虽然已经震撼了整个世界，但国内国外在相当程度上仍然处在西方话语的主导之下，对中国实践背后的中国模式和中国道路，颇多怀疑，颇多质疑。2010年，在多年来深入研究中国模式及其理念，包括对一百多个国家走访和思考的基础上，我提出"文明型国家"（civilizational state）的叙事，以解构西方中心主义的"民族国家"叙事。

所谓"文明型国家"，是指中国首先是一个现代国家、民族国家，但依然保留了自己独特的文明体系，其现代性融入了自身悠久文明的许多传承。换言之，当代中国是一个历史从未中断的古老文明与一个超大型现代国家的重叠，这使中国在许多方面实现了对西方模式的超越。因此，从更为长远的历史眼光来看，中国的崛起不是一个普通国家的崛起，而是一个五千年连绵不断的伟大文明的复兴，是一个人类历史上闻所未闻的超大规模的"文明型国家"的崛起。这一"文明型国家"不会跟着别人亦步亦趋，不会照搬西方或者其他任何模式，它只会沿着自己特有的轨迹和逻辑继续演变和发展，它也有能力汲取其他文明的一切长处而不失去自我，并对世界文明作出原创性的贡献。

十余年来，"文明型国家"的叙事在世界范围内得到越来越多的关注和认可。这一叙事的核心在于融通"国家"和"文明"这两个看似独立的范畴，从文化的内源性寻找中国崛起的核心密码。

在《中国震撼》一书中，我曾经写道："作为一个'文明型国家'，我们的文化基因太强了，你不想要中国特色，也会有中国特色。"这与梁漱溟主张的即便是建设社会主义，也得标出"中国特色"，才能在中国生根开花，中华文化"可因未来的社会主义社会而得复兴"等观点是相通的。中国式现代化既符合世界现代化发展潮流，又有中华文化基因作奥援，而这一强大的奥援，我们此前长期处于不自觉至少是自觉度不够高的状态。新时代的文化建设是新时代万千气象中的崭新气象。习近平文化思想的首次提出，让人期待已久，倍感振奋。

可喜的是，《中国式现代化的文化基因》一书的写作思路，与这一"文明型国家"叙事的底层逻辑异曲同工。"中国式现代化"是一个凝聚全党和全国人民共识的官方话语，而正是文化基因赋予了中国现代化超越西方现代化的重要底蕴。因此，挖掘和诠释中国式现代化道路的文化基因，便找到了中国式现代化之"何以中国"的关键所在。

在《中国式现代化的文化基因》一书中，彭璐珞、肖伟光两位作者对中国式现代化的文化渊源探赜索隐，提出中国式现代化五大基本特征与中华优秀传统文化基因一脉相承，对每一个特征的阐发都有自己的创见。

书中论述了人口规模巨大与中华文明所具有的突出的连续性、突出的统一性、突出的包容性等都有密切关系，其背后的文化基因就包括"参赞天地"的人本追求。本着对人的价值、意义与潜能的深刻理解，从新民主主义革命时期一直到新时代，中国共产党始终重视人民群众的力量，始终锚定人民对美好生活的向往，带领人民实现了从开天辟地、改天换地、翻天覆地到惊天动地的历史性飞跃，并且强调"现代化的本质是人的现代化"，"现代化的最终目标是实现人自由而全面的发展"，这正是"以人为本"、"参赞天地"理念的最好体现，是对古老的《周易》所提天地人三才之道的雄壮回应。

在第三章，作者提出一个让很多人都容易误解的问题：古人强调"义利之辨"，是否意味着反对发展生产力，否定人的欲望？作者通过重点阐释儒家、法家、道家等相关文本，说明中国先贤无不承认人的物质需求的合理性，重视物阜民丰对国家治理的安定作用，"王道政治"的核心内涵就是富民养民。"义利之辨"与"富民厚生"并不矛盾，只是对"君子"和"小人"、"内圣"和"外王"、律己和待人有不同的标准，而中国共产党将满足人民对美好生活的向往作为奋斗目标，正是新时代义利之辨的新篇章。

书中还提出，"中国为一人，天下为一家"是一代又一代先进中国人高悬的理想，中国共产党领导中国人民已将前五个字化为现实，但后五个字仍然任重道远。近年来，不少学者重新发现了"天下"的意义世界及其当代作用，而这正是西方观念世界中极度匮乏的。习近平总书记多次强调"天下一家"并将其上升到理念的高度，这是中国式现代化的努力方向，也必将转化为世界性的共识。

两位作者还认为，"在传统和现代的结合上"下功夫是习近平总书记一以贯之的思想，其内涵就是"通古今"，这是中国式现代化独特的历史观。这与马克思、恩格斯关于历史的观点一脉相承，不同于那种非此即彼、截然对立的形而上学思维，可谓是对近代以来很多矫枉过正观点的拨乱反正。也正是从这个意义上来说，"第二个结合"是又一次的思想解放。历史不应该成为中国式现代化的沉重包袱，而应当成为其独特而宝贵的财富，中国式现代化的独特历史观可以帮助我们处理好传统与现代、继承与发展的关系，进而更好建设中华民族现代文明。

彭璐珞、肖伟光二位在分析"平等、互鉴、对话、包容"的文明观背后的文化基因时，着重分析了"平等"。"平等"二字，许多西方人可以说从来就不懂，他们骨子里的傲慢绵延至今。中国人则是惟道是从、谦和可嘉，强调"人无贵贱，有道则尊"，不平等我们就要奋力抗争、争取平等，近代以来的中国历史凝练到最后不就是为了这两个字么？1949年9月16日，毛泽东同志指出："自从中国人学会了马克思列宁主义之后，中国人在精神上就由被动转入主动。从那时起，近代世界历史上那种看不起中国人，看不起中国文化的时代应当完结了。"1989年5月16日，邓小平同志在与戈尔巴乔夫举行"结束过去，开辟未来"的会谈中强调，中苏关系恶化"真正的实质问题是不平等，中国人感到受屈辱"。2021年7月6日，在中国共产党与世界政党领导人峰会上的主旨讲话中，习近平总书记强调，世界上所有国家、所有民族都应该享有平等的发展机会和权利。"平等、互鉴、对话、包容"的文明观，首先就在"平等"二字，而"平等"二字具有深厚的中华文化底蕴，这些论述让人耳目一新。

书中相关富有启发性的论述，不一而足。在阐述论证中，既援引了古籍经典、历史事实、考古证据，也以大量真实而生动的中国现代化故事为佐证，材料翔实，文风亲切。从书中，我看到了中国青年一代的文化自信、话语自信，他们充满热情而又理据分明地向世界揭示，古老文明与现代国家绝非矛盾，而是相得益彰——今日之中国是古老中国的延续和新生，中华文明亘古亘今，中国智慧历久弥新，而这正是中国式现代化超越西方的核心密码所在。

文以载道，文以弘道。《中国式现代化的文化基因》一书，饱含着作者的深情和洞见，充满着时代气息，是一本思想性与学术性并重、创新性与启发性兼备的佳作。新时代呼唤更多以中国话语体系诠释中国实践、中国经验、中国道路的佳作，因为这本身就是建设中华民族现代文明、创造人类文明新形态的重要组成部分。

是为序。

（作者为复旦大学中国研究院院长）

01

中国式现代化是
中华民族的旧邦新命

　　盖并世列强，虽新而不古；希腊罗马，有古而无今。惟我国家，亘古亘今，亦新亦旧，斯所谓"周虽旧邦，其命维新"者也！

　　1946年，西南联大正式结束其历史使命，联大师生在校址上竖立了纪念碑，以上就是冯友兰先生在碑文中的名言。"周虽旧邦，其命维新"是《诗经·大雅·文王》中的诗句，原意为周虽然是历史悠久的邦国，却不会在守旧中灭亡，其使命在于不断革新。冯友兰将其概括为"旧邦新命"，成为民族性与现代性相结合的代名词、文化生命力强盛的风向标，被学界广泛采用。如今，"旧邦新命"被赋予崭新的含义，上升为国家话语。

　　2023年6月2日，在文化传承发展座谈会上，习近平总书记强调：

　　中国式现代化是赓续古老文明的现代化，而不是消灭古老文明的现代化；是从中华大地长出来的现代化，不是照搬照抄其他国家的现代化；是文明更新的结果，不是文明断裂的产物。中国式现代化是中华民族的旧邦新命，必将推动中华文明重焕荣光。

习近平总书记提出"建设中华民族现代文明"这一重大命题，作出"中国式现代化是中华民族的旧邦新命，必将推动中华文明重焕荣光"这一重大判断，为我们在新的起点上继续推动文化繁荣、建设文化强国、建设中华民族现代文明提供了根本遵循。

有学者认为，每一种文明都有生命周期，必然经历诞生、发展、鼎盛、衰落、灭亡的过程。的确，从以往很多文明的发展来看，这似乎成为一个无法摆脱的"文明魔咒"。像古埃及、古印度、古巴比伦等文明，由于内外部因素，最终难逃覆灭的命运。西方现代文明建立在物质主义基础上，囿于其固有弊端和局限，发展到高峰之后危机日益显露。在人类文明星空中，相对而言，有流星，也有恒星——而这恒星就非中华文明莫属。

"中华文明源远流长，从未中断，塑造了我们伟大的民族，这个民族还会伟大下去的。"深邃的目光穿越历史，习近平总书记充满自信。

"把世界上唯一没有中断的文明继续传承下去"，习近平总书记向全体中华儿女发出了伟大号召。

"把世界上唯一没有中断的文明继续传承下去"，靠的就是中国式现代化。中国式现代化是中华民族的旧邦新命，是强国建设、民族复兴的康庄大道。

中国式现代化赋予中华文明以现代力量，中华文明赋予中国式现代化以深厚底蕴。中国式现代化植根于绵延五千多年的中华文明沃土，既赓续文明又更新文明，具有深厚的生命力和强大的包容性，必将推动中华文明重焕荣光，必将蹚出一条人类走向美好未来的文明新路。

中国式现代化是赓续古老文明的现代化

"中国式现代化是赓续古老文明的现代化，而不是消灭古老文明的现代化"，这一论断的得出，很不容易。

为什么说不容易？因为我们经历过十分艰辛的探索，走过不少的弯路，也有过不少的教训。

"近百年的中华民族根本只有一个问题，那就是：中国人能近代化吗？能赶上西洋人吗？能利用科学和机械吗？能废除我们的家族和家乡观念而组织一个近代的民族国家吗？能的话，我们民族的前途是光明的；不能的话，我们这个民族是没有前途的。"这里所说的"近代化"，就是我们今天所说的"现代化"。这是一位历史学家发出的"世纪之问"，发问的历史学家名为蒋廷黻，这个"世纪之问"也因此被称为"蒋廷黻之问"。

蒋廷黻认为，近代中国不管面对多少困难与问题，但走向世界，不断拉近与世界之间的差距，始终是近代中国的主题。中国不是近代世界规则的制定者，只是世界一体化过程中的迟到者，因而中国在发展过程中不是要挑战世界已有规则，更不能对这些规则采取非理性冲撞或鲁莽颟顸式摧毁，而是应该引导国民尽快接受、尽快适应，尽快让中国和世界一致，尽快和其他民族国家一起发展、一起进步。只有一致，才能谈得上别致。没有一致，就没有别致。这是当时很多思想家的共识。

"蒋廷黻之问"发出的时间是在1938年，那恰恰是中华民族面临亡国灭种危机之时。我们打开历史的望远镜，寻找到这个特殊的时间坐标所在的历史参照系，也就可以更好地感受"蒋廷黻之问"的历史底蕴，更好领悟中国式现代化的来之不易。

对每一位中华儿女而言，近代史就是一部屈辱史、血泪史，也是中华民族历史上空前的抗争史、探索史。1860年，英法联军攻陷北京，清帝逃往承德，圆明园惨遭劫掠焚毁；1900年，北京城再次被攻破，八国联军所到之处，杀人放火，奸淫抢掠；1937年12月，中华民国的首都南京沦陷，日本人在南京制造了惨绝人寰的南京大屠杀。"蒋廷黻之问"就是在中国的首都第三次沦陷期间发出的。"蒋廷黻之问"，是历史学家最微渺的希冀，是中国人民最卑弱的呐喊，也是中华民族最沉重的困惑。

数千年来，中华民族一直都是人类文明的巅峰所在，是全世界的中心或者中心之一，一直以礼仪之邦、富强之国闻名于世，接受钦慕、崇敬乃至仰视。这些钦慕、崇敬乃至仰视来自周边文明，也来自遥远的异域文明，可以说，中华文明的影响力无远弗届。

英国学者安格斯·麦迪森在《世界经济千年史》中估算，从公元10世纪开始，中国国内生产总值一直占到世界两成以上。一般认为，"赛里斯"这个国名就是古希腊对我国的称谓，意为盛产丝绸的国家，那里温暖无比、富饶幸福、充满正义。《马可·波罗游记》将"富丽堂皇、遍地黄金"的中国形象展现给欧洲人，激起了欧洲人对东方的强烈好奇和向往，在西方历史上第一次掀起了"中国热"。很多欧洲人就是因为这本书迷上了中国，哥伦布、达·伽马等众多航海家、旅行家、探险家都是在看过这本游记后"东来西去"的，其目标就是抵达印度、寻访中国。作为西方世界最早的一批"中国通"，德国哲学家莱布尼茨在《中国近事》一书中写道："中国和欧洲代表了人类文化的两个高峰，如果中西加强合作与文化交流，便可以达成完美和谐的世界。"他主张欧洲人学习中国的实用哲学，开展欧洲文化与东方文化的交流。

工业革命的兴起改变了人类文明进程，重塑了世界格局，极大影响了世界经济结构、文化格局以及政治版图。错失了工业革命机遇的中国，从"天朝上国"一下子跌落成任人宰割的"鱼肉"。从严复著《原强》、《辟韩》，到郭嵩焘著《使西纪程》，再到孙中山著《建国方略》，都见证着对现代化的希望与失望。鸦片战争后，从"器物不如人"到"制度不如人"，再到"思想文化不如人"，中国人饱受欺凌和屈辱，民族自信心更是跌入了前所未有的谷底。

曾经的历史有多辉煌，心理落差就有多巨大！放眼中华文明史，中国人的自信心从未受到如此长时间的系列打击，从未受到如此深重的摧残。

在探索回答"蒋廷黻之问"的历史进程中，有过太多今天看来匪夷所思、哭笑不得的经历。

2024年2月22日（甲辰年正月十三），人民日报客户端有篇报道《女子英歌队的"中华战舞"，飒！》，发布不久阅读量即过十万，点赞数也过万。文章指出，龙年春节到潮汕追英歌舞成了一种潮流。英歌舞是潮汕地区的一种民间舞蹈，集戏剧、舞蹈、武术于一体，取材于《水浒传》，距今已有300多年历史。2006年，潮阳英歌被列入第一批国家级非物质文化遗产名录。龙年春节，英歌舞不仅再次"出圈"，还"出海"到英国伦敦，街头短短6分钟的表演吸引了不少海外民众现场围观。

刚健清新，富有特色，充满活力，饱含希望，作为"中华战舞"的英歌舞出圈而且出海，着实让国人振奋。"只要英歌舞的锣鼓敲响，年的味道就来了。""好好看！又好自豪的感觉。""最打动人的就是自信的笑容。""民族的才是世界的，还是传统的习俗更有节日气氛！"这些都是留言区点赞数很高的评论，很能代表国人的心态。

过春节舞龙舞狮习俗，在近百年前的中国却属于被政府严加限制的行为。自1929年起，当政的南京国民政府决定只过阳历新年

（美其名曰"国历"），废止农历新年，废除春节，并将其贬为"旧历"，有人称之为"废历"，必欲除之而后快。此前的北洋政府只是不允许公务人员过春节，而南京国民政府则希望把春节习俗从中国民间连根拔起。舞龙舞狮等都在明令禁止之列。

不仅是政府，一些知识分子同样把过农历新年当作陈规陋习。柳亚子公开声明要引导大家废除旧年，"我们言论界，是担负指导社会的责任的，我以为宣告废历死刑，应从我们言论界做起"。陈独秀则在《向导》发表《呜呼旧历新年》，其中写道："中国的旧历新年，没有丝毫历史上纪念的意义，全国人竟有十余日事实上的休息，各社会一切停顿，真是世界上一件怪事。"真的按照这些说法走下去，那就是一条"消灭古老文明"的路，幸好历史没有这么发展。

虽然有政令和舆论指引以及强制手段，在民间，农历新年还是照常在过。这样的状况也引起了学者的反思。著名民族学家、民俗学家杨堃在1932年发表了《废历年节之社会学的意义》，告诫政府和知识界精英，变革民俗时必须考虑传统习俗存在的社会根基。因为各种力量的推动，到1934年，官方开始让步，发文称"对于旧历年关，除公务机关，民间习俗不宜过于干涉"，等于变相宣布了"废除旧历"的失败。1937年全面抗日战争爆发，民族矛盾上升为社会的主要矛盾，民族文化的重要性一下子就凸显了出来。各党派各团体都意识到，春节能起到增强家庭、社会和国家凝聚力的作用，是抗战时期极为重要的无形力量和极为关键的精神因素。此后，封杀春节的历史告一段落。

我们详述废除春节运动这段历史，并不是为了发思古之幽情，而是想告诉大家：为了实现现代化，为了追赶西方国家，我们曾经多么狂热地想抛弃自己的一切以与西方接轨。

在走向现代化的进程中，在如何正确处理传统与现代的关系、如何正确看待我们的传统文化方面，我们有过很多教训。

新文化运动时期，一些人以激烈态度提出"打倒孔家店"、"废除汉字"、"将线装书统统丢进茅厕里"、"不读中国书"等口号。当然，在当时的具体环境中，他们的主张也可以说是一种论辩策略，主要是针对封建社会的礼治秩序和文化专制主义而发，这是可以理解的，也是具有进步意义的，为新思想进入中国特别是为马克思主义进入中国作了思想上的铺垫。就像鲁迅在《无声的中国》中所说的一段名言："中国人的性情总是喜欢调和、折中的。譬如你说，这屋子太暗，须在这里开一个窗，大家一定不允许的。但如果你主张拆掉屋顶，他们就会来调和，愿意开窗了。"为了要让大家同意在屋子里开窗户，就故意说要掀掉屋顶，否则就连窗户也开不成了。但是掀掉屋顶的主张必然是一种矫枉过正，其自身的偏颇是不言而喻的。

把视野再放开阔一点，我们还要看到，新文化运动中有三个主要流派，即以陈独秀为代表的革命派、以胡适为代表的自由派和以吴宓为代表的学衡派。三个方面共同作用，创造了历史。特别是要注意到，"学衡派"是新文化运动中非常重要的一派。一提"新文化运动"，很多人就只想到"打倒孔家店"，这种认识是非常片面的。即便是在欧风美雨急剧冲击中华固有文明的年代，中国仍然有一代又一代的学人，不畏时势艰难，逆风而行，坚忍地传承着中华文化的优良传统。他们一方面深信"中学"特别是"儒学"不会断绝，自觉地承担着"存亡继绝"的使命，另一方面以广阔的胸怀融合"西学"的精华，对自身文化传统进行深刻反思、大力补救。

不光是学人，普通的人民群众也在默默地捍卫中华文化。春节之所以没有被废除就是一个最佳例证——当时的政府、学人都在强力推行、大力呼吁，但是老百姓有自己的想法和坚守，今天看来，这是中华民族之幸。

这让我们联想到习近平总书记在曲阜之行时的重要讲话。2013年11月26日，习近平总书记考察山东曲阜孔府，并来到孔子研究院召开座谈会。在这个座谈会上，总书记对传统文化有一大段意味深长的论述：

我们感到传统文化深入人心，是中华民族精神基因的传承。例如，有的农民不识字，他的言行举止，也无处不体现这种影响。这个，也体现在海外华侨、炎黄子孙、华裔身上。有的人在海外几代了，不会说中文不会讲中国话了，但体现在行为、思维方式上是"很中国的"，传统文化的影响非常大，是非、美丑、好坏等基本的价值评判标准是传统文化的。比如"人权"问题，现在很多西方国家都废除死刑，这个拿到中国来"公投"，很多中国老百姓会不赞成。杀人偿命，罪大恶极，杀了人，不判死刑，这个说不过去。我跟希腊总理说，你们的"民主"就是古希腊、古罗马的民主，是你们的传统，我们有我们的传统。

"传统文化深入人心，是中华民族精神基因的传承"，这个论断是我们后来高高举起"坚守中华文化立场，传承中华文化基因，展现中华审美风范"大旗的铺垫。前面讲到南京国民政府发动废除春节运动，但是老百姓却顽强保下了这个珍贵节日的案例，就可以为这个论断作注脚。

不仅如此。2014年6月，习近平总书记在会见第七届世界华侨华人社团联谊大会代表时强调：

团结统一的中华民族是海内外中华儿女共同的根，博大精深的中华文化是海内外中华儿女共同的魂，实现中华民族伟大复兴是海内外中华儿女共同的梦。共同的根让我们情深意长，共同的魂让我们心心相印，共同的梦让我们同心同德，我们一定能够共同书写中华民族发展的时代新篇章。

读懂这些，我们就可以体会到总书记在党的二十大报告中所说的"不断夯实马克思主义中国化时代化的历史基础和群众基础"中的"历史基础和群众基础"是什么。

不忘本来才能开辟未来，善于继承才能更好创新。我去年到山东考察调研，去了曲阜，在那儿我说过，对历史文化特别是先人传承下来的价值理念和道德规范，要坚持古为今用、推陈出新，有鉴别地加以对待，有扬弃地予以继承。这就是说，我们既不要片面地讲厚古薄今，又不要片面地讲厚今薄古，而是要本着科学的态度，继承和弘扬中华优秀传统文化，努力用中华民族创造的一切精神财富来以文化人、以文育人。

习近平总书记这段话辩证而深刻。"片面地讲厚古薄今"与"片面地讲厚今薄古"，二者都是片面的。我们这个民族有着厚重的历史文化传统，有着无比丰富的文化资源，这是值得自豪的，值得珍惜的，值得深入挖掘的。文化建设必须贯通古今，在继承基础上创新和发展。

从"打倒孔家店"到"两个结合"，这是一个巨大的飞跃。放眼古今中外，一切伟大的思想之所以伟大，是因为这种思想学说不仅深刻反映了特定时代的需求，而且具有超越时代、超越国界的智慧。真正的思想既有时代性，又具有超越时代的永恒性。过去我们在没有走出中国式现代化道路之前，总是在不断反思自己的文化，总是想着"西天取经"，重视的更多的是文化的时代性、阶级性而忽略了文化的超时代性，重视的更多的是文化的民族性而忽略了文化的超民族性。

谈到文化的超时代性，有个成语被习近平总书记反复提及，那就是"历久弥新"。

2012年11月15日，十八届中央政治局常委同中外记者见面时，习近平总书记在讲话中明确指山："在漫长的历史进程中，中国人民依靠自己的勤劳、勇敢、智慧，开创了各民族和睦共处的美好家园，培育了历久弥新的优秀文化。""历久弥新的优秀文化"，这是一种鲜明的宣示、庄严的宣示，其丰富内涵有待后续不断揭示和展开。

2014年10月13日，在主持十八届中央政治局第十八次集体学习时，习近平总书记强调：实现中华民族伟大复兴的中国梦，必须要有中国精神，而中国精神必须在坚持社会主义核心价值体系的前提下，积极深入中华民族历久弥新的精神世界，把长期以来我们民族形成的积极向上向善的思想文化充分继承和弘扬起来，使之为培育和践行社会主义核心价值观服务，为建设社会主义先进文化服务，为党和国家事业发展服务。

2019年9月27日，习近平总书记在全国民族团结进步表彰大会上的讲话中指出：各族文化交相辉映，中华文化历久弥新，这是今天我们强大文化自信的根源。

2023年2月20日，习近平总书记复信雅典大学维尔维达基斯教授等希腊学者，祝贺中希文明互鉴中心成立。他指出：当今世界正面临百年未有之大变局，化解人类面临的突出矛盾和问题，需要依靠物质的手段攻坚克难，也需要依靠精神的力量诚意正心。中希文明蕴含的价值观、世界观、宇宙观、人生观、科学观、文化观等博大精深、历久弥新，一定能够为人类破解时代难题、推动构建人类命运共同体提供重要的精神指引。

2014年10月15日，在文艺工作座谈会上的讲话中，习近平总书记对一位外国哲学家的论述表示了高度赞赏：

德国哲学家雅斯贝尔斯在《历史的起源与目标》一书中写道，公元前800年至公元前200年是人类文明的"轴心时代"，是人类文明精神的重大突破时期，当时古代希腊、古代中国、古代印度等文明都产生了伟大的思想家，他们提出的思想原则塑造了不同文化传统，并一直影响着人类生活。这段话讲得很深刻，很有洞察力。

什么是轴心？顾名思义，就是轮轴的中心，譬如一扇门，门再怎么转动、以多大角度转动，门轴永远都是固定在那里的，都是门旋转运动的中心所在。时至今日，人类一直靠轴心期所产生、思考和创造的一切而生存。每一次新的飞跃都回顾这一时期，并被它重燃火焰。

尽管"轴心时代"并非人类历史发展所普遍经历的阶段，但"轴心时代"的文化精神突破所奠定的人类精神根基、传统宗教伦理价值体系框架，至今仍然是人类几个主要文明体系中的价值和行为准则。对于人类而言，轴心时代思想家们传承给我们的伟大思想，永远是人类应当珍爱的文明精华，闪耀着永恒的光芒。以孔孟为代表的儒学思想，以老庄为代表的道家思想，不仅仅是中华文明的精华，也是人类文明的精华，我辈没有理由不去传承、弘扬，没有理由不去光大、推扩。

2023年2月7日，习近平总书记在新进中央委员会的委员、候补委员和省部级主要领导干部学习贯彻习近平新时代中国特色社会主义思想和党的二十大精神研讨班上的重要讲话中强调：

> 一个国家选择什么样的现代化道路，是由其历史传统、社会制度、发展条件、外部环境等诸多因素决定的。国情不同，现代化途径也会不同。

可以看到，"国情"这个概念包含内容很广，第一条就是"历史传统"。怎样对待本国历史、怎样对待本国传统文化，这是任何国家在实现现代化过程中都必须解决好的问题。中华民族经过180多年的艰难抗争，中国共产党经过百年探索，终于找到了中国式现代化这条迈向民族复兴的康庄大道。

我们举个例子。

北京，天安门广场东侧，国家博物馆游人如织，成为许多游客的首选打卡地，无论是寒暑假还是中秋、国庆假期，都一票难求。作为世界上单体建筑面积最大的博物馆，也是中华文物收藏量最丰富的博物馆之一，中国国家博物馆以其丰富的收藏、卓有成效的研究和规范庞大的展陈体系，梳理历史文脉，展现中国辉煌历史和当代文化，成为展示中国历史文化的最高殿堂和中国文化的新坐标。其中，"古代中国"、"复兴之路"和"复兴之路·新时代部分"为中国国家博物馆的基本陈列，也是弘扬中华优秀传统文化、革命文化、社会主义先进文化，培育和践行社会主义核心价值观的重要阵地。

不仅仅是博物馆，近年来，文化节目、非遗技艺、国潮文创、古风服饰等纷纷成为新时尚。这些"人从众"背后，是闪闪发光的中华优秀传统文化，更是坚定的文化自信。"如将不尽，与古为新。"历史是过去的现实，现实是未来的历史。中华民族灿烂悠久的历史文化，与现代中国奋斗发展的辉煌成就交相辉映，绘就一幅波澜壮阔的文明长卷。

新时代，我们打通了中华文化的任督二脉，让中华文化一气流转、酣畅淋漓，文化自信成为新时代最为闪亮的标识。中国共产党历史展览馆拔地而起，国家版本馆开馆迎客，中华文明探源工程取得重要进展；中华优秀传统文化传承发展工程大力推进，国家文化数字化战略快速推进，长城、大运河、长征、黄河、长江国家文化公园建设有序推进；党和国家功勋荣誉表彰的精神引领、典型示范作用持续发挥，"考古热"、"博物馆热"、"非遗热"、"古籍热"、"国潮热"持续兴起……一项项重大文化工程、重要文化成就，持续增强着亿万人民的志气、骨气、底气。

中国人民在中国共产党的领导下，用实践证明了中国式现代化是赓续古老文明的现代化，不是消灭古老文明的现代化；是从中华大地长出来的现代化，不是照搬照抄其他国家的现代化；是文明更新的结果，不是文明断裂的产物。

在庆祝中国共产党成立100周年大会上，习近平总书记庄严宣告，"中华民族迎来了从站起来、富起来到强起来的伟大飞跃，实现中华民族伟大复兴进入了不可逆转的历史进程"，就是对"蒋廷黻之问"的雄辩回答和历史超越。我们也有充分理由坚信，中国式现代化是中华民族的旧邦新命，必将推动中华文明重焕荣光。

中国式现代化赋予中华文明以现代力量

现代化是世界性潮流，实现现代化是各国人民的共同向往。中国共产党领导中国人民成功走出中国式现代化道路，丰富了现代化理论，拓展了现代化实践，为解决人类问题贡献了中国智慧和中国方案。在推进和拓展中国式现代化的过程中，我们"以古人之规矩，开自己之生面"，推动中华优秀传统文化创造性转化、创新性发展，为中华文明积蓄新的发展动能，让中华文明在现代化进程中焕发出新的蓬勃生机。正如习近平总书记所说的：

中国式现代化，深深植根于中华优秀传统文化，体现科学社会主义的先进本质，借鉴吸收一切人类优秀文明成果，代表人类文明进步的发展方向，展现了不同于西方现代化模式的新图景，是一种全新的人类文明形态。

中国式现代化为中华文明的发展提供了坚实物质基础，让中华文明的赓续拥有了强大物质力量。中华文明是世界上唯一没有中断的文明，这不单纯是因为文化发达，也与中国长期拥有世界领先的农业、手工业，有一套成熟而先进的政治架构特别是中央集权的郡县制度紧密相关。

在农业方面，中国从古至今都是世界上的人口大国，中国人用较少的耕地养活了世界较多的人口。虽说现代农业距离发达国家有一定的距离，但是中国在蒸汽时代到来之前长达三千年的时间里，代表了世界农业的最高水平。

在手工业方面，除了木工、竹工、漆工、丝织，还有青铜铸造、制陶、制骨、制玉器、制革等，特别是在冶金、制瓷、丝织等诸多领域，中国一直在世界上遥遥领先。

在制度方面，早年因鼓吹"历史的终结"而闻名于世的政治思想家福山，在其著作《政治秩序的起源：从前人类时代到法国大革命》中认为，中国秦朝独自创造了韦伯意义上的现代国家，即中国成功地发展出了一个中央集权的、统一的官僚政府，去治理广大的疆域与人口。他把中国作为国家建构的原型，并追问为何其他文明没能复制这一模式。尽管在长达几千年的历史中，中国有过多种政权的并存，也有过不同民族处于统治地位，但总体来看，中国始终作为一个独立、强大、统一的国家而存在。正如清人魏源所说："自古有不王道之富强，无不富强之王道。"脱离富强空谈王道，必将造成历史的悲剧。

习近平总书记在参加党的二十大广西代表团讨论时指出："随着改革开放一路走过来，随着正确的中国特色社会主义思想、社会主义道路的建立，随着我们在实践中真正证明这条道路是正确的，文化自信随之而来。""文化自信随之而来"，确实，"破除对西方的迷信是一件大事"，"平视世界"是需要有足够实力和勇气的，没有雄厚的物质基础做支撑，文化自信从何谈起？发展是人类文明进步的基础，是文明程度提高的物质条件，这其中最重要的关键词就是工业化。

自18世纪60年代工业革命以来，工业化一直是世界经济发展的主题。即使在当今时代，发达国家的服务业已在其国民经济结构中占绝对优势，但近些年他们也在不断推进所谓"再工业化"。从全世界范围看，当今世界仍处于工业化不断深化的时代。世界现代化历史表明，工业化是现代化的动力和前提，没有工业化就没有现代化。马克思在《1857—1858年经济学手稿》中有这样一段论述：

在一切社会形式中都有一种一定的生产决定其他一切生产的地位和影响，因而它的关系也决定其他一切关系的地位和影响。这是一种普照的光，它掩盖了一切其他色彩，改变着它们的特点。

在人类的现代化进程中，工业化就是这样一种"普照的光"。在它的普照之下，人类文明实现了从农耕文明向工业文明的飞跃。

工业是立国之本、强国之基，是国民经济的主体和增长引擎。尽管现代化不只是工业化和经济发展，但工业化和经济发展无疑是现代化最为重要的组成部分和基础支撑。新中国成立后，在中国共产党领导下，中国在现代化的赛道上奋力奔跑，从"现代化的迟到国"一跃而成为"世界现代化的增长极"、"最大的经济和社会变革的实验室"。

我国通过20世纪50年代的156个重点工业项目、60年代的三线建设布局、70年代的两次大规模技术引进，基本建立了独立的、比较完整的工业体系。改革开放后，随着社会主义市场经济体制的建立和完善，工业管理方式转变为以宏观调控和间接管理为主；国有企业改革深入推进，逐步建立现代企业制度，国有企业在优化调整中发展壮大；民营经济一步步由弱到强，成为我国产业发展的重要力量；对外开放合作深入开展，我们大力引进外商投资，正式加入世界贸易组织，逐步形成全方位、多层次、宽领域的对外开放格局。

经过新中国成立以来特别是改革开放四十多年的快速发展，我国主要工业产品产量成倍甚至几十倍上百倍地增长，高技术制造业取得长足进步，国际竞争力显著增强。根据世界银行的统计，按现价美元测算，2010年我国制造业增加值首次超过美国，占全球比重为17.6%，位列世界第一。联合国统计司的数据显示，截至2016年，我国制造业增加值规模达3万亿美元，占世界的比重为24.5%。到2018年，这一比重增长到28%以上，工业增加值规模首次超过30万亿元。2021年，我国制造业增加值规模达31.4万亿元，占GDP比重达27.4%。这些变化，深刻改变了全球制造业乃至全球经济发展的格局。

工业化和经济发展带来了中国人收入的跨越式增长。1952年，我国GDP仅为679.1亿元，人均GDP仅为119元；2021年我国GDP突破110万亿元，人均GDP突破1.2万美元，实现从低收入国家到中等偏上收入国家的历史性跨越。改革开放以来，在1978年到2020年的四十二年里，我国GDP年均增速达到9.2%。根据世界银行的统计数据，1996年中国经济总量占美国的比例突破10%，2006年突破20%，之后每两年突破十个百分点，2008年突破30%，2010年突破40%，2012年突破50%，2014年突破了60%，一直到2020年突破了70%。

中国是世界第二大经济体、世界第一制造业大国，拥有全球最完整且规模最大的工业体系、强大的生产能力、完善的配套能力。百年来，中国从四分五裂、一盘散沙到高度统一、民族团结，从积贫积弱、一穷二白到全面小康、繁荣富强，从被动挨打、饱受欺凌到独立自主、坚定自信，仅用几十年时间就走完发达国家几百年的工业化历程，创造了经济快速发展和社会长期稳定两大奇迹，中国式现代化道路越走越宽广。

信息化是最鲜明的时代特征之一，正在深刻重塑人类社会，也为中华民族带来了千载难逢的发展机遇。进入21世纪以来，我国坚持以信息化带动工业化，以工业化促进信息化，迅速缩短同发达国家的差距，不仅深刻改变了工业发展的面貌格局，也成就了世界网络大国的地位。数据显示，2020年我国数字经济规模达到39.2万亿元，占GDP比重达38.6%，增速达9.7%。2018年，在全球前十大互联网企业中，我国有3家企业上榜；在以互联网企业为主体的独角兽企业中，我国上榜企业数量占全球的30%。我国数据总量较大、应用场景丰富，数字经济规模在全球处于相对领先地位。

伴随工业化基础上的信息化、智能化等迅猛发展，现代化对社会生活的影响日益加深。我们以电影为例。电影是艺术和技术相结合的产物，是工业化时代的产物，也是现代精神的表达，是现代文化的重要体现。近年来中国电影事业突飞猛进，成为新时代文化事业蓬勃发展的一个缩影。春节到影院看电影，已经成为大家不可或缺的"新年俗"。

曾几何时，国内影院被好莱坞霸屏，中国人自己的作品少之又少。近年来，随着中国综合国力的大幅提升，中国的电影产业开始跃升，电影产业的东升西降现象十分显著。以2023年的暑期档（6月1日至8月31日）为例，一连串的数据让人振奋：电影总票房为206.19亿元，观影人次为5.05亿，双双刷新中国电影暑期档的票房纪录和观影人次纪录。在多部进口影片参与市场竞争的情况下，国产影片票房为180.57亿元，市场占比为87.58%。

国产电影扛起了大部分票房，并非因为某一部电影异军突起，《长安三万里》、《封神第一部：朝歌风云》、《孤注一掷》、《消失的她》、《热烈》等影片都获得了较好的口碑和较高的票房。近年来，从科幻片《流浪地球》、《独行月球》到战争片《长津湖》、《金刚川》，从奇幻题材的《封神第一部：朝歌风云》、《刺杀小说家》到现实题材的《长空之王》、《万里归途》，再到动画电影《长安三万里》、《深海》，中国电影工业的发展按下"加速键"，中国电影产业迈上新高峰。电影《封神第一部：朝歌风云》的片尾字幕滚动近三分钟，约一万名演职人员的名字一一闪过，技术团队的名字几乎铺满银幕，有观众在社交平台上说："他们的名字是对电影工业的一次礼赞。"中国电影的崛起稍后于中国工业化的登顶，虽迟但到，这也是"中国式现代化赋予中华文明以现代力量"的鲜活注脚。

中国式现代化为中华文明的发展提供了强劲无比的动能、前所未有的舞台、放大影响力的时代杠杆，让中华文明在新时代的发展拥有无比广阔的空间。

在2023年杭州亚运会上，弄潮儿这一"数字火炬手"的创意惊艳世界。开幕式上，由超过一亿人参与传递汇聚而成的"数字火炬手"高擎火炬，从钱塘江踏浪而来，与主火炬手共同点燃主火炬塔，彰显着传统与现代激荡、科技与文化融合。"亚运美学里的中国风"点亮梦想，惊艳世界，杭州亚运会会徽"潮涌"的设计就是一个范例。"潮涌"主体图形由扇面、钱塘江、钱江潮头、赛道、互联网符号及象征亚奥理事会的太阳图形六个元素组成，下方是举办城市名称与举办年份的印鉴，两者共同构成了完整的杭州亚运会会徽。优雅舒缓的视觉语言、清新独特的色彩体系，既展示了杭州山水城市的自然特质，又契合了亚运"弄潮儿"的体育精神，还体现了勇立时代潮头的精神气质。

从南京青奥会、北京冬奥会到成都大运会、杭州亚运会，近年来一系列大型体育赛事的举办，促使相关设计理念和体系不断成熟，设计师充分运用传统文化元素，让现代设计彰显"东方美"、掀起"中国风"，为世界读懂中国打开"美学之窗"。东方美学神韵赋予大型体育赛事别样精彩，这些都是中国科技实力、综合国力的体现，都是筑基于工业化之上的时代风采。

中国式现代化赋予中华文明以现代力量，还在于停留于古代文人士大夫心中、笔下，念兹在兹的梦想、构想与设想，不断在中国式现代化的推动进程中得以实现。

中国古代哲学的集大成者朱熹在一封书信中指出："千五百年之间，正坐如此。所以只是架漏牵补，过了时日，其间虽或不无小康，而尧、舜、三王、周公、孔子所传之道，未尝一日得行于天地之间也。"朱子之言，可谓振聋发聩，发人深思！历史上的儒者认为，在尧、舜、三王与周公时代，政统与道统完美结合。周公之后，儒家已经失去政统，但还拥有道统。从孔子到朱子，其间有一千五百余年的历史流变，但是，道统意义上的孔子之道，从来就没有真正付诸实行，"未尝一日得行于天地之间"。现代史家继而认为，儒家之道在古代帝制时代不可能真正实现。

尧舜之道有很多层面的论述，其中一个比较切近的路线就是孔子提出的"先富后教"的主张。在孔子看来，做到富民只是国家治理的第一步，在发展经济的基础上，要想真正实现国家的长治久安，还要做到"教之"，也就是以文化人、以人文化成天下。但事实上，即便在古代的盛世，全民的温饱小康问题也从未得到实现。

千年贫困苦，一朝得梦圆。为了让全体人民过上小康生活，以习近平同志为核心的党中央举全党全国之力，以前所未有的力度和决心打响脱贫攻坚战，实现了中华民族从整体上消除绝对贫困的历史壮举。今天，中国人民彻底告别了缺衣少食、物资匮乏的年代，真正过上了无人不饱暖、无处不小康的幸福生活。人们感慨，贫困问题困扰了中国上千年都无法解决，许多西方国家至今也没有完全摆脱，在新时代中国得以有效解决，这是最大的德政、仁政。当然，以中国式现代化全面推进中华民族伟大复兴，仍然任重道远，仍然有很多亟待破解的难题。

新中国成立后，热气腾腾的社会主义建设取得了巨大成就。被誉为"最后的儒家"的梁漱溟是怎么看待的呢？他认为，从社会主义与中国文化的比较而言，社会主义的本质是"以身从心"，而中国文化亦是一种"心为身主"的文化；从资本主义与社会主义的比较而言，资本主义"以身为主"，而社会主义"以心为主"。"以身为主"，强调个人权利和个人本位，人与人之间只有利益关系；"以心为主"，则强调身为心用，强调团体利益。在梁漱溟看来，中国的无产阶级革命只能"从心出发"而不能"从身出发"，革命要获得成功就必须唤醒人心、团结人心。而中国共产党最擅长赢得人心，成功地把无产阶级精神与中国传统文化中的仁义理念进行融合，锻造出舍生忘死的革命精神，显示了人心的无私与伟大。世界文化发展的潮流将从"以身为主"的资本主义转变为"以心为主"的社会主义，而中华文化正是"以心为主"的文化，所以其"可因未来的社会主义社会而得复兴"。

梁漱溟反对将社会主义与中华文化打成两橛，强调即便是建设社会主义，也得标出"中国特色"，才能在中国生根开花。他认为不应邯郸学步、盲目追寻西洋道路，而应建构中国自己独具特色的道路。"要中国人学走近代西方个人权利本位的立国之道，这于其几千年伦理义务本位的社会人生，恰为前后全不接气的文章。倒是迈越乎此，而向上提高直接为人类社会未来文化辟造新局，方有自己的出路。"他认为中国走的新道路，既符合世界历史发展潮流——社会主义，又有中国传统文化做支撑，这就是中国共产党领导中国人民一步步走出来的社会主义现代化，亦即我们今天所说的中国式现代化。

中华文明赋予中国式现代化以深厚底蕴

"如果没有中华五千年文明，哪里有什么中国特色？如果不是中国特色，哪有我们今天这么成功的中国特色社会主义道路？"2021年3月22日，习近平总书记在福建武夷山朱熹园向世人发出明确信号。习近平总书记反复强调文化自信，并将其置于前所未有的高度。

党的十八大以来，我们党把文化自信和道路自信、理论自信、制度自信并列为中国特色社会主义"四个自信"。"坚定中国特色社会主义道路自信、理论自信、制度自信，说到底是要坚定文化自信。文化自信是更基本、更深沉、更持久的力量。""中国有坚定的道路自信、理论自信、制度自信，其本质是建立在五千多年文明传承基础上的文化自信。"由此看来，文化自信与其他三个自信并非简单的并列关系，而是其他三个自信的本质所在、根本所在。

季羡林说过："搞国学，搞传统文化，正是为了中国的现代化。

现代化而没有传统文化，是无根之'化'，是'全盘西化'，在有数千年文化史的中国，是绝对行不通的。"有学者在评论《典籍里的中国》时说："以《尚书》为代表的中华典籍，见证了民本思想的发端，构建了古老文明的体系；以《天工开物》为代表的科技典籍，记载了古代能工巧匠的奇思妙想，铭刻了先贤经世致用的实学思想……这些瑰丽的文化密码，讲述着我们中国人从何而生，为何而来，又该去向何方。"这些观点都是很有见地的。

中华文明为中国式现代化积淀深厚的文化底蕴。习近平总书记指出：

> 中华民族形成和发展过程中产生的各种思想文化，记载了中华民族在长期奋斗中开展的精神活动、进行的理性思维、创造的文化成果，反映了中华民族的精神追求，其中最核心的内容已经成为中华民族最基本的文化基因。

这些最基本的文化基因，是中华民族和中国人民在修齐治平、尊时守位、知常达变、开物成务、建功立业过程中逐渐形成的有别于其他民族的独特标识。它们植根于中国人民内心，潜移默化影响着人们的思想方式和行为方式，坚定了民族自信心和自豪感，始终滋养着中华民族永续发展，赋予当代中国独特的发展优势，也为中国式现代化提供深厚的文化底蕴。正如习近平总书记指出的："我们生而为中国人，最根本的是我们有中国人的独特精神世界，有百姓日用而不觉的价值观。"

我们举个抗击新冠疫情的例子。据媒体报道，2021年11月，为控制疫情，欧洲多国收紧限制措施，比利时、荷兰、克罗地亚、意大利、丹麦、法国海外领地瓜德罗普等多地爆发示威游行，部分游行演变为暴力骚乱事件……这样的报道在抗疫期间不时出现。对比一下就知道，我们的人民真是世界上最好的人民。一声令下，千万人口的城市按下暂停键，千万人停下脚步，待在家中。放眼世界，还有哪里的人民能做到？还有哪里的人民有如此的觉悟与自律？世界上最好的人民，是在中华文明几千年发展史上逐渐陶铸出来的，也是在数不清的大风大浪考验中逐渐养成的。

中国人民是伟大的人民，中华民族是伟大的民族，中华文明是伟大的文明，伟大的人民、伟大的民族造就了伟大的文明，伟大的文明塑造了伟大的人民、伟大的民族。正如《典籍里的中国》所说："理解了《尚书》里民本思想的由来以及后世的继承发展，特别是对当代的影响，我们就不难理解为什么在抗击新冠肺炎疫情的人民战争中，我国会秉持'人民至上、生命至上'的崇高理念；为什么中国共产党会以'我将无我，不负人民'的决心和勇气，带领人民决战决胜脱贫攻坚；为什么党的十八大以来反复强调'人民对美好生活的向往，就是我们的奋斗目标'。因为自古而今，在我们脚下的这片土地上，治政之要在于安民，安民之道在于察其疾苦、明其所愿。"

在全国抗击新冠肺炎疫情表彰大会上，习近平总书记饱含深情地说：

> 我们果断关闭离汉离鄂通道，实施史无前例的严格管控。作出这一决策，需要巨大的政治勇气，需要果敢的历史担当。为了保护人民生命安全，我们什么都可以豁得出来！从出生仅30多个小时的婴儿到100多岁的老人，从在华外国留学生到来华外国人员，每一个生命都得到全力护佑，人的生命、人的价值、人的尊严得到悉心呵护。这是中国共产党执政为民理念的最好诠释！这是中华文明人命关天的道德观念的最好体现！这也是中国人民敬仰生命的人文精神的最好印证！

是的，"人民至上、生命至上"就是"中华文明人命关天的道德观念的最好体现"，中国共产党人是这么说的，也是这么干的。全中国人民看在眼里记在心里，全世界人民也都看在眼里慕在心里。有人说，中国的抗疫模式就是让西方国家抄，也是难以抄会的，因为文明底色不同，人民性情不同，发展道路和模式也不同。

中华文明为中国式现代化提供强大的精神支撑。习近平总书记指出："为什么中华民族能够在几千年的历史长河中顽强生存和不断发展呢？很重要的一个原因，是我们民族有一脉相承的精神追求、精神特质、精神脉络。"中国人民在长期奋斗中培育、继承、发展起来的伟大民族精神，为中国发展和人类文明进步提供了强大精神动力。伟大创造精神、伟大奋斗精神、伟大团结精神、伟大梦想精神是伟大民族精神的重要体现，为中国式现代化提供了强大精神支撑。

还是在全国抗击新冠肺炎疫情表彰大会上，习近平总书记自豪地告诉全世界：

> 中国人历来抱有家国情怀，崇尚天下为公、克己奉公，信奉天下兴亡、匹夫有责，强调和衷共济、风雨同舟，倡导守望相助、尊老爱幼，讲求自由和自律统一、权利和责任统一。在这次抗疫斗争中，14亿中国人民显示出高度的责任意识、自律观念、奉献精神、友爱情怀，铸就起团结一心、众志成城的强大精神防线。

"高度的责任意识、自律观念、奉献精神、友爱情怀"，这是人民领袖对人民的礼赞！我们就以"高度的责任意识"为例。

在抗击新冠肺炎疫情的过程中，无数普通的中国人挺身而出，让人们为之动容。这其中有一位叫甘如意的"95后"女孩，她的故事值得国人铭记。

甘如意是一名社区医生，准确身份是武汉市金口中心卫生院范湖分院的化验员。春节前夕甘如意从武汉回到湖北公安县老家过年，刚到家就听到为控制疫情扩散而关闭离汉通道的消息。武汉急需医护人员，可一打听，所有去武汉的公共交通都停运了，她决定就是骑自行车也要回武汉。她一边规划骑行路线，一边办理通行手续，冒着寒风冷雨争分夺秒赶回属于她自己的阵地，赶回到急需援助的同事们身边，赶回急需医护人员的武汉人民身边。终于，在经历四天三夜、跋涉300公里后回到了武汉。在这一曲折返汉路上，甘如意想方设法，采用过骑行、徒步、搭顺风车等不同方式。在她的通行证明上，车牌号一栏写着三个字：自行车。这就是新时代中国青年的"千里走单骑"。正是无数这样的普通人，以守家即守国的担当，以护国即护家的赤诚，守护了这片宽广美丽的土地，守护了我们挚爱的亲人、亲爱的家乡、可爱的中国。

伟大出自平凡，英雄来自人民。在那个严寒的冬天里，甘如意义无反顾的奔袭温暖了无数国人的心。在全国抗击新冠肺炎疫情先进事迹报告会上，甘如意这样说："因为我姓甘，所以我不怕苦。"骑行路上，她心中想到的更多的是——检验科只有她和另外一个同事，而同事已经在抗疫工作上撑了很多天，她必须第一时间返回科室换下同事休息。甘如意很淡然，这也的确不是什么惊天动地的壮举，但正是无数这样的凡人英雄之举，撑起了中国的抗疫防线。正如习近平总书记所说："人民是我们党执政的最大底气。"一滴水对于大海也许是微不足道的，可若没有无数"一滴水"的汇聚，大海如何有所谓的波澜壮阔，如何有所谓的汹涌澎湃！

2020年3月，习近平总书记考察武汉东湖新城社区时十分感慨地说：

> 大武汉有上千万人，通过封城来控制疫情蔓延扩散，难度很大，下这个决心是非常不容易的。确实是一个十分艰难的决定。从这个意义上讲，湖北人民特别是武汉人民作出了牺牲、作出了重大贡献，很了不起，你们为整个抗疫斗争立下了大功。
>
> 我在路上就一直在想，武汉市是多么好的一座城市！这是一座英雄的城市，这里的人民是英雄的人民。在这次抗击疫情斗争中，武汉人民展现出了不怕牺牲的精神、勇于担当的精神、顾全大局的精神，还有甘于奉献的精神。这些精神都是中华民族的精神的重要体现，我们一定要好好总结、好好发扬。我相信，通过这次抗击疫情斗争，武汉必将再一次被载入英雄史册！

"在这次抗击疫情斗争中，武汉人民展现出了不怕牺牲的精神、勇于担当的精神、顾全大局的精神，还有甘于奉献的精神"，这背后都有中华优秀传统文化的基因，因为"伟大抗疫精神，同中华民族长期形成的特质禀赋和文化基因一脉相承"。习近平总书记这两段话，富有感染力地证明，中华文明为中国式现代化提供了强大的精神支撑，为中国人民克服一切艰难险阻提供了强大的精神支撑。

中华文明为中国式现代化积累丰富的治国理政经验。习近平总书记指出："中国优秀传统文化的丰富哲学思想、人文精神、教化思想、道德理念等，可以为人们认识和改造世界提供有益启迪，可以为治国理政提供有益启示，也可以为道德建设提供有益启发。"中华民族独特的历史文化传统，形成了富有特色的思想体系，体现了中国人几千年来积累的知识智慧和理性思辨，也积累了丰富的治国理政经验。

中华优秀传统文化所蕴含的天下为公、民为邦本、为政以德、革故鼎新、任人唯贤、天人合一、自强不息、厚德载物、讲信修睦、亲仁善邻等理念，是中国人民在长期生产生活中积累的宇宙观、天下观、社会观、道德观的重要体现，能够给推进中国式现代化以重要启示。仁者爱人、与人为善的处世哲学，"苟日新，日日新，又日新"的创新精神，自强不息、厚德载物的光荣传统，经世致用、知行合一的实践观念，为政以德、政者正也的为官之道，安不忘危、存不忘亡的忧患意识，和而不同、以和为贵的胸怀境界，等等。这些思想和理念有着鲜明的民族特色、永不褪色的时代价值，不仅是我们中国人思想和精神的内核，对解决人类面临的共同问题也有重要价值，是我们建设中华民族现代文明、建设人类文明新形态的重要思想文化资源。

比如，以"关键少数"示范带动"绝大多数"。在"不忘初心、牢记使命"主题教育总结大会上，习近平总书记将新时代开展党内集中教育积累的新经验概括为六条，其中一条就是以上率下、示范带动，以"关键少数"示范带动"绝大多数"，精心组织谋划、推动落实责任，做到了一贯到底、落实落地。以"关键少数"示范带动"绝大多数"是以习近平同志为核心的党中央治国理政的重要特点之一。

除了开展党内集中教育，再举个例子：为什么要提出八项规定？新的中央领导集体要解决的问题堆积如山，之所以从党的建设入手，那是因为办好中国的事情关键在党，因为"打铁的人"必须成为"铁打的人"；党的建设之所以从短短几百字的中央八项规定破题，那是为了解决"老虎吃天不知从哪下口"的问题，从老百姓最痛恨的问题入手，为党立规矩、赢民心。

党的十八大以来，我反复强调领导干部在各个方面都要坚持以身作则、以上率下。实践证明，这是一种有效的领导方法和工作方法。

在上面要求人，在后面推动人，都不如在前面带动人管用。中国人熟知的这种观点，最经典的出处之一就是《论语·颜渊》：

季康子问政于孔子曰："如杀无道，以就有道，何如？"孔子对曰："子为政，焉用杀？子欲善而民善矣。君子之德风，小人之德草，草上之风，必偃。"

这是鲁国大夫季康子向孔子问政时与孔子的对答。大意是说，君子的德行好比是风，百姓的德行好比是草，风吹到草上，草必定随风而倒。孔子这段话的核心意思是说，君子的品行对民众能够产生重要影响，百姓的态度、社会的风气都取决于当政者自身。

革命战争年代，喊一声"跟我上"和吼一声"给我上"，一字之差，天壤之别。靠着"跟我上"的气魄与担当，中国共产党赢得了军心、赢得了民心、赢得了天下；相反，靠着"给我上"，国民党丢掉了民心、丢掉了革命、丢掉了政权。能否挺膺担当、躬身入局，能否率先垂范、以身作则，大家都看在眼里，这种示范带动的力量是无与伦比的，这种大智慧，中国人几千年前就深刻认识到了。中国共产党人则在新的历史条件下灵活运用这一智慧，取得了伟大成就。这一智慧，也必将一直伴随中国共产党的治国理政，一直伴随中华民族伟大复兴的全过程。

又如，巡视制度的建立也是对中华优秀传统文化的创造性转化、创新性发展。习近平总书记明确指出："巡视是党内监督的战略性制度安排。明代以后有八府巡按，走到哪里，捧着尚方宝剑，八面威风。我们的巡视不是八府巡按，但必须有权威性，成为国之利器、党之利器。推动巡视向纵深发展，根本在于贯彻中央巡视工作方针。"

早在西周时期，周天子就设立了"方伯"，监察一方；汉武帝时期创立刺史制度，目的是对地方郡县进行监督和控制；隋唐以后，专设监察御史，掌管监察百官、巡视郡县等事务；明清时期，八府巡按的主要职责就是巡视各省、考核吏治。我国古代社会监察制度是比较成熟完备的，巡察官员权力极大，"御史出巡，地动山摇"，"八府巡按，手捧尚方宝剑，八面威风"。众所周知的狄仁杰、包拯、海瑞等御史清官铁面无私、惩恶扬善，他们的故事至今传为美谈。可以说，"代天巡狩、整肃纲纪"的监察体系就是中国共产党巡视制度的历史逻辑与文化土壤所在。

再如，"一带一路"倡议的提出，也有着深厚的历史文化传统做支撑。《共建"一带一路"愿景与行动》将丝绸之路精神概括为"和平合作、开放包容、互学互鉴、互利共赢"，具有重要的理论和现实意义，充分彰显了中华文化自信。正因为我们的先祖创造了与世界相联系的辉煌历史，我们今天在此基础上再创辉煌就是名正言顺的事。

"一带一路"倡议体现了协和万邦的理念。中华文明是典型的天下文明，自古以来就追求天下太平、天下大同，有着极为广阔的世界视野、极为深厚的天下情怀。这与西方国家缺乏世界视野的"个人—民族国家—国际社会"的思维明显不同。中华民族的天下观是开放的、包容的，提倡创造开放、兼容、平等的天下，保持富有弹性的多元文化、多元宗教和多元治理体制，实现"一个世界，不同文明"、"一种文明，不同制度"、"一种制度，不同模式"以及"一个国家，不同文化"，构建契合时需、平等共进的天下文明。

"一带一路"倡议体现了以义为先、先义后利的理念。孟子将"以力服人"称为"霸道"，将"以德服人"称为"王道"，认为只有以德服人，才能让人心悦诚服。中华民族对外交往素重礼尚往来、先义后利，讲究"礼让"，充分考虑对方的感受和利益。无论是古代王朝对外交往的厚往薄来，还是当代中国对发展中国家的支持，都体现了以义为先的原则。从人类的现状和未来看，讲仁爱、重民本、守诚信、崇正义、尚和合、求大同，这些中华优秀传统文化理念对推进"一带一路"建设乃至全球治理体系变革都具有积极意义。

放眼整个人类的现代化历程可以发现，"一带一路"倡议的提出，不仅为中国开拓新的发展空间作出了战略性的贡献，而且为改变不公正不合理的国际政治经济秩序、推动世界全球化格局的再平衡作出了历史性的贡献，时间越久，我们就越能体会到这一伟大倡议的伟大意义。

事实上，近代西方开创的全球化是一种海洋型全球化。这种传统全球化由海而起，由海而生，沿海地区、海洋国家先发展起来，陆上国家、内地则较落后，形成了巨大的贫富差距。按照世界银行的数据，当今世界产出的八成来自沿海100公里的地带，90%的国际贸易通过海洋进行。西方国家通过海洋实现全球贸易和投资的扩张，形成国际秩序的"西方中心论"，从而攫取了大量非对称利益。这种全球化其实是单向度的全球化，是畸形的、不平衡的全球化。马克思在《共产党宣言》中曾这样描述，资产阶级"使未开化和半开化的国家从属于文明的国家，使农民的民族从属于资产阶级的民族，使东方从属于西方"。这"三个从属"正是近代以来始终困扰中国转型发展的根本问题。彻底扭转"从属性"，迈出"自主现代化"的步伐，是中国式现代化的重大时代课题。

"一带一路"构成的互联互通，将作为世界经济引擎的亚太地区与世界最大经济体的欧盟联系起来，实现各个区域、各个国家生产要素及产业产能优势互补，开创陆海联通、南北联动的全球化。这就超越了欧洲人所开创的全球化造成的贫富差距、地区发展不平衡，推动建设持久和平、普遍安全、共同繁荣的和谐世界，成为中国式现代化的重要特质。这也正是习近平总书记反复强调的"天下一家"理念的生动实践。

总而言之，"民惟邦本，本固邦宁"的民本思想，为"人口规模巨大的现代化"铺垫底色；"治国之道，富民为始"的施政理念，与"全体人民共同富裕的现代化"一脉相承；"富而后教"的治理经验，为"物质文明和精神文明相协调的现代化"提供支撑；"天人合一"、"取之有度"的古老智慧，与"人与自然和谐共生的现代化"相得益彰；"和而不同"、"亲仁善邻"的悠久传统，让"走和平发展道路的现代化"成为共识。

认识了中华文明的历史纵深，便能更好理解中国式现代化具有的基于自己国情的中国特色、基于自己文化的独特优势。中华优秀传统文化充实了马克思主义的文化生命，使其显示出日益鲜明的中国风格与中国气派；马克思主义以真理之光激活了中华文明的基因，推动了中华文明的生命更新和现代转型。

02 第二章

人口规模巨大的现代化与中华优秀传统文化

习近平总书记在党的二十大报告中说："中国式现代化是人口规模巨大的现代化。"这是习近平总书记关于"中国式现代化"特征的第一个重要论述。

怎么理解人口规模巨大？台湾大学教授朱云汉讲授中国研究课程时，第一节课就向学生强调，理解中国要注意三件事："中国非常大！中国非常非常大！中国非常非常非常大！"人口规模巨大正是"中国非常非常非常大"的一个鲜明注脚。

有人说，这是一个春节回家也能构成"全世界最大规模人口迁移"的国家；有人说，这是一个如果所有国人跳起来，就会令地球抖一抖的国家。从人口数量来看，第七次全国人口普查数据为14.1178亿人。横向比较，约占全球总人口的18%，比世界上56个高收入国家的全部人口之和还多3亿多。纵向比较，两百多年的人类现代化历史中，那些曾经实现现代化的国家，人口或为千万级、或为上亿级，唯独中国，以10亿为级别。据国际货币基金组织统计，2019年全球共有35个已经实现了现代化的发达经济体，总人口不到10亿。中国以14亿多人口整体迈进现代化社会，这在人类历史上是前所未有的。之所以说"我们的现代化既是最难的，也是最伟大的"，人口规模巨大是其中一个关键因素；之所以说中国式现代化是人类历史上前所未有的大变革，人口规模巨大也是其中一个关键表征。

有关组织行为的科学研究表明，大规模组织和小规模组织的治理，不仅是量的不同，更是质的差异。同理，小邦和大国，有着完全不同的治理逻辑和发展路径，也有着截然不同的现代化模式。有学者指出，由于西方历史的发展一直基于小规模的城邦国家，使得西方学者囿于"城邦眼界"，只见其小不见其大，无法真正理解大规模国家的治理之道。而中国这么大，人类社会既有的现代化模式在这里都可能"失灵"。

理解中国式现代化巨大的人口规模，需将其置于中国文明作为世界史上唯一一个历五千年而不坠、从未断流的文明的脉络之下。习近平总书记强调：

> 中华文明的连续性，从根本上决定了中华民族必然走自己的路。如果不从源远流长的历史连续性来认识中国，就不可能理解古代中国，也不可能理解现代中国，更不可能理解未来中国。

英国历史学家汤因比指出，人类近六千年的历史中曾出现过26个文明形态，但唯有中国的文化体系长期延续发展而从未中断。巨大的人口规模在很大程度上保证了中华文明强健雄厚的生命力，极大提高了应对不确定性的韧性和弹性。

理解中国式现代化巨大的人口规模，还需将其置于"九州共贯、六合同风、四海一家"的大一统空间视野之下。

2016年1月18日，习近平总书记在省部级主要领导干部学习贯彻党的十八届五中全会精神专题研讨班上的重要讲话中，引用了这样一组人口数据：

> 我国古代以农业立国，农耕文明长期居于世界领先水平。汉代时，我国人口就超过6000万，垦地超过8亿亩。唐代长安城面积超过80平方公里，人口超过100万，宫殿金碧辉煌，佛寺宝塔高耸，东西两市十分繁荣。诗人岑参就有"长安城中百万家"的诗句。北宋时，国家税收峰值达到1.6亿贯，是当时世界上最富裕的国家。那个时候，伦敦、巴黎、威尼斯、佛罗伦萨的人口都不足10万，而我国拥有10万人口以上的城市近50座。

巨大的人口规模呼唤政治和文化上的大一统，因为只有一个强有力的中央政权、一套凝聚人心的统一价值观，才可能实现对广土众民的有效治理。自秦朝至今两千余年，大一统始终是中国历史的主流，既保障了经济繁荣、民族团结、社会安定，也带来了人口的持续繁衍。

此外，巨大的人口规模还意味着不同民族交融汇聚的多元一体格局，塑造了兼容并蓄、海纳百川的中华文明。习近平总书记指出：“各民族之所以团结融合，多元之所以聚为一体，源自各民族文化上的兼收并蓄、经济上的相互依存、情感上的相互亲近，源自中华民族追求团结统一的内生动力。”

大约五千年前，从黄土高原到东海之滨的辽阔土地上，多元多样的文明渐渐融合，向着统一的国家发展；四千多年前，夏已经形成了庞大的地域性国家；至少三千五百年前，商朝用文字记录了其存在；公元前3世纪，秦王朝书同文，车同轨，量同衡，行同伦，开启了中国统一的多民族国家发展的历程。

由此可见，人口规模巨大与中华文明所具有的突出的连续性、突出的统一性、突出的包容性等都有密切关系。人口既是生物遗传基因的绵延繁衍，也是民族文化基因的世代传承。人口规模巨大之所以成为古今中国的突出特征，背后隐藏有五千年中华文明的基因和脉络。

"生生不息"的仁道理念

全世界两百多个国家，为何唯独中国拥有如此规模巨大的人口，从古至今，始终以泱泱大国屹立于世界？对这个问题，可以追溯到中华优秀传统文化的基因。习近平总书记强调，要守护中华民族生生不息的精神根脉。"生生不息"，既是中华民族精神的生动体现，也是中国文化的核心理念。

马克思曾说："全部人类历史的第一个前提无疑是有生命的个人的存在。"生是人类的根本欲望，也是人类社会存在的基础前提和人类文明的原初动力。《礼记·礼运》有云："饮食男女，人之大欲存焉；死亡贫苦，人之大恶存焉。"非独中国，全人类皆如此。然而，放眼全世界，重"生"是中华优秀传统文化和中国哲学的突出特征。

哲学家梁漱溟在《东西文化及其哲学》中将孔子的学术要旨概括为"生"，"这一个'生'字是最重要的观念，知道这个就可以知道所有孔家的话"。新儒家代表人物牟宗三则在《中国哲学的特质》一书中断言："中国哲学以'生命'为中心。儒道两家是中国所固有的。后来加上佛教，亦还是如此。儒释道三教是讲中国哲学所必须首先注意与了解的。"当代哲学史家蒙培元也指出："'生'的问题是中国哲学的核心问题，体现了中国哲学的根本精神。无论道家，还是儒家，都没有例外。我们完全可以说，中国哲学就是'生'的哲学。"

《说文解字》对"生"字的解释是："象草木生出土上。"小草破土而出，那最初萌发时的一点勃然生机，启发先人创造出"生"这个汉字，进而衍生出生命、生成、生活、生长、生育、生存、生动、生意等丰富的意蕴。儒释道三家莫不以生为要旨：儒家谈"爱生"、"厚生"，道家重"遵生"、"养生"，释家倡"护生"、"放生"。但真正上升到本体论层面的，则是源自《周易》的"生生"。

《周易·系辞》云："生生之谓易。"孔颖达疏："生生，不绝之辞。阴阳变转，后生次于前生，是万物恒生，谓之易也。"古人观察天地万物的变化流转，如同大河奔涌，浩浩荡荡，前后相继，从不断绝，仿佛"生"是这个世界永恒的主题。于是，便用"生生"二字来形象地描述宇宙演化的根本动力。

如果说"生生"是中国哲学关于宇宙本质的描述，"仁"则是将这一哲学落实到人生中，转化为一种人伦道德的表达。《说文解字》："仁，亲也，从人从二。""二"意味着"仁"不是个人独处之道，而是人与人之间相处的法则；必须有他者的存在，方有仁的发生。孔子给"仁"下了一个最简明的定义——"仁者爱人"，一个仁者，必定是慈爱、善待他人之人。据《论语》记载，孔子曾这样对弟子们描述自己的人生理想："老者安之，朋友信之，少者怀之。"孔子的志向看似很平常——令长辈对自己安心、朋友对自己信任、晚辈对自己怀念，却是"仁者爱人"最通俗易懂的表达。

其实，仁爱是先秦诸子都高扬的旗帜，关键在于各家的理解和阐释有不同。比如，儒家的"仁者爱人"，强调仁爱一定要以血缘亲情为根基，强调仁爱的本源是亲情之爱。没有孝悌之道，就无所谓仁爱之道，这与墨家的一视同仁、兼爱之仁是大不相同的。《中庸》云："仁者人也，亲亲为大。"仁是人之为人的根本，但以爱亲为重。"君子笃于亲，则民兴于仁"，这强调的是在上者或者说关键少数的带动示范作用，强调的是统治者自身的责任。

"天地君亲师"，这是旧时中国人家庭中堂都要挂的牌匾，可谓是中国人精神家园的简约勾勒。孝亲是中国人根深蒂固的"信仰"所在，其主要倡导者就是以孔子为代表的儒家。国史大家钱穆在《孔子与心教》一文中如是说：

西方的宗教为上帝教，中国的宗教则为"人心教"或"良心教"。西方人做事每依靠上帝，中国人则凭诸良心。西方人以上帝的意旨为出发点，中国人则以人类的良心为出发点。西方人必须有教堂，教堂为训练人心与上帝接触相通之场所。中国人不必有教堂，而亦必须有一训练人心使其与大群接触相通之场所，此场所便为家庭。中国人乃在家庭里培养其良心，如父慈子孝兄友弟恭等是也。故中国人的家庭，实即中国人的教堂。

孔子认为培养良心最直捷的方法，莫过于教之孝弟。故曰："孝弟也者，其为仁之本与。"再由孝弟扩充，由我之心而通人类大群之心，去其隔膜封蔽，而达于至公大通之谓圣。心之相通，必自孝始，因此中国宗教亦可说是孝的宗教。

全面和重点都很重要，这就是两点论的两点，二者是辩证统一的关系，重点是全面中的重点，全面是有重点的全面。没有重点的全面不是真全面，没有全面的重点不是真重点。落到孔子的仁学上来，他既强调"泛爱众"的广泛仁爱，也强调"入则孝，出则悌"的孝亲为本；既强调仁者应"博施于民而能济众"，也强调孝道为"天之经也，地之义也，民之行也"。譬如画圆，圆心和半径二者缺一不可，笃行孝道如同圆心，而广施仁爱则如同半径。

回到仁道上来。孔子率先从上古典籍中发掘了"仁"这一概念，旗帜鲜明提出了"仁者爱人"的学说，高扬了作为至德要道的孝道。到战国时期，在诸子百家争鸣之中，孟子高举孔子的旗帜、仁义的旗帜，对孔子学说进行了丰富和发展，进一步指出仁爱的次第："亲亲而仁民，仁民而爱物。"《孟子·告子下》："亲亲，仁也。"这是狭义的仁爱，也是最基础的仁爱。《孟子·尽心上》："仁者，无不爱也，急亲贤之为务。"这是对仁的内涵与外延的一个明显拓展，从"爱人"延展到"无不爱"，是对"亲亲而仁民，仁民而爱物"的一个高维概括。

到了汉儒那里，则将"仁"上升为天道。董仲舒在《春秋繁露》中提出："仁，天心。"天道化生万物，长养万物，这一"天地之大德"被董仲舒以"仁"来指称，"仁"于是具有了宇宙哲学的内涵。宋儒进一步继承和阐发了这一观点，如朱熹提出："天地以生物为心"，"仁者天地生物之心"。天地仿佛具有了人格化的特征，有了一颗以"仁"为品质的心。这一阐述值得玩味之处在于，它回到了"仁"的另一种直观含义——"果核中实有生气者曰仁"。果实都有果仁，比如桃仁、杏仁、李仁，"仁"是果实种子之精气贮存之处，是从天地中汲取的生命力之精华。以"仁"来比喻天地生物之心，揭示了天地之所以能生生不息、造化万物，正是由于仁德的普遍存在。

由此可见，古代哲人由宇宙天地的生生之理，凝练出"仁"作为天道的根本德性，进而将其下贯于人道，成为人际相处的根本伦理。天赋予了人生命，人则应以仁爱报效于天地。从"生生"这一宇宙的本质，自然得出"仁"是人间最根本的道德法则，天人合一，彼此相通。以"天地生物"为体，以"一体之仁"为用，至此，关于"生生"的哲学，体用兼备。

习近平总书记在党的十九大报告中庄严宣告："中国共产党从成立之日起，既是中国先进文化的积极引领者和践行者，又是中华优秀传统文化的忠实传承者和弘扬者。"中华优秀传统文化中的生生哲学，也深深影响了中国共产党，抗击新冠肺炎疫情伟大战役过程中始终坚持生命至上，就是一个鲜明例证。

2020年1月，新冠肺炎疫情突如其来。经过三个月艰苦卓绝的斗争，武汉保卫战、湖北保卫战取得了决定性成果，有效遏制了疫情大面积蔓延。在新冠病毒最凶猛的阶段，我国有效保护14亿多人民的生命安全和身体健康。在武汉大学人民医院东院，上海援鄂医疗队刘凯医生陪着87岁新冠肺炎患者王欣老人看夕阳的背影，感动了亿万网民。

疫情突如其来，不同国家，不同选择。"在保护人民生命安全面前，我们必须不惜一切代价，我们也能够做到不惜一切代价。"人民至上、生命至上——这是中国抗疫三年多来的不变遵循，是我国伟大抗疫斗争的真实写照，更是中国共产党对14亿多人民的庄严承诺。在全球人类发展指数连续两年出现下降的情况下，中国人类发展指数排名提升了6位。事实证明，始终坚持人民至上、生命至上，我们有效应对了五波全球疫情的冲击，让人民生命安全和身体健康得到最大程度的保护。

与中国"一视同仁"、"应收尽收，应治尽治"的态度形成鲜明对比的是，西方社会在疫情一开始就奉行"群体免疫论"，放任疫情发展，奉行"不检测就没有确诊"的逻辑。美国有位州长提出让老人放弃治疗，把有限的医疗资源留给年轻人，某些地区还出现了"急救床位宁可空着，也不给穷人治病"的现象。究竟是"生命至上"还是少数人的"利益至上"，是"以民为本"还是"以钱为本"，是"仁义优先"还是"工具理性"优先，不同的文化价值观在疫情大考面前展露无遗，也彰显出中国式现代化的独特优势。

毛泽东同志曾指出："世间一切事物中，人是第一个可宝贵的。""人口规模巨大"作为中国式现代化的一个重要特征，意味着必须重视人的力量。继续弘扬"仁者爱人"的"生生之道"，激发14亿多人民的巨大潜能，中国式现代化必将成为人类历史上最大规模、最全面和最深刻的社会转型与变革，必将创造世界上最多人口最快现代化的伟大传奇。

"参赞天地"的人本追求

　　《三字经》有言："三才者，天地人。"《中庸》称赞人的力量："可以赞天地之化育，则可以与天地参矣。"在中国古人的观念中，人虽只有七尺肉体凡躯，却是"天地之精华"、"五行之秀气"，具有参赞天地化育的功能，应当与天地并列而为"三才"。这就是所谓的"三才之道"思想，也是"参赞天地"理念之所本。

　　可以说，三才之道是中华民族系统观念的集中体现，是中国人独有思维方式的经典框架，也是中华文明五千多年生生不息、绵延至今的重要文化基因，时至今日仍然具有无与伦比的影响力。这种文化观念的可贵之处，在于高扬人的主体性和价值。

　　三才之道源自《周易》。《系辞下》说："有天道焉，有人道焉，有地道焉，兼三才而两之，故六。六者非它也，三才之道也。"在这里，"道"包含三种，即天道、地道和人道，三才就是天、地、人。天道、地道和人道各有一阴一阳，但是阴阳在天、地、人三才上的表现是不一样的。《说卦》："立天之道，曰阴与阳；立地之道，曰柔与刚；立人之道，曰仁与义。"天直接表现为阴阳二气，地表现为刚柔二体，人表现为仁义二德。总而言之，"一阴一阳之谓道"，天、地、人三才进行排列组合就形成了六爻，六爻之间排列组合就形成了六十四卦，象征性地呈现了宇宙间的万事万物、一切道理，所以《周易》被誉为"范围天地之化而不过，曲成万物而不遗，通乎昼夜之道而知"，"弥纶天地之道"，"广大悉备"，成为中华民族最具有影响力的经典之一。

三才之道是统一的，但是其关系并非简单并列。简单而言，在天地之间，天为主，地为辅；在天、地、人三才之间，人最具灵性。"乾道变化，各正性命"，乾为天，天道居于主导地位，具有决定性意义；"坤道其顺乎！承天而时行"，坤为地，地道跟随天道的运行而发挥作用。"夫大人者，与天地合其德，与日月合其明，与四时合其序，与鬼神合其吉凶。"大人所行代表的即为人道。人在天地间就必须受到天地之约束与规范，人道必须与天道和地道相符合，人的一切实践活动必须遵从阴阳刚柔的法则。

但是，人又不是简单遵循天地之道，而是充分发挥才智，在天地万物之中最具有主观能动性和创造性。《孝经》明确提出："天地之性人为贵。"在中国传统的民间传说中，常常有妖狐鬼怪想要修炼成人，其原因在于，人得天地之灵气最足、最全，是一种可以通过充分发挥自身的主观能动性，摆脱肉身束缚进而改造命运的存在，这也是"人为贵"的另一种佐证。

可见，中华文化一开始就将人放在天地宇宙间进行定位，而且给了极崇高极尊贵的定位，这是一种了不起的思想。它是对殷商以鬼神为本的一种突围与破解，是人类轴心时代哲学突破最有代表性的思想精华之一，今日仍然闪耀着光辉。人本就是以人为本，它不是以神为本、以天为本，更不是以物为本。

以人为本不是以神为本。《尚书·泰誓上》说："惟天地万物父母，惟人万物之灵。亶聪明，作元后，元后作民父母。"这一篇虽然被认为是所谓的"伪古文"，但是这种观念应当是渊源有自。这句话是武王伐纣的时候在诸侯誓师大会上说的，是论证其战争合法性的理论基石。孔安国注释说："灵，神也。"人就是万物中的神灵。真正聪明的人能做大君，大君要做民众的父母。民意即为神意，英明的君主一定是先把人民的事情做好，再去敬奉圣灵。西方很多国家和民族都是以神为本，人在神面前不可能有中华文化中赋予的如此崇高的地位，也因为政教合一以及宗教的排他性，宗教战争始终绵延不断，人类今日仍然受到其影响。

以人为本不是以天为本。《礼记·礼运》就说："人者，天地之心也。"天地虽大，但人就是其"心"，是其最重要、最核心、最精华的部分。天主地从，天都不可以为本，地自然就更不可以为本了。

以人为本不是以物为本。神也好、天也好，君也好、官也好，这些在老百姓眼中都是高贵的，物则不然。"君子役物，小人役于物"，物欲会让人迷失自我，对于这一点，中华圣贤很早就开始提醒世人、警示世人。《论语·乡党》中记载了这样一个小故事："厩焚，子退朝，曰：'伤人乎？'不问马。"孔子家里失火，马棚被烧掉了。孔子听到这个消息后，只问人有没有受伤，没有问马的情况。马是很贵重的财物，孔子只问人，不问马，表明他重人不重财的仁爱精神。分得清人与"物"之间的本末关系，是成为仁人君子的前提条件。

为什么说人具有与天地比肩的能量呢？古代思想家也有很多思考。最具有代表性的是荀子。"天地者，生之始也"，天地是万物的父母，但万物并非简单并列而是呈现金字塔式的结构，正所谓"水火有气而无生，草木有生而无知，禽兽有知而无义，人有气有生有知亦且有义，故最为天下贵"。水火、草木、禽兽和人，从非生命体到生命体，从生命体中的植物到动物，从一般的动物到高级动物即人类，这是古人对天地万物秩序的一个清晰认识链。要论证人是宇宙万物中最有灵性、最为尊贵的，就必须将人置于天地万物之中进行比较。

荀子在《天论篇》提出"天有其时，地有其财，人有其治，夫是之谓能参"。人类独特而伟大的作用就是"治"，"治"的最高境界就是《中庸》所说的"致中和，天地位焉，万物育焉"，也就是让天地万物各安其位、各遂其生。李泽厚认为，在荀子这里，"不是神秘、主宰的'天'，也不是先验道德的人，而是现实生活中的人，由于'积学'而成为万物之长、宇宙之光"，因此，"在中国思想史上最先树立了伟大的人的族类的整体气概"。

那么，人并不是自然界最庞大、最有力气的动物，其他动物何以会为人驱使呢？对于这个问题，荀子在《王制篇》中作了精彩解答：

> 力不若牛，走不若马，而牛马为用，何也？
>
> 曰：人能群，彼不能群也。
>
> 人何以能群？
>
> 曰：分。
>
> 分何以能行？
>
> 曰：义。故义以分则和，和则一，一则多力，多力则强，强则胜物，故宫室可得而居也。故序四时，裁万物，兼利天下，无它故焉，得之分义也。

人与其他动物最大的区别是人可以组织起来，形成群体性的合力。当然，荀子在这里重点强调的是"群"，事实上动物界中也有可以"群"的，比如狼。从这个意义上说，还要补充《劝学篇》中的观点才能够自洽："君子生非异也，善假于物也。"人类最了不起的地方在于会借力，会制造和使用工具，从而将人的能量若干倍地放大，这就不是狼这类能"群"的动物所能做到的了。

某种意义上，之所以强调人可以"参赞天地"，是因为天地本身并非完美。《中庸》说："天地之大也，人犹有所憾。"古人云，天不足西北，地不满东南。天地固然广大，却并非时时处处完美，生而为人的使命，恰恰就在于补天地之不足。中国上古神话传说中，天塌了，女娲采石补天；洪水来了，大禹导河治水；头断了，刑天挥舞干戚；路没了，愚公立志移山……这一切，都蕴含着人的豪迈和魄力，正是对"三才者，天地人"的最好注解。

搞清楚了人可以与天地参的原由还不够，我们还要问：如何才能达到这种境界？用古人的话说，有境界论就必须有与之相应的功夫论匹配；用今人的话说，布置了过河的任务就必须有桥或船，设定了改造世界的目标就必须有相应的世界观和方法论。

答案很简单，一个字——"诚"。

《荀子·不苟篇》有云：

> 天地为大矣，不诚则不能化万物；圣人为知矣，不诚则不能化万民；父子为亲矣，不诚则疏；君上为尊矣，不诚则卑。夫诚者，君子之所守也，而政事之本也。

"诚"作为儒家所提倡的重要美德，深深根植于每一个华夏子孙心中，"诚"的血液在我们每个人身上流淌。孟子提出："诚者，天之道也；思诚者，人之道也。至诚而不动者，未之有也；不诚，未有能动者也。"《中庸》则提出："唯天下至诚，为能尽其性；能尽其性，则能尽人之性；能尽人之性，则能尽物之性；能尽物之性，则可以赞天地之化育；可以赞天地之化育，则可以与天地参矣。"意思是说，只有天下至真至诚之人才能充分发挥他的本性；只有充分发挥了自身的本性，才能发挥别人的本性；能够发挥别人的本性，就能够充分发扬事物的本性；可以帮助天地演化孕养万物，就能与天地并列为三。

至诚如神，有了诚笃的品德和态度，就可以贯通多种仁义道德，成己成人，甚至能够尽人之性，尽物之性，赞天地之化育而与天地参，达到"天人合一"的境界。《大学》把"诚意"作为八条目之一。格物、致知、诚意、正心、修身、齐家、治国、平天下，"诚"成为圣贤们体察天意、修身养性和治国平天下的重要环节。宋代周敦颐进一步认为"诚"为"五常之本，百行之源"，把包括诚实在内的"诚"看作仁、义、礼、智、信这"五常"的基础和各种善行的开端。

普通人通过修身养性，可以达到"与天地参"的境界。对此《荀子·劝学篇》有论述：

　　权利不能倾也，群众不能移也，天下不能荡也。生乎由是，死乎由是，夫是之谓德操。德操然后能定，能定然后能

应，能定能应，夫是之谓成人。天见其明，地见其光，君子
贵其全也。

人通过践行礼义可以成为君子乃至圣人，即可以达成与天地
并立的光辉境界。每个人都能修身做好自己的事情，天下国家就会
安泰顺遂，正所谓"人人亲其亲、长其长而天下平"；也只有在良
好的政治社会环境中，每一个人才能更好实现人生理想、成为顶天
立地的人。正如马克思恩格斯在《德意志意识形态》中所指出的：
"只有在共同体中，个人才能获得全面发展其才能的手段，也就是
说，只有在共同体中才可能有个人自由。"大河有水小河满，小河
有水大河满，说的也是这个道理。

中国共产党人最深刻地理解了人的价值和意义。1918年，毛泽
东、蔡和森等人在长沙成立了被誉为"建党先声"的新民学会，其
名字"新民"就来自《大学》的"大学之道，在明明德，在亲民，
在止于至善"。朱熹将"亲民"注释成"新民"，意味着令广大民
众"自新其德"，成为真正"参赞天地"的人。带动广大民众的解
放和觉醒，改造中国乃至世界，是从新民学会到中国共产党一以贯
之的使命。

在新民主主义革命时代，通过土地革命将老百姓从被压迫奴役
的生产关系中解放出来，是要确立人之为人的自主性；在社会主义
建设时期，歌颂"六亿神州尽舜尧"，是要激发人人皆可改天换地

的伟大力量，让人人都成为社会主义现代化建设的历史主体；在新时代，反复倡导中国精神、崇尚英雄、争做先锋，也是对"人人皆可为尧舜"的最佳诠释。毛泽东同志感叹："从古以来没有这样的人民，从古以来没有这样的共产党。""在中国共产党领导下，只要有了人，什么人间奇迹也可以造出来。"

在开启转战陕北伟大历程前，毛泽东同志说过一段名言："我军打仗，不在一城一地的得失，而在于消灭敌人的有生力量。存人失地，人地皆存；存地失人，人地皆失。""我们要以一个延安换取全中国。""存人失地，人地皆存"，因为人是最重要的，有了人就有地、就有无数的机会与可能，这也是《大学》所谓"有人此有土，有土此有财，有财此有用"的含义。中华文化之所以生生不息、绵延至今，同中华民族以人为本的先进理念是分不开的。

"民为邦本"的政治传统

习近平总书记在党的二十大报告中指出："坚持和发展马克思主义，必须同中华优秀传统文化相结合。"在这一小节中，习近平总书记列举了十个成语：天下为公、民为邦本、为政以德、革故鼎新、任人唯贤、天人合一、自强不息、厚德载物、讲信修睦、亲仁善邻。"民为邦本"就是其中之一。

"民为邦本"语出《尚书》："民惟邦本，本固邦宁。"历代圣贤反复倡导，为政者必须将民众利益作为治国理政的根本出发点，将民心所向作为政权合法性的衡量标准。"政之所兴在顺民心，政之所废在逆民心。""水能载舟，亦能覆舟。"民本思想源远流长，老百姓利益得到保障朝代就兴盛，反之就会衰败甚至被推翻，这是中华文明流传下来的一个朴素道理。

在中国古代，"人"与"民"二字经常是互通的。"以人为本"四个字最早出现在《管子·霸言》中："夫霸王之所始也，以人为本。本理则国固，本乱则国危。"这里的"以人为本"其实就是"以民为本"、"民惟邦本"的意思。

人本与民本是两个既有联系又有区别的概念。总的来说，"人"相对于神或物而言，"民"相对于国家或君主而言；人本是更普遍的概念，民本是政治哲学的概念，民本是人本在政治领域的具体体现。上一节我们分析了以人为本不是以神为本、以天为本，更不是以物为本，还需指出，以民为本不是以国为本、以君为本，不是以官为本、以吏为本，也不是以法为本。

以民为本不是以国为本，因为"民为贵，社稷次之"，"国以民为本，社稷亦为民而立"，这是非常直白的道理。

以民为本不是以君为本，《春秋穀梁传》明确提出"民为君之本"，而"民为贵，社稷次之"的后面就是"君为轻"，这是孟子对三者关系的价值排序，对后世影响深远。君舟民水、载舟覆舟的比喻，也很好说明了"非君择民"，而是"民择君"。

以民为本不是以国为本，自然更不是以官为本、以吏为本。柳宗元明确指出："夫为吏者，人役也。"官吏就是为百姓役使的、为百姓服务的。所以官吏不能与民争利，而要与民分利，要爱民惠民。

以民为本不是以法为本。礼法规范都是为人服务的，而不是相反。康熙皇帝说过："凡事必期便民，若不便于民，而惟言行法，虽厉禁何益？"

"民为邦本"是理念，也是实践，结合前文中谈到的"生生哲学"，其具体含义可分为三个层次。

（一）保障民众生存。

《周易·系辞》曰："天地之大德曰生，圣人之大宝曰位。""生"是最大的天道，自然也就是君主作为天子的根本德行，而其基础要求则是维护民众最基本的生存权，提供生存所需要的保障。

天之德，好生而恶杀。以民为本的底线是不滥杀无辜，《尚书·大禹谟》中记载舜帝之时"临下以简，御众以宽；罚弗及嗣，赏延于世。宥过无大，刑故无小；罪疑惟轻，功疑惟重；与其杀不辜，宁失不经；好生之德，洽于民心，兹用不犯于有司"。舜治国，与其误杀，宁可错放，董仲舒认为这正是"天任德不任刑"的体现。中国传统文化强调"仁政"，以德治为主、法治为辅，也是出于这种"好生之德"。

在中国的政治传统中，政府以生养万民为首要职责，所谓"经济"，其根本含义就是"经世济民"，体现在具体的政策层面则是在最大程度上保障民众的基本生活所需。《史记》记载，舜即位后所任命的九位官员中，禹排在第一位，负责"平水土"；后稷排在第二位，负责"播时百谷"。明太祖建国之初，曾发出敕令："今天下初定，所急者衣食，所重者教化。衣食给而民生遂，教化行而习俗美。足衣食者在于劝农桑，明教化者在于兴学校。""所急者衣食"，强调保障老百姓的基本生存所需是当务之急。古代中国政府之所以长时间重农抑商，其根本要义也在于此，因为农业直接生产生存资料，而商业则不能，在社会资源有限的情况下，通过崇尚农业之"本"而抑制商业之"末"，可以最大限度保障经济活动能满足广大民众的基本生存需要。

"饱食、暖衣、逸居"，这是中国人民自古以来的梦想，古人用"小康"一词，寄托了中国人民对美好生活的向往与追求。但几千年来，包括历史上的"盛世"，中国的劳动人民一直无法过上"乐岁终身饱，凶年免于死亡"的生活。

以直接关系人们温饱的粮食生产为例，在春秋战国后的两千多年间，尽管我国粮食单产和总产都有一定程度增长，但人均粮食占有量和农民生活始终处于较低水平。清朝康熙皇帝曾说："地亩见有定数，而户口渐增，偶遇岁歉，艰食可虞。"根据学者们的研究，按照当时的粮食亩产量，人均占有耕地4亩才能维持基本生活。但在乾隆五十五年（1790年），全国人均耕地只有3亩。近代以后，西方列强入侵、军阀混战，更使中国人民陷入苦难的深渊。新中国成立以前，缺吃少穿、生活艰难长期困扰着中国人民，温饱都无法实现，"小康"只能是一个遥远的梦想。

2021年，中国如期打赢了人类历史上规模最大的脱贫攻坚战。在全球仍有7亿左右极端贫困人口、许多国家贫富分化加剧的背景下，中国历史性地解决了绝对贫困问题，累计7.7亿农村贫困人口摆脱贫困，全国832个贫困县全部摘帽，960万贫困人口实现易地搬迁，对全球减贫的贡献率超过70%。这是世界减贫史上的伟大奇迹，也是人类数百万年饥饿史上前所未有的伟大成就，是兆民颂扬的千年德政，具有伟大的文明史意义。

除此之外，中国还在很多方面为实现全球可持续发展目标作出了重大贡献。比如，沙眼曾是我国第一位的致盲性眼病。2015年5月，我国宣布达到世界卫生组织根治致盲性沙眼的要求，沙眼不再是一个公共卫生问题。疟疾曾是我国流行历史最久远、影响范围最广、危害最严重的传染病之一。2021年6月，世界卫生组织宣布中国通过消除疟疾认证，这是我国继天花、脊髓灰质炎、丝虫病、新生儿破伤风之后消除的又一个重大传染病。

所有这些成就的底层逻辑，都蕴藏着"衣食给而民生遂"的仁道关怀、"天地之大德曰生"的文化基因。中国共产党不仅赓续了中华文化基因，而且弘扬光大，将很多千年梦想化为现实，创造了中华民族发展史、人类文明发展史上的诸多奇迹。

（二）改善民众生活。

生命的欲望不仅在于生存，还在于在此基础上追求更好的生活。更好地生活，可以称之为"厚生"，令生增长广大、丰厚充盈。《尚书·大禹谟》提出："德惟善政，政在养民。水、火、金、木、土、谷，惟修；正德、利用、厚生，惟和。"《史记·周本纪》记载，祭公谋父曾劝诫周穆王："先王之于民也，茂正其德而厚其性，阜其财求而利其器用。"阜其财求、利其器用，正是"厚生"的内涵。

为了改善民众生活，孟子提出国君应制民恒产，如果政府能通过安排土地制度发展生产，保证每户有百亩之田、五亩之宅，家家栽种桑树，又养鸡、狗、猪等家畜，人人可以安居乐业，自然会政通人和。薄税敛，广储蓄，实仓廪，备水旱……这些古代政府的民生措施，都是为了使天下之民无问丰凶，皆得衣食无忧。

需要注意的是，在基本生存基础之上追求的"美好生活"，一方面体现为物质生活的富足，另一方面则表现为精神世界的丰盈，对于重内求、重精神的中国古人，尤其如此。

孔子曾问弟子，人生志向当如何？诸弟子中，他最赞叹的是曾点："莫春者，春服既成，冠者五六人，童子六七人，浴乎沂，风乎舞雩，咏而归。"那是一种人与自然融洽无间的自得与自在、诗意与诗情，充盈着盎然勃发的生机。这给我们的启示是，物资的多寡并不决定生命的品质，更重要的是生命元气的充沛饱满、生机生意的活泼畅达。也因此，中医养生最看重的是神，所谓"得神者昌，失神者亡"。所谓养生，养的不仅仅是肉身，更是神气，是养那份最本真醇厚之天性。

哲学家方东美有言："在我们中国人看来，永恒的自然界充满生香活意，大化流行，处处都在宣畅一种活跃创造的盎然生机，就是因为这种宇宙充满机趣，所以才促使中国人奋起效法，生生不息，创造出种种伟大的成就。"对中国人而言，保持自身的生机、生趣，与大化同流，与天地合德，就是"美好生活"的根本含义。

党的十八大以来，以习近平同志为核心的党中央团结带领全国各族人民如期全面建成小康社会，超过四亿人进入中等收入群体，居民人均可支配收入实现翻番，建成世界上规模最大的教育体系、社会保障体系、医疗卫生体系。幼有所育、学有所教、劳有所得、病有所医、老有所养、住有所居、弱有所扶的民生愿景逐步化为实景，人民群众的获得感、幸福感、安全感不断增强。"满足人民日益增长的美好生活需要"背后，正是中华五千年优秀传统文化中的"厚生"基因。

（三）延续民众生命。

如果说生活是对生存在空间维度的广而大之，那么生命则是在时间维度的繁而衍之。因为生命的欲望不仅在于"生"，也在于可持续地生，不断地绵延赓续，直至子子孙孙无穷匮。既可大，又可久，方是美好生活的终极含义。

从发生学的意义上，人道之"生生"的哲学，源自父精母血的交融，正如学者吴飞说："中国哲学取象于父母的生育。"根据《周易》，乾道成男，坤道成女，阴阳之道在人间就显现为男女，男女交合才有生命之来源和人伦之起始。在这个意义上，"生生"天然地意味着"生育"，意味着人类社会的繁衍不息。由此而有对孝道的提倡。天道生生不息，人道绵延不绝。个体的生命往前追溯，源自父母乃至列祖列宗，于是自然产生敬爱感念之情。历史学家许倬云指出，中文的"生"字，逐渐演化为生命的"性"和姓氏的"姓"。可见，体现家族血脉的姓氏，最初就来自对生命源头的追溯和感念。这就是"孝"的来源。孝道的绵延和传承使得中华民族成为最有历史感的民族，中华文明成为人类唯一维持五千年而不断裂的文明。

罗素是人类20世纪最伟大的智者之一，20世纪20年代他来华考察，回国后写了一本名为《中国问题》的书，书中有这样一个耐人寻味的观察：

> 孝道并不是中国人独有，它是某个文化阶段全世界共有的现象。奇怪的是，中国文化已达到了极高的程度，而这个旧习惯依然保存。古代罗马人、希腊人也同中国一样注意孝道，但随着文明程度的增加，家族关系便逐渐淡漠。而中国却不是这样。

世界各大古文明都消失了，唯有中华文明绵延至今，这与中华民族对孝道和家庭的重视是息息相关的。新时代，家庭、家教、家风的倡导风行天下，这是对百年来中华文明发展的一种回归与致敬。

北大教授楼宇烈对此有着深刻洞察："中华民族的生命观，从家出发，无远弗届。"古希腊伟大的物理学家阿基米德说过："给我一个支点，我能撬动地球。"中国人讲修齐治平，家就是我们撬动天下的支点所在。

古人常讲永垂不朽、天下万世，孝道不仅是撬动天下的支点，也是撬动万世的支点。"不孝有三，无后为大。"孝的内涵，经由孔子及历代儒者的阐扬已然无比丰厚，然而其原初含义，就是生命在基因层面的传续。《诗经·大雅·假乐》云："干禄百福，子孙千亿。"中国社会强调子嗣传承，信奉多子多福，正是生生之道的世俗展现。

综上所述，不难发现，中华优秀传统文化以"仁"为核心美德，以"生生"为终极价值，以"民为邦本"为治国理念，重视保障民众生存、改善民众生活、绵延民众生命，于是成就了生生不息的数千年文明，成就了人口繁庶的泱泱大国。

以史为鉴，才能更好开创未来。我们只有全面深入地了解中华文明的历史，了解中华文明的突出特征，了解中国式现代化的文化基因，才能更好把握中国式现代化的规律，确保走稳走好中国式现代化之路的底气更充足、信心更充分。

"人民"二字，在中国共产党人心中位置最高、分量最重。习近平总书记在党的十九届一中全会上的重要讲话明确指出："为人民谋幸福，是中国共产党人的初心。"党的二十大报告系统阐述了习近平新时代中国特色社会主义思想的世界观、方法论和贯穿其中的立场观点方法，把"必须坚持人民至上"放在"六个必须坚持"的首位。

回顾党的历史，我们党之所以能够在那么弱小的情况下逐步发展壮大起来，在腥风血雨中一次次绝境重生，在攻坚克难中不断从胜利走向胜利，根本原因就在于不管是处于顺境还是逆境，我们党始终坚守为中国人民谋幸福、为中华民族谋复兴的初心和使命，义无反顾向着这个目标前进，从而赢得了人民衷心拥护和坚定支持。我们党所付出的一切努力、进行的一切斗争、作出的一切牺牲，都是为了人民幸福。我们党的百年历史，就是一部践行党的初心使命的历史，就是一部党与人民心连心、同呼吸、共命运的历史。习近平新时代中国特色社会主义思想是为人民代言、为人民立言的科学理论，强调中国共产党的根基在人民、血脉在人民、力量在人民，实质上就是"人民至上论"、"人民幸福论"，充分展现了"以百姓心为心"的真挚情怀和"依靠人民创造历史伟业"的博大境界。

坚持人民至上，绝非空洞的口号。我们举一个脱贫攻坚战中"悬崖村"的例子来说明。

四川凉山彝族自治州昭觉县阿土列尔村，曾经与世隔绝，它处在海拔1400—1600米的山坳，出入需攀爬800米的悬崖藤梯，因此被当地人称为"悬崖村"。在当地村民的记忆中，在这条路上摔死的人就有七八个，摔伤的人更多。2016年的春天，15个村里的孩子在家长的护送下，从山下的勒尔小学出发，走崖壁、爬藤梯的一幕，被媒体记者拍了下来。随后，一张记录十几名小孩背着沉重的书包、带着倔强的表情循着藤梯奋力攀爬的照片，在社交网络广泛传播。"悬崖村"之名不胫而走，牵动着全国亿万人民的心，更牵动着国家最高领导人习近平的心。

2017年3月8日，习近平总书记在全国两会期间参加四川代表团审议时，专门提起大凉山"悬崖村"村民出行难的问题，进一步带动了人们对"悬崖村"的关注。"悬崖村"的身后，是整个大凉山集中连片特困地区。如果说大凉山脱贫攻坚是一条长征路的话，"悬崖村"就好比"腊子口"，声名远播，又极难攻下。

"悬崖村"最大的短板是交通，于是，一条沿着大峡谷修建的栈道施工完毕，投入使用。只有有形的道路还不行，还要修建一条"无形的信息公路"，让村子与外部世界彻底打通。在通信公司的努力下，"悬崖村"实现了4G信号全覆盖，村里的年轻人通过网络平台向外界传递"悬崖村"的大事小情，使"悬崖村"成了"网红村"。2019年7月，"悬崖村"成为四川省"健康扶贫"5G+智慧医疗的试点，优质的医疗资源得以下沉到深度贫困的地区。由于当地土地资源和气候条件得天独厚，特色农作物品质好、质量高，村民们注册了"悬崖村"农产品系列品牌，开展了油橄榄规模化种植，还经营起脐橙、核桃、青花椒、三七等特色农业，并通过电商平台销售。同时，村民们利用独特的地貌，打造"悬崖村·古里大峡谷景区"。

2020年5月，84户"悬崖村"老乡扶老携幼，顺着天梯下了山，搬进了昭觉县城北郊的易地扶贫搬迁安置点。彝族乡亲们终于实现了多年来的愿望，搬出人迹罕至的高山，住进现代化的县城。"悬崖村"的蝶变背后，是大凉山人民用愚公移山精神下"绣花"功夫，不惧悬崖高峰，闯出一条精准脱贫路子的决心。

实践一再表明，党的利益和人民群众的利益是完全一致的，党的立场和人民群众的立场也是完全统一的，党要实现自己的历史使命，就必须始终代表人民的根本利益。"悬崖村"的例子也再次雄辩地证明，中国共产党始终代表最广大人民群众的根本利益，没有任何自己特殊的利益，从来不代表任何利益集团、任何权势团体、任何特权阶层的利益，这是党立于不败之地的根本所在。

新征程上，只要我们始终坚持全心全意为人民服务的根本宗旨，坚持党的群众路线，始终牢记江山就是人民、人民就是江山，坚持一切为了人民、一切依靠人民，坚持为人民执政、靠人民执政，坚持发展为了人民、发展依靠人民、发展成果由人民共享，坚定不移走全体人民共同富裕道路，就一定能够领导人民夺取中国特色社会主义新的更大胜利，任何想把中国共产党同中国人民分割开来、对立起来的企图就永远不会得逞。只有始终坚持人民至上，站稳人民立场，时刻保持对"党的最大政治优势是密切联系群众，党执政后的最大危险是脱离群众"的清醒和坚定，始终与人民心心相印、与人民同甘共苦、与人民团结奋斗，最大限度把各阶层各方面的智慧和力量凝聚起来，最大限度把全社会全民族的积极性、主动性、创造性发挥出来，着力解决发展不平衡不充分问题，才能不断实现好、维护好、发展好最广大人民的根本利益，在以中国式现代化全面推进中华民族伟大复兴的新征程上谱写坚持人民至上思想的新篇章。

03 第三章

全体人民共同富裕的现代化与中华优秀传统文化

在中国共产党历史展览馆三楼第九展厅，矗立着一尊庄严厚重的"小康宝鼎"，其上镌刻的铭文，记录了中国共产党带领中华民族所取得的"当惊世界殊"的历史成就：

> 以民为本，吾党所向。民族复兴，百年担当。摆脱贫困，全面小康。惠此中华，以利四方。

这32字铭文，呼应了两千年前《诗经·大雅·民带》里的句子："民亦劳止，汔可小康。惠此中国，以绥四方。"穿越千年岁月，先民的悠悠吟唱超越梦想，终于照进现实。

2021年2月25日，习近平总书记在全国脱贫攻坚总结表彰大会上庄严宣告：

> 经过全党全国各族人民共同努力，在迎来中国共产党成立一百周年的重要时刻，我国脱贫攻坚战取得了全面胜利。我们完成了消除绝对贫困的艰巨任务，创造了又一个彪炳史册的人间奇迹！

党的十八大以来，八年中9899万贫困人口脱贫，832个贫困县全部摘帽，12.8万个贫困村全部出列；改革开放四十多年来累计近8亿人摆脱贫困，减贫人口占同期全球减贫人口70%以上。这是人类历史上规模最大、力度最强的减贫攻坚战，中华民族千百年来存在的绝对贫困问题得到历史性终结，也显著缩小了世界贫困人口的版图，创造了减贫治理的中国样本。国际人士盛赞这是"现代最伟大的成就之一"，"将成为全球反贫困事业的教科书"。

脱贫攻坚、迈向小康的伟大飞跃，凸显了"全体人民共同富裕"的初心和使命。习近平总书记指出："消除贫困、改善民生、逐步实现共同富裕，是社会主义的本质要求，是我们党的重要使命。""我们推动经济社会发展，归根结底是要实现全体人民共同富裕。"

实现全体人民共同富裕，是中国式现代化的本质要求和鲜明指向。不同于资本主义制度为少数人服务、为资本服务，中国式现代化把实现人民对美好生活的向往作为现代化建设的出发点和落脚点，着力促进全体人民共同富裕，这是由中国特色社会主义制度的本质决定的，也是由五千年中华文明的深厚文化基因所决定的。

"损有余而补不足"的天道品格

人们在谈论中华优秀传统文化时，常提到一个词——"天道"。如何理解"天道"呢？古人观察宇宙万物，发现最大莫过于头顶的苍苍上天，森罗万象都在苍天之下开展运行，于是便用"天"来形象地描述至高无上的宇宙之道。天道至上，成为宇宙人生的根本依据，人的行为必须模拟和效法天道。

那么，天道到底是怎么样的呢？《道德经》第十七章阐述得很清楚：

> 天之道，其犹张弓与！高者抑之，下者举之，有余者损之，不足者补之。天之道，损有余而补不足。人之道则不然，损不足以奉有余。孰能有余以奉天下？唯有道者。

老子用拉弓射箭比喻天道，抬得太高了就须放低些，抬得太低就须举高它，以便保持平衡。因此，取长补短，使其平均，就是天道的规律。

这一规律，在生活的方方面面皆有体现。比如自然界中，月满则亏，花盛而谢；动物如果食物过于充裕，生育率便会降低，乃至种群消亡；人类社会则有"富不过三代"、"风水轮流转"的俗语。统计学家也发现，不论身高、智商抑或财富水平，从长时段来看，极端数值最终会趋向于平均值，这被称为"回归效应"。

虽然回归平均值是天道的长期趋势，但在某一段时间内，参差不齐是事物的常态。对此，《周易》强调要"天地交而万物通也，上下交而其志同也"。天为阳气之凝聚，本来在上；地为阴气之凝结，本来在下。怎么才能让天地交通、万物生长呢？那便是阳气下降、阴气上行、彼此相交，显现为一个"泰"卦。相反，"孤阴不生、独阳不长"，如果阳气在上、阴气在下，则意味着天地不交、万物不生，显现为一个"否"卦。中国人历来向往否极泰来、国泰民安，可见，上下相交、阴阳和谐是国家社会安定的基本条件。

将"损有余而补不足"的天道应用在人事上，意味着要减少有余的，弥补不足的，在上位者应该放低姿态，在下位者应提高其地位，从而达到均衡状态，近于中庸之道。这便是《道德经》所说的"有余以奉天下，唯有道者"，这也是中国文化一以贯之的价值诉求。

比如，历代农民起义大多以"均贫富"为其核心诉求。当社会矛盾激化到一定程度，就会有不堪重负的民众揭竿而起，以"天道"的名义，提出重新分配社会财富的强烈诉求，来纠正太不公平的"人道"。东汉黄巾起义提出"致太平"；南宋钟相、杨幺起义要求"等贵贱、均贫富"；清朝太平天国起义制定《天朝田亩制度》，将"有田同耕，有饭同食，有衣同穿，有钱同使，无处不均匀，无人不饱暖"的理想付诸实践。虽然这些农民起义皆以失败告终，但他们不屈不挠、屡仆屡起的抗争精神表明，"天下均平"的朴素价值，已经深深地烙印在中华民族的文化基因中，熠熠生辉。

这种价值和理想为什么可贵？如果我们与西方历史作比较，就能看得更为清楚。弱肉强食本来是自然界的基本法则，达尔文揭示的"优胜劣汰，适者生存"的"自然选择"正彰显了这一点。由此，西方的社会达尔文主义者认为，人类社会的优胜劣汰、赢者通吃也是自然合理的，这就为恃强凌弱、弱肉强食的不平等秩序提供了理论基础。资本主义兴起以来的种种"人吃人"的暴力掠夺和侵略战争，都与这一价值观脱不开关系。马克思深刻地揭示，资本主义私有制遵循以私人利润最大化的逻辑，在发展中追求资本积累和扩张，必定导致严重的贫富两极分化问题。而皮凯蒂的《21世纪资本论》则通过大量的历史数据分析表明，在21世纪，资本的利润率远超经济增长率，因此贫富两极分化无可避免，甚至比马克思所在的19世纪更甚。

中国古代也存在"富者累巨万，而贫者食糟糠"、"朱门酒肉臭，路有冻死骨"的社会现实，但古人却并不认同这种现实，而是坚决反抗。因为这种贫者益贫、富者益富的状况，不符合"损有余而补不足"的天道，不符合"仁民而爱物"的天地好生之德。于是，中国人历来倡导均平原则，具体包含如下三层含义。

（一）均衡平等。

有余和不足是任何一个社会都存在的状态，但如果任由其继续发展，则将面临贫者愈贫、富者愈富的极度失衡状态，进而导致社会秩序的崩溃，这正是孔子在《论语·季氏》中指出的，"有国有家者，不患寡而患不均，不患贫而患不安"。因此，先秦诸子都呼吁在分配上进行适度的均衡。例如，管子认为"贫富之不齐"是国家"法令之不行，万民之不治"的根源，力倡"损有余，益不足"，"富能夺，贫能予"；庄子主张"分均，仁也"，倡导"天下均治"；墨子提出"兼相爱，交相利"，认为有财者应当"勉以分人"，"分财不敢不均"；晏子倡导"权有无，均贫富"，并给出了具体方法，"取财于富有者，以调剂贫乏者"。

新中国成立初期，面对一穷二白、百废待兴的现实，以毛泽东同志为核心的党的第一代领导集体带领人民开展"一化三改"，建立社会主义公有制，并通过粮食统购统销、农村合作医疗等方式，将极其有限的公共资源向弱势群体倾斜，这正是"损有余而补不足"的均平原则在新中国的实践。

（二）生存优先。

"均平"原则并不是倡导绝对的平均主义。西汉大儒董仲舒指出，社会治理的尺度是"使富者足以示贵而不至于骄，贫者足以养生而不至于忧"。可见，这个标准十分宽松，并不要求绝对平均，而是在综合考虑各方利益的基础上，最大限度地保障社会底层的民众能够有基本的生存权。

比如，古人普遍向往三皇五帝时期，原因就在于能充分保障贫苦大众的生存，庄子说"当尧、舜而天下无穷人"，墨子则赞"使饥者得食，寒者得衣，劳者得息，乱者得治"。中国最早的政书《尚书》中记载了政府的八个部门——食、货、祀、司空、司徒、司寇、宾、师，统称"八政"，其中排名最靠前的两个就是"食、货"。食是饮食生产，货是商品交换，正是保障基本生存的部门。自东汉班固《汉书·食货志》之后，历代正史将介绍财政经济的篇章也都命名为"食货志"。这表明，在传统中国社会，经济的首要目的是解决民众的基本生计需求，而并非如西方经济学所倡导的追逐利润、使资本增殖，因此有学者称中国传统经济模式为"生民经济"。

在新时代脱贫攻坚的伟大战役中，习近平总书记反复强调，扶贫的重点是低收入群众，"小康不小康，关键看老乡，关键在贫困的老乡能不能脱贫"。2012年，在河北省阜平县考察扶贫开发工作时，习近平总书记指出："真正要帮助的，还是低收入群众。平均数会掩盖差距。""对各类困难群众,我们要格外关注、格外关爱、格外关心,时刻把他们的安危冷暖放在心上,关心他们的疾苦,千方百计帮助他们排忧解难。""全面建成小康社会,最艰巨最繁重的任务在农村,特别是在贫困地区。没有农村的小康,特别是没有贫困地区的小康,就没有全面建成小康社会。"因此,新时代的脱贫攻坚任务聚焦保障贫困群众的基本生存,将"两不愁三保障",即稳定实现农村贫困人口不愁吃、不愁穿,保障其义务教育、基本医疗和住房安全,定为贫困人口脱贫的基本要求和核心指标。

以阜平县的扶贫实践为例。阜,盛也;平,定也。然而,对于位于太行山集中连片特困地区的阜平,这曾是遥不可及的梦想。直到2012年,阜平县20多万人口中,仍然有近一半生活在贫困线以下,全县人口30%学历在初中以下。2013年元旦前夕,习近平总书记冒着严寒来到阜平,进村入户看真贫、听民声。进入骆驼湾村,乡村泥土路又窄又烂,村民住在20世纪五六十年代的破旧土坯房里,黄土垒房,麻纸做窗。在困难群众唐宗秀的家,习近平盘腿坐在炕上,同乡亲手拉手,详细询问生活情况。那时,唐宗秀辛辛苦苦在地里刨食,一年收入不过2000多元。

正是在这里,习近平总书记向全党全国发出脱贫攻坚的动员令。"不能到时候,宣布了全面建成小康社会,可还有那么多群众生活在贫困线下。"自此,新时代脱贫攻坚在革命老区阜平拉开大幕,也在中华大地上史诗般展开。

落实习近平总书记的指示，阜平县通过精准定位，找到重点帮扶人群，实行帮扶兜底。对每家每户制定脱贫手册，将帮扶的年度目标、政策措施写得明明白白，把村组干部责任、驻村工作队责任、对口帮扶单位责任界定得清清楚楚，真正做到了全覆盖、硬兜底。实施易地搬迁，5.3万余人住入新楼房。开展基础设施改造，完成新改扩建公路50条共501公里，村村通公路500公里，完成农村饮水安全巩固提升工程、电网升级改造工程、公路建设、通信基站建设等。改善贫困学生求学条件，新建13所农村寄宿制学校，改造提升乡村小规模学校和薄弱学校93所，实现全县所有贫困学生资助全覆盖、无辍学。全面落实基本医疗保险、大病保险、医疗救助三重保障政策，基本解决了村民看病难问题。对所有低保户、五保户应保尽保、分类施保，综合保障性扶贫切实兜住了困难群众的生活底线。还建立互助幸福院，对生活困难老人实行集中养老。

2017年底，骆驼湾村实现整村脱贫出列。2019年底，阜平县164个贫困村全部脱贫出列。2020年2月，阜平县脱贫摘帽，退出贫困县序列。如今，唐宗秀家的土坯房已变成六间青砖灰瓦房，装了断桥铝门窗、双层玻璃，还装了空气源热泵，冰箱彩电等家电一应俱全。唐宗秀在村旅游公司上班，每月工资就有2000多元。

腰包鼓了、房子新了、道路宽了、山更绿了、人气旺了……阜平人千年来物阜民丰的梦想，终于照进了现实。

阜平的故事，只是中国9899万农村贫困人口、832个贫困县、

12.8万个贫困村故事中的一个，是中国反贫困斗争伟大成就的一个缩影。它生动地表明，中国的脱贫实践以社会底层的贫困群体为重点帮扶对象，以生存权发展权为首要的基本人权，不断向内容更丰富、水平更高的"人民幸福生活"的塔尖攀登。

（三）有为政府。

前文中提到，贫富差异是任何社会都存在的现实，加之财富天然就有自我聚敛、自我增殖，甚至与权力相勾结的倾向，这必然导致"损不足以奉有余"的"人之道"。纵观中国历史，历代王朝的初期通常都能实行相对均平的土地分配，带动了生产力的发展、人口的迅速增长，出现某种清平盛世。但随之而来的往往是私有制下无可避免的土地兼并，直到"富者有连阡之田，贫者无立锥之地"，贫穷无告的民众被迫揭竿而起，天下大乱，最后王朝更替——这正是1945年黄炎培在延安窑洞中提出的"历史周期律"，是历代王朝从未跳出的魔咒。正如东汉经学家何休所说，"贫富兼并，虽皋陶制法，不能使强不凌弱"，如果以自由市场的名义放任不管，则必然导致王朝的崩溃。因此，中国历代政府大多主张积极有为地干预社会财富的分配，控制土地兼并，防止贫富悬殊，保护普通民众，实现社会和谐。"大一统"也正是在这个意义上被中国人所推崇，因为唯有统一的政府，才有能力建立统筹全民的统一大市场，分财布利通有无，均平天下。

统一而有为的政府，在经济方面发挥的重要作用是平抑物价。

由于市场不会自动均衡，而农业作为传统社会的衣食之本，又往往受到气候等因素影响而有很强的不确定性，谷贱则伤农，谷贵则伤民。因此，国家必须充分发挥其监管和调节的作用，以损有余而补不足，实现市场的动态均衡。《周礼·地官》记载，西周时已设立"泉府"，职责是"敛市之不售货之滞于民用者，以其贾买之，物楬而书之，以待不时而买者"，即以政府行为收购滞销货物，调节市场供需。《管子》对此论述最完备，将以政府之力买卖物资来影响供需进而调节物价的方法，称为"轻重术"。轻重，即价格之贵贱。《管子·国蓄》上说：

> 故善者委施于民之所不足，操事于民之所有余。夫民有余则轻之，故人君敛之以轻；民不足则重之，故人君散之以重。敛积之以轻，散行之以重，故君必有十倍之利，而财之橫可得而平也。

大意是：善于治国者总是在民间物资不足时，把库存的东西供应出去；而在民间物资有余时，把市场的商品收购起来。民间物资有余就愿意低价卖出，故君主应该以低价收购；民间物资不足就愿意高价买进，故君主应该以高价售出。用低价收购，用高价抛售，君主不但有十倍的盈利，而且物资财货的价格也可以得到调节稳定。

管子说这种轻重术的关键在于"以重射轻，以贱泄平"，即通过国家在物价高低之时分别售出和买进物资，改变供需关系，进而影响物价。这正是一种典型的以价格来"损有余补不足"的方法。

管子的轻重术对后世影响深远。战国时魏国李悝实行"平籴"政策，汉武帝时桑弘羊推动"平准法"，汉宣帝时耿寿昌建立"常平仓"，其后历代名称或许不同，但大多有类似的设置。这是中国古代政府常用的经济调节手段。

新中国成立七十余年来，我国构建了中国特色市场保供稳价体制机制，坚持有效市场和有为政府的有效结合，对民生商品、能源资源等实行保供稳价，不断完善粮食、蔬菜、能源等产供储销体系，同时强化困难群众兜底保障，健全价补联动机制，保障困难群众基本生活不受物价波动的影响。这既是充分发挥中国特色社会主义制度优势，也是对中华优秀传统文化"轻重术"智慧的传承和发展。

相形之下，西方直至20世纪30年代，才开始有以政府"有形的手"调节经济的思想和做法，而其产生恰恰是受到中国的影响。学者钱存训在《美国对亚洲研究的启蒙》一文中说：

美国采用了中国古代的所谓的"平粜"制度，那就是丰收的年头由政府向农民收购米谷储藏，到歉收时期便以平价抛售给平民。这项中国古代的经济理论，最早是由哥伦比亚大学的陈焕章在其1911年的博士论文中加以讨论。1918年，华莱士（Henry Wallace）先生主编一份周报，这篇研究论文正巧落在他手里，自此他对这一项中国古代制度极为赞赏。当华莱士1933年出任农业部长时，这个中国的理想终于为美国所采纳。

文中所提到的陈焕章的博士学位论文，指的是中国人在西方刊行的第一本经济学著作——《孔门理财学》，1911年同时在纽约和伦敦出版。作者陈焕章是前清进士，后又在美国哥伦比亚大学攻读经济学。他学贯中西，又以弘扬儒家之教为志向，所撰《孔门理财学》用现代西方政治经济学的架构组织分析中国经济思想，但内核仍是纯粹的儒家学问。20世纪30年代美国经济大萧条时期，时任罗斯福政府农业部长华莱士（后任美国副总统）参考了陈焕章书中论述的常平仓思想，制定了美国1938年"农业调整法"，奠定了美国当代农业立法的基本框架。

由上可知，自由市场具有"损不足而奉有余"的非均衡趋势，只有通过有为政府的有效调节，才能回归"损有余而补不足"的"天之道"。新华社国家智库在总结中国精准扶贫的经验时深刻指出，在市场经济条件下，市场在资源配置中起决定性作用，但市场配置资源以效率为原则，市场机制的理性适用于私人物品，在公共物品领域则会出现市场失灵。对于"低效"的贫困群体，具有"准公共物品"属性的减贫领域，市场理性并不友好。贫困地区和贫困人口由于地理位置偏远、基础设施落后、自身发展能力不足等原因，往往难以有效参与市场甚至被排斥在市场之外，在整体分配格局中处于弱势地位。因此，"'有为政府'这一'看得见的手'并非'闲不住的手'，而是必不可少的'赋能之手'"，"并非是对市场的扭曲，而是市场的再造"。

在中国的脱贫实践中，一个有效的经验是开展东西部扶贫协作，东部发达地区的省份与中西部不发达省份通过经济合作、产业对接、商贸往来，调动社会各方资源，集中各方力量，以先发优势促后发赶超，推动双方地区互补性、双向性、联动性发展。"东南风吹西北暖，那年你到咱家来，拔掉穷根把花栽，美得哟，沙漠变花海。"2021年热播电视剧《山海情》就生动展现了福建和宁夏开展对口扶贫合作，实现区域协调发展的故事，充分彰显了中国共产党领导和我国社会主义制度的政治优势，也是"有为政府"的文化基因在新时代的生动例证。

"天下为公"的大同理想

1932年11月，上海《东方杂志》发布了一则征稿启事："你梦想中的未来中国是怎样？先生个人生活中有什么梦想？"启事一出，反响热烈，收到了142位社会各界人士的回复，共计244份"梦想"。有人希望"未来的中国是大众的中国"，有人梦想"共老共享的平等社会"，有人相信"未来之中国，将是新锐青年的中国，不是昏庸老朽的中国，将是勤劳大众的中国，不是剥削阶级的中国"，还有人认为"理想中的中国是能实现孔子'仁'的理想、罗素科学的理想与列宁共产主义的理想"……这一场征文，被称为中国知识分子历史上第一次集体"做梦"。而这些梦都有一个共同的原型——"大同"。

《礼记·礼运》记载，孔子以贵宾身份参加鲁国年终蜡祭。礼毕，孔子出来在鲁宫大门楼上游览，喟然叹息，说出了一段震古烁今的话：

大道之行也，与三代之英，丘未之逮也，而有志焉。大道之行也，天下为公。选贤与能，讲信修睦，故人不独亲其亲，不独子其子，使老有所终，壮有所用，幼有所长，矜寡孤独废疾者皆有所养，男有分，女有归。货恶其弃于地也，不必藏于己；力恶其不出于身也，不必为己。是故谋闭而不兴，盗窃乱贼而不作，故外户而不闭。是谓大同。

孔子所向往的大同世界，是一个天下和平、政治清明、经济富足、生活幸福、社会和谐的美好社会，在这里，资源公有，官员贤能，矜寡孤独无不得到悉心照顾，人人各得其所。如果分析"大同"的内涵，至少有如下三层含义。

（一）天下为公。

"天下为公"是大同梦想最核心的标识。首先是公有。什么是"公"？《说文解字》："公，平分也。"东汉经学家郑玄将"公"注释为"共"。《韩非子》则形象地解释："自环者谓之厶，背厶谓之公。"厶就是私，形状像人将手臂弯曲，回护自己独有的利益。而公则是私的对立面，是大众所有，而非私有。无论上述哪种解释，"公"首先意味着全民共同拥有，正如《吕氏春秋》所言："天下非一人之天下，天下人之天下也。"

根据《礼记·礼运》，孔子向往回到的是"天下为公，选贤与能"的尧舜时代。"选贤与能"一词揭示了孔子对"公"的理解——天下属于所有人，故而应当选择最贤能的人来治理，而不是像后世家天下般世代相传。本质上，这是一种民本政治、贤能政治，强调的是民众而非君主对天下的所有权。

其次是公利。在天下为天下人所有的基础上，大同社会还强调在现实的社会生活中最大限度地照顾所有人的利益，"以天下之大圣，行天下之大事"，"兴天下之利，除天下之害"。《周易·系辞》中说得明白："举而措之天下之民，谓之事业。"什么是真正的事业？能让天下民众受益的，才能称为事业。中国共产党则用最通俗的语言来描述——为人民服务。

新时代以来，党和国家全面落实以人民为中心的发展思想，不断提高保障和改善民生水平。十年间，中国14亿多人的温饱问题得到有效解决，近1亿农村贫困人口实现脱贫，超过4亿人进入中等收入群体，居民人均可支配收入实现翻番，建成世界上规模最大的教育体系、社会保障体系、医疗卫生体系。反观资本主义社会，虽然较早实现了"丰裕社会"，但这种物资的丰裕主要是服务于少数资本家，而并非为社会大众服务。

1958年，美国经济学家加尔布雷斯在《丰裕社会》一书中说："美国的私人产品和服务十分丰裕，但公共产品与服务实际上相当贫乏。"1998年，加尔布雷斯为《丰裕社会》40年纪念版写序，他再次感慨："我的批评仍然有效。虽然我们的私人消费比以往任何时候都更加丰裕，但我们的学校、图书馆、公共娱乐场所、医疗保险甚至执法力量都远远不能满足社会需要。""与过去相比，公共部门与私人部门的差距可以说是越拉越大。""民有、民治、民享"的理想变成了"1%的人所有，1%的人治理，1%的人享用"，正如"占领华尔街运动"的标语所示："我们是99%的民众，但被1%的人所控制。"

再次是公心。公有与公利，其出发点是公心——从天下人的角度出发，为天下人着想。"不独亲其亲，不独子其子"，这个"独"正是与公心相对。范仲淹《岳阳楼记》的名句"先天下之忧而忧"之所以传唱千古，正是由于这一份以天下为己任的关怀。明末官员周汝登曾说："盖人之好即己之好，而何得独无？己之好即人之好，而何尝独有？此谓之大同。呜呼，至矣。"

2019年3月22日，习近平主席在罗马会见意大利众议长菲科时，菲科问道，您当选中国国家主席的时候是一种什么样的心情？习近平主席回答，这么大一个国家，责任非常重，工作非常艰巨。"我将无我，不负人民。"我愿意做到一个"无我"的状态，为中国的发展奉献自己，这正是对"公心"的最好诠释。

（二）博爱兼济。

"公"意味着整体，但整体中一定有差异，不同族群、区域、个人，天生禀赋不同，差异必然存在。但在老有所终、壮有所用、幼有所长、矜寡孤独废疾者皆有所养的"大同"社会中，物无弃物，人无弃人，一个也不能少。这正是孟子"达则兼善天下"的胸怀。

聂荣臻在一封致父母的家书中写道："绝非为一衣一食之自为计，而在四万万同胞之均有衣有食也。亦非自安自足以自乐，而在四万万同胞之均能享安乐也。"四万万同胞的衣食安乐，一个也不能少，体现了共产党人的博爱情怀。无论是疫情中的"应收尽收，应治尽治"的一视同仁，还是小康路上"一个民族都不能少"、"不能丢了农村这一头"、"决不能让一个苏区老区掉队"的公平普惠，都是这种博爱兼济的鲜明体现。

（三）人尽其材。

大同是完全相同吗？非也。正如没有完全平等的公平，也没有完全相同的大同。大同，不是千篇一律，不是千人一面，而是和而不同，是人人在社会的共同体中各得其所、各安其位、各尽其能、各取所需。在这里，个体的价值从未被泯灭，每个人都能得到最充分的发展，进而参天地之化育，实现人之为人的最大潜能。这正是《共产党宣言》中所说的："在那里，每个人的自由发展是一切人的自由发展的条件。"

习近平总书记曾这样诠释中国梦："中国梦根本上是人民的梦想，本质上要让人们共同享有人生出彩的机会，共同享有梦想成真的机会，共同享有同国家和时代一起成长与进步的机会。"由此可见，天下为公正是为每个人成为真正意义上完全的"人"，创造更好的平台和条件。

　　天下为公、博爱兼济、人尽其材的大同梦想，始于两千年前的中华元典《礼记》，之后又经由无数文人学者的阐释发扬、历代政府和民间的孜孜实践，成为一代又一代中国人不断重复、从未熄灭、日益浓烈的"中国梦"。

　　早在先秦时期，《尚书》就有"九州攸同，四海会同"的记载。"九州"是中国最早的行政版图，人们渴望着在消除水患后，过上和谐安定的生活。《道德经》则描绘了一幅"甘其食，美其服，乐其俗，安其居"的陶然景象。庄子以"四海之内，共利之之谓说，共给之之谓安"为其社会理想。墨子渴望"兼爱"而"尚同"的社会，人们不分等级，相亲相爱，自食其力，各尽其能，机会均等，对普通大众"饥则食之，寒则衣之，疾病侍养之，死丧埋葬之"。孟子倡导"老吾老以及人之老，幼吾幼以及人之幼"的王道政治，他追慕周文王的仁政，称"老而无妻曰鳏，老而无夫曰寡，老而无子曰独，幼而无父曰孤。此四者，天下之穷民而无告者。文王发政施仁，必先斯四者"。这与大同的"矜寡孤独废疾者皆有所养"何其相似！《诗经·国风·硕鼠》中对"适彼乐土"、"适彼乐国"、"适彼乐郊"的一唱三叹，则表达了对剥削者的讽刺与憎恶，对理想社会的向往和追求。

　　到汉代，董仲舒的《春秋繁露·王道》进一步发挥了对"大同"社会的想象：

民家给人足，无怨望忿怒之患，强弱之难，无谗贼妒疾之人。民修德而美好，被发衔哺而游，不慕富贵，耻恶不犯。父不哭子，兄不哭弟。毒虫不螫，猛兽不搏，抵虫不触。故天为之下甘露，朱草生，醴泉出，风雨时，嘉禾兴，凤凰麒麟游于郊。囹圄空虚，画衣裳而民不犯。四夷传译而朝，民情至朴而不文。

《淮南子》也描绘了类似的景象：

强不掩弱，众不暴寡；人民保命而不夭，岁时孰而不凶；百官正而无私，上下调而无尤；法令明而不暗，辅佐公而不阿；田者不侵畔，渔者不争隈；道不拾遗，市不豫贾；城郭不关，邑无盗贼，鄙旅之人相让以财，狗彘吐菽粟于路而无忿争之心。于是日月精明，星辰不失其行；风雨时节，五谷登孰；虎狼不妄噬，鸷鸟不妄搏；凤凰翔于庭，麒麟游于郊；青龙进驾，飞黄伏皂，诸北、儋耳之国莫不献其贡职。

更著名的是魏晋时期陶渊明的《桃花源记》，那一片"土地平旷，屋舍俨然，阡陌交通，鸡犬相闻，黄发垂髫并怡然自乐"的世外桃源，若有若无，似曾相识，处处有《礼记·礼运》中大同社会的影子，却又更多寄托了乱世之人对太平的深切渴望。

到三千年未有之大变局的晚清之际，神州陆沉，九原板荡，康有为著二十万字《大同书》，详尽设计了一个"无阶级，无压迫，无邦国，无帝王，人人相亲，人人平等，天下为公"的理想社会，这个社会破除了国界、级界、种界、形界、家界、产界、乱界、类界、苦界等"九界"，使人类享有极致的平等、公平、自由与民主，是大同理想社会的升级版、具体版和时代版。书名原为《人类公理》，后改为《大同书》，无疑，这是康有为对两千多年前先人"大同"梦想的一次致敬与回望。

清末民初，民主革命先驱孙中山提出"民族"、"民权"、"民生"的"三民主义"。他曾说："人民对于国家不只是共产，一切事权都是要共的。这才是真正的民生主义，就是孔子所希望之大同世界。"据说，"天下为公"是孙中山最常题写的词句，而他撰写的《中华民国国歌》中也有这样的句子："三民主义，吾党所宗，以建民国，以进大同。"

由上可见，大同社会的美好理想，穿越无数苦难与辉煌，始终历久弥新，引领着一代又一代中华儿女为丰裕、和谐、幸福的美好生活奋斗不息。更加难能可贵的是，中国人并未将大同理想停留在纸面上，而是努力将其落实在社会治理的不同层面。

比如，建立粮食储备制度。民以食为天，衣食无忧是大同社会的基础条件。在长期的农耕实践中，古人养成了防患于未然的长期主义，特别重视对粮食的积蓄，相信"手中有粮，心中不慌"。贾谊《新书》指出，国家至少需要储备九年的粮食，方可称为充足，可以防备不时发生的水旱灾害。前文提到，汉代开始设置常平仓，既可调节粮价，避免贫富悬殊，也可储备粮食，救济民众。之后，历代皆有政府主导的粮食储备体系。唐宋以后，民间的力量得到充分调动。隋朝度支尚书长孙平不忍民众因灾荒而困乏，建立"义仓"。不同于属于政府的常平仓，义仓属于民间，由民众自发捐赠粮食储藏于义仓，以备凶年之用。明朝强调义仓的"民捐、民管、民用"，使得义仓在乡村广泛普及。在义仓基础上，南宋大儒朱熹创立"社仓"，在青黄不接之时以平价将粮食借贷给百姓，也收到了"虽遇凶岁，民无菜色"的良好效果。

实施灾荒赈济。《周礼·地官》记载了不少救济灾荒的政策，如借贷种子和粮食给灾民、减轻赋税、减缓刑罚、免除力役、放松山泽禁令、免除关市之税等。灾荒救济也被列入政府财政支出，包括公共设施建设、灾荒补贴、政府公职人员的抚恤赡养等项目。秦汉起建立了一整套包括蠲免、赈济等在内的灾害救助和保障体系，包括雨雪、收成、粮价等的奏报制度，报灾检灾制度，等等。明清时，政府广泛鼓励地方富商和士绅赈济灾民，以补官府之不足。同时广泛收集民间救灾经验，编写救荒民书，比如明初藩王朱橚编纂《救荒本草》，清代顾景星著《野菜赞》，张能麟著《荒政考略》等，让千万饥民得以果腹。

保障弱势群体。根据《礼记·王制》记载，西周时期，聋、哑、瘸、废、残、躯体矮小者，都在政府抚恤的范围内。养老方面，实施"五十养于乡，六十养于国，七十养于学"的分级养老制；对于鳏寡孤独困穷之人，提供谷物粮食；残疾之人不列入征兵力役之列。《管子·入国》则记载了齐国的"九惠之教"，国家设有"掌老"、"掌幼"、"掌孤"、"掌养疾"等机构和官职，照顾老幼病孤等弱势群体，并相应减免徭役。比如，七十岁以上的老人，一子免除征役，每年三个月有官家所送的馈肉；八十岁以上的，二子免除征役，每月有馈肉；九十岁以上的，全家免役，每天有酒肉供养。汉魏南北朝开始设立专门救助机构，如孤独园、六疾馆等。唐朝实施侍丁养老制度，由国家雇请专业养老人员；此外，各州县设有医学博士及医学生，常为贫民免费义诊，属于中国较早的医疗福利制度。宋代广泛设立各种救助机构，如接济老疾孤穷丐者的福田院、依寺庙而立的医院兼疗养院安济坊、安葬无主尸骨及家贫无葬地之人的漏泽园等。明朝在各州郡设置广惠仓，用于贮藏公地所产的租谷，作为对鳏寡孤独幼等人群的福利救济粮，等等。

正是上述绵延不绝、广泛实施的赈灾、仓储、救助等政府政策和民间实践，令"大同"理想并非完全遥不可及，在中国大地上的某些区域、某些时间段，曾有限地实现了"太平盛世"的善治。《韩非子》记载郑国子产为相，"五年，国无盗贼，道不拾遗"。最著名的是唐太宗贞观之治，《资治通鉴》称"海内升平，路不拾遗，外户不闭，商旅野宿"。

历史学家许倬云曾介绍旧日无锡的民间社会，宗族邻里守望相助，结成紧密的共同体，一起开设作坊，合办社区福利，照顾贫寒老弱，发展学堂教育，俨然一个小小的"大同世界"。这样的景象在传统社会的村落里其实并不少见，学者李华东这样描述：

> 选贤与能，村里德高望重的长者或者告老还乡的官商，带领村民修桥铺路、编族谱盖祠堂；人不独亲其亲，设法筹置公田、义庄，所得用来赡养矜寡、赈济穷困、抚养孤儿，使得老有所终、壮有所用、幼有所教。……小的时候生活在村里，连锁都没见过。门扣上别根竹枝关上门，防的不是他人，而是乱跑的鸡犬。

然而，由于生产力的局限和私有制的本质，大同理想终究无法在传统社会中真正实现。20世纪初，马克思主义传入中国，中国的仁人志士赫然发现，流传千年的大同理想竟然与来自西方的社会主义不谋而合，他们纷纷用大同的语汇来描述这一外来思想。比如孙中山说："夫苏维埃主义者，即孔子之所谓大同也。"李大钊号召劳工阶级联合起来，"一步一步的向前奋斗，直到世界大同"。瞿秋白在《赤潮曲》中歌颂十月革命，词中曰："从今后，福音遍天下，文明只待共产大同。"1926年，郭沫若写了一篇《马克思进文庙》，设想了马克思与孔子相逢的奇妙场景，双方惊异地发现，其思想的出发点几乎完全相同，马克思不禁对孔子感叹，"不想在两千年前，在远远的东方，已经有了你这样的一个老同志！"正如习近平总书记所说：

马克思主义传入中国后，科学社会主义的主张受到中国人民热烈欢迎，并最终扎根中国大地、开花结果，决不是偶然的，而是同我国传承了几千年的优秀历史文化和广大人民日用而不觉的价值观念融通的。

这里所称"日用而不觉的价值观念"，就包括流传千年的大同理想。

更重要的是，作为人类历史上最彻底的科学理论，马克思主义提供了一条真正通往大同的可行之路。新中国通过建立社会主义公有制，土地收归国有，彻底消灭了剥削阶级。改革开放后，在坚持公有制占主体和共同富裕原则的基础上，逐步解放生产力，发展生产力，并提出了社会主义现代化建设的"三步走"策略。到新时代，坚持以人民为中心的发展理念，在高质量发展中促进共同富裕，正确处理效率和公平的关系，成功完成了人类历史上规模最大、力度最强的脱贫攻坚战，全面建成小康社会，并且坚持在发展中保障和改善民生，逐渐将幼有所育、学有所教、劳有所得、病有所医、老有所养、住有所居、弱有所扶的民生愿景化为实景。

　　小康已立，大同在望。当新时代的实践让大同梦想持续照进现实，我们不能忘记历代先贤的努力，也不能忽略其中一以贯之的中国价值、中国气质和中国精神。

"富民厚生"的经济伦理

1956年12月，社会主义工商业改造基本完成，毛泽东主席召集工商业的一些代表人物谈话，最后，讲了一段颇有意味的话：

> 韩愈有一篇文章叫《送穷文》，我们也要写送穷文，要几十年才能将穷鬼送走。

一千年前，唐朝的韩愈写下《送穷文》，却并没有把"穷"送走。20世纪，中国共产党带领中国人民矢志奋斗，开始走上当家做主、脱贫致富的康庄大道。新中国成立七十多年来，普通民众最大的感受便是生活由"穷"向"富"、从吃饱穿暖到消费升级的转变。有人总结了不同年代"结婚三大件"的递变：20世纪60年代，唢呐、轿子、一把糖；70年代，手表、自行车、缝纫机；80年代，电视、冰箱、洗衣机；90年代，电话、空调、录像机；到21世纪初，则变成了车子、房子、票子，梦想不断进阶，生活品质的提升历历可见。

当代中国的共同富裕实践，包含"共同"和"富裕"两个层面，不可偏废。"共同"体现的是生产关系，是分好蛋糕，保障社会公平，让现代化成果由全体人民共享，满足全体人民的美好生活需要，如本章第一节所述，这正是"损有余而补不足"的天道品格的内在要求。"富裕"体现的是生产力发展水平，是做大蛋糕，提升经济效率，实现社会生产力高度发展、社会全面进步的发达状态，这则与中华优秀传统文化中富民厚生的经济伦理密切相关。

《说文解字》对"富"的解释是："富，备也。一曰厚也。"《礼记·郊特牲》则言："富也者，福也。"物资丰裕、齐备无缺，是人类古往今来的追求。马克思曾说："人们为了能够'创造历史'，必须能够生活。但是为了生活，首先就需要吃喝住穿以及其他一些东西。因此第一个历史活动就是生产满足这些需要的资料，即生产物质生活本身。"恩格斯也指出："人们首先必须吃、喝、住、穿，然后才能从事政治、科学、艺术、宗教等等。"因此，马克思主义主张物质生产是人类世界存在的前提，是社会发展的决定性力量，也因此，物质上的丰盈和充足是美好生活的首要标准，必须不断提升生产力，"把生产发展到能够满足所有人的需要的规模"。那么，中国古人怎么看待物质和生产发展呢？

这个问题很重要。因为，有一种观点一度甚嚣尘上，认为中国古人只重视精神生活，对物质生活不看重。还有人说，古人反复强调"义利之辨"，认为道义高于利益，比如孔子赞叹颜回"一箪食，一瓢饮"的清贫生活，董仲舒也说"正其谊不谋其利"，宋儒甚至提出"存天理，灭人欲"……这些似乎都表明中国古人特别是儒家反对发展生产力，否定人的欲望。

果真如此吗？

我们先看看儒家最推崇的"四书五经"里的说法。《尚书》反复强调君主必须"知稼穑之艰难"，"知小人之依"，"保惠于庶民"，提出"正德、利用、厚生"，认为君主之德最重要的是养护民众的生活，要求君主发展生产，改善民生。《礼记》则承认"饮食男女，人之大欲存焉；死亡贫苦，人之大恶存焉"。《诗经》中有"饮之食之，教之诲之"的句子，寓意君主首先要让老百姓得以生存，其次要教诲他们。《大学》有言："有德此有人，有人此有土，有土此有财，有财此有用。德者本也，财者末也。外本内末，争民施夺。是故财聚则民散，财散则民聚"，强调统治者应该善用天下的财富，来养育聚集天下的百姓。《中庸》则明确倡导"时使薄敛"，即减轻税赋，并保障百姓能按时令从事生产活动。

再看看历代大儒的观点。根据《论语》的记载，孔子并不反对人对物质财富的正当追求，认为"富与贵，是人之所欲也"，他曾感叹："富而可求，虽执鞭之士，吾亦为之。"在国家治理上，孔子主张"富而后教"，先发展经济，再教化民众。孔子重视"民、食、丧、祭"，认为百姓的吃饭与生死问题最重要。子张曾经问孔子什么是"惠而不费"，孔子回答："因民之所利而利之，斯不亦惠而不费乎?"在孔子看来，顺应百姓的需求，满足他们的利益，就是惠民而非浪费。对于那些能广泛施舍救济民众的人，孔子赞叹他们无比仁爱，甚至为尧舜所不及。

孟子进一步发展了孔子关于仁政的观点。他强调"有恒产者有恒心"，认为对普通民众而言，稳定的物质财富保障是保持民众善良本心的基础。为此，他进一步提出要"制民之产"，包括划定田界、鼓励蚕桑，为百姓生产提供基本条件。孟子还主张减轻赋税，"易其田畴，薄其税敛"，以保证民众的物质生活。

《荀子》中有一篇名为《富国》，体现了荀子的富国裕民思想。他提出富国的途径在于"节用裕民而善藏其余"，具体的方法则是"节用以礼，裕民以政"，倡导按照礼制节约费用，制定政策使民众富裕，并妥善储存多余的财物。荀子还认为"下贫则上贫，下富则上富"，民众富裕是国家富裕的前提。他特别强调"材万物，养万民"，"上下俱富，交无所藏之"，令天下百姓皆得安养康乐。

再看法家。管子的思想有鲜明的民本色彩，主张"政之所兴，在顺民心"。《管子·牧民》中说"下令如流水之原，令顺民心"，认为国家政令应如流水般顺民心而下，具体的方式是"从其四欲"："民恶忧劳，我佚乐之。民恶贫贱，我富贵之。民恶危坠，我存安之。民恶灭绝，我生育之。"意思是，人民怕忧劳，我便使他安乐；

人民怕贫贱，我便使他富贵；人民怕危难，我便使他安定；人民怕灭绝，我便使他生育繁息。在具体的治国方略上，《管子·治国》强调"凡治国之道，必先富民"，其理据则是"仓廪实则知礼节，衣食足则知荣辱"。这一名句类似孟子的"有恒产者有恒心"，揭示了老百姓生活富足是治国安民的基础条件。

道家也不例外。《道德经》"我无事而民自富"，倡导统治者无为而治，不过度干预经济生活，令百姓富足。这与强调国家干预的管仲，手段虽不同，但目的相近。《淮南子·氾论训》提出"治国有常，而利民为本"，认为衣服器械应该"各便其用"，以满足百姓的现实需求为第一要义。

由上可见，中国先贤大多承认人的物质需求的合理性，重视物阜民丰对治理国家、安定社会的作用。中国文化推崇的"王道政治"，其核心内涵之一就是富民养民。《韩诗外传》解释什么是王："王者何也？曰：往也。天下往之谓之王。"也就是说，王就是仁爱百姓，进而令天下归心之人。汉孝文帝曾下诏说："朕闻之：天生烝民，为之置君以养治之。"可见君主的责任首先就是养民。事实上，不论是被尊为华夏人文初祖的伏羲、神农、黄帝三皇，还是被历代读书人所推崇的尧、舜、禹三王，他们都不是高高在上的统治者，也不是指手画脚的管理者，而是衣食住行的发明者、生产技术的引领者、生产力发展的推动者。

我们来看《礼记·礼运》中的一段话：

　　昔者先王未有宫室，冬则居营窟，夏则居橧巢。未有火化，食草木之实、鸟兽之肉，饮其血，茹其毛。未有麻丝，衣其羽皮。后圣有作，然后修火之利，范金，合土，以为台榭、宫室、牖户。以炮以燔，以亨以炙，以为醴酪。治其麻丝，以为布帛。以养生送死，以事鬼神上帝，皆从其朔。

　　这段话表明，所谓"圣王"，就是那些不忍百姓饥寒疾苦，带领百姓从短缺走向富足，从蒙昧走向文明的人。比如伏羲发明网罟，教民渔猎；神农种植五谷，制作耒耜，教民农桑；燧人钻木取火，教人熟食；黄帝始制衣冠，建造舟车；尧、舜观象授时，制定历法；大禹治理水患，开辟疆土。所有这一切，无不是服务于人们的现实生产生活，中华文明由此发源，中华民族由此生生不息。这正是《周易·系辞》所说的："备物致用，立成器以为天下利，莫大乎圣人。"

　　在中华文明主流话语体系中，称职的君王一定是要敬天爱民的。否则，"抚我则后，虐我则仇"，体恤我们的就是君主，残害我们的就是仇敌，老百姓就会积极响应"汤武革命"，革故鼎新。中国古代政府的富民厚生实践，可以总结为以下四个方面。

　　（一）为民制产以养民。土地是民生之本，为民制产即在土地政策上，保障民众有一定数量的田地用于耕种，并提供基本生产资料，使他们不至于衣食无着，流离失所。据《孟子》记载，夏商周三代实行"井田制",将田地单元划分为"井"字形的九块,八家共同耕种中间的公田,各家耕种一块周边的私田,这是一种平均土地的雏形。战国时期承认土地私有制之后,历代许多著名的变法政策,如北魏孝文帝的"均田令"、北宋时期王安石变法、明朝张居正"一条鞭法"等,无不是试图以国家力量抑制土地兼并,同时保证民众的基本生产资料。

新民主主义革命时期,毛泽东意识到"解决农民的土地问题是革命党的一个中心问题"。通过不断摸索和实践,党团结带领广大农民"打土豪、分田地",实行"耕者有其田"、减租减息等土地政策,奠定了实现"均贫富"的社会基础。新中国成立初期的土地改革则彻底废除了土地私有制,将中国农民数千年来梦寐以求的"耕者有其田"变为现实。

(二)轻徭薄赋以恤民。历代先贤大多主张减轻徭役、赋税,不在农忙时节役使百姓,减轻人民负担,保障农业生产。税赋是开展再分配的重要手段,《周礼·地官》记载,西周设立了"均人"一职,其主要职责就是使得地税、山林川泽税等各种税收均平合理。古代的盛世如"文景之治"、"贞观之治",一个显著的共同点便是轻徭薄赋。

2006年1月1日起,中国正式废止农业税,延续了两千多年的农业税成为历史,大大减轻了农民负担。全国取消农业税在中国农业发展史乃至中华文明发展史上都具有里程碑意义。

（三）节约用度以裕民。足国之道，在于节用裕民。首先是政府要谨慎修建各种宫室楼台等大型设施，以免滥用民利。其次是君主自己要俭约节用，谨防奢侈浪费。《尚书》中多有大臣警告君主、先王告诫后王切勿骄奢、崇尚节俭的记载，比如伊尹告诫刚继位的太甲"慎乃俭德，惟怀永固"，周公告诫成王"无淫于观、于逸、于游、于田"。节用裕民的典范如汉文帝、隋文帝、明太祖等，无不励精图治，自奉俭约以富其国。

党的十八大以来，广大党员贯彻执行中央十八项规定，厉行节约、反对浪费，目的在于用干部的"紧日子"换取民众的"好日子"，用"三公"经费的"减法"助力民生福祉的"加法"，这正是节用裕民在新时代的体现。

（四）推崇勤劳以富民。富民之道，固然在于政府的扶持减负，但也在于百姓自己的勤奋努力。中华民族是崇尚勤劳朴素、艰苦奋斗的民族，早在《左传》中已有"民生在勤，勤则不匮"的告诫。历代政府也通过各种方法鼓励农桑，发展生产，比如商鞅鼓励耕战，汉朝建立"孝悌力田"制度，宋太祖招抚流民开垦荒地，以及宋真宗引进占城稻以提升粮食产量等。

习近平总书记指出，脱贫必须摆脱思想意识上的贫困，要调动广大贫困群众积极性、主动性、创造性，激发脱贫内生动力。当代中国政府在脱贫攻坚中采取了一系列扶贫和扶志、扶智相结合的举措，让他们心热起来、手动起来，也体现了这一"劝勤而不养懒"

的文化传统。

仍以阜平为例。2013年，新成立的中共阜平县委新一任领导班子经过深入调研，意识到阜平脱贫的一个重大阻碍是盘踞在人们心头的畏难情绪和"等靠要意识"，对拔掉穷根缺乏信心。当务之急，是要在阜平的党员干部心头树立起攻坚克难的必胜信念，激发人们脱贫的内在动力。为此，扶贫干部们反复动员，促膝引导，设立脱贫志气榜、光荣榜，大张旗鼓表彰致富带头人，引领村民向贫困宣战、向小康进军。习近平总书记的"只要有信心，黄土变成金"，"幸福不是毛毛雨，幸福不是免费午餐，幸福不会从天而降"等语录被制成标语挂在路边，随处可见；村头路被改名为"圆梦路"，村前广场被命名为"圆梦广场"，时刻给村民们以信心和鼓舞。慢慢地，村民中有等靠要思想的人少了，主动想办法、找门路、抓机遇的人多了；闲着的人少了，忙碌的人多了。街头巷尾，村民们的议论从"别人能吃低保我为啥不能"，变成了"能给我找份工作不？吃苦受累都不怕"。越来越多的年轻人选择回乡创业，村里产业也日益兴旺起来。据统计，阜平全县已累计有5000多名年轻人返乡创业，革命老区焕发新的青春活力。

回到本节开头提到的问题。既然中国古人并不反对物质欲望的满足，古代政府还以富民为重要厚生职责，那为什么还有"义利之辨"乃至"存天理，灭人欲"的说法呢？其实，这两者并不矛盾，因为其适用的对象和场景不同。

首先，古人对"君子"和"小人"的要求是不同的。在先秦的经典中，君子小人不是就道德品质而言，而是就社会地位而言，君子很多时候指在社会的治理者，小人则是普通庶民。两类人适用于不同的道德法则。《论语》云："君子喻于义，小人喻于利。"《大学》则言："君子贤其贤而亲其亲，小人乐其乐而利其利。"董仲舒提出："夫皇皇求财利，常恐乏匮者，庶人之意也；皇皇求仁义，常恐不能化民者，大夫之意也。"这些都表明，针对治理者，道德修养比物质追求更重要，而对普通民众，则物质财富优先于道德修养。因此，很多朝代有"禄食之家不与民争利"的传统，不允许社会治理者与百姓争夺利益。《大学》称："畜马乘不察于鸡豚，伐冰之家不畜牛羊。"晋、唐、清等朝代都有禁止食禄者争利的法律。

其次，对"内圣"与"外王"的标准是不一样的。内圣外王是中国古人的人生理想，内圣即完善道德修养，外王即治国平天下、建功立业。对于两者的差别，董仲舒在《春秋繁露·仁义法》中有非常清晰的阐述：

> 孔子谓冉子曰："治民者，先富之而后加教。"语樊迟曰："治身者，先难后获。"以此之谓治身之与治民，所先后者不同焉矣。《诗》曰："饮之食之，教之诲之。"先饮食而后教诲，谓治人也。又曰："坎坎伐辐，彼君子兮，不素餐兮。"先其事，后其食，谓治身也。

内圣就是董仲舒说的"治身"，要克除私欲，以道义为重。而外王则是"治民"，必须要先保证百姓的生存，令他们衣食无忧，再谈教化。换句话说，在内圣方面可以"教先于养"，精神的修养比物质的追求更重要，而在外王方面则应该"养先于教"，必须先保障衣食等基本生活，再进行教化。

再次，也可以看作律己与待人的差别。君子严于律己、宽以待人，对自己要求严格，先讲道义后谈利益；对他人则较为包容，可以允许其谋取适当的利益。

再进一步说，"义"与"利"并非截然对立的两头。众人之利便是社会之义，也就是治理者之义。这就是《大学》说的"国不以利为利，以义为利也"。《周易》有言："利者，义之和也。"这表明，如果治理者能提升社会大众的利益，那本身就是"义"。

习近平总书记说："我们的人民热爱生活，期盼有更好的教育、更稳定的工作、更满意的收入、更可靠的社会保障、更高水平的医疗卫生服务、更舒适的居住条件、更优美的环境，期盼孩子们能成长得更好、工作得更好、生活得更好。人民对美好生活的向往，就是我们的奋斗目标。"将"满足人民对美好生活的向往"作为党的奋斗目标，而我们党除了人民利益之外没有自己特殊的利益，这正是当今时代的"义利之辨"。

04 第四章

物质文明与精神文明相协调的
现代化与中华优秀传统文化

1916年，诺贝尔文学奖获得者、印度诗人泰戈尔在他所著的《民族主义》一书中，曾这样描述以中国为代表的东方文明："它不是一种掠夺性的、拥有机械效能的文明，而是一种精神的文明；它建立在人性所具有的、全部的、各种各样的、深层次关系的基础之上。"

1924年，泰戈尔第一次到访中国，并在徐志摩、林徽因、郑振铎等文化名人陪同下游览上海、南京等地，他对自己的判断愈发坚信。在东南大学体育馆的演讲中，他对台下数千名慕名而来的听众说："西方文明，崇尚物质，并不足贵；唯亚洲文化，崇尚和平、恭谦友爱，适宜发扬光大，乃天地之幸。"

时值五四新文化运动之后，中国社会正处在一场激烈的反传统浪潮中，这一场演讲引发了轩然大波，台下议论纷纷，有人拂袖而去，几位激愤的青年甚至抢起板凳欲向泰戈尔砸去。

百年之后回顾当年这场演讲，泰戈尔无疑是具有深刻洞察力的——崇尚精神是中国的传统；重视物质文明与精神文明的协调发展，是中国式现代化区分于西方现代化的重要标志。

党的二十大报告把"丰富人民精神世界"作为中国式现代化的本质要求之一，把"人民精神文化生活更加丰富，中华民族凝聚力和中华文化影响力不断增强"作为未来五年我国发展的主要目标任务之一。习近平总书记多次强调，"中国式现代化是物质文明和精神文明相协调的现代化"，"是物质文明和精神文明比翼双飞的发展过程"。

实现中华民族伟大复兴的中国梦，既要物质财富极大丰富，也要精神财富极大丰富；实现全体人民共同富裕的现代化，既要物质生活共同富裕，也要精神生活共同富裕。要坚持"两手抓、两手都要硬"，以辩证的、全面的、平衡的观点正确处理物质文明和精神文明的关系，这种协调与平衡的智慧，深深植根于中华优秀传统文化之中。

"形神兼备"的生命观念

人是什么？人区别于其他生物的本质是什么？

对人的本质的反思，是人类自我觉醒的开始。依据达尔文主义的回答，人是处于灵长类顶端的高级生物。生物学研究也发现，人与某些动物（如黑猩猩）的基因相似度非常高。正如《孟子》所言："人之所以异于禽兽者几希。"然而，将人置于生物演化的漫长链条一端的定义，虽然凸显了人与动物相似的一面，却消解了人与动物的本质差别。对此，习近平总书记深刻指出："人类社会与动物界的最大区别就是人是有精神需求的，人民对精神文化生活的需求时时刻刻都存在。"这一回答，与中华优秀传统文化中的"形神观"一脉相承。

早在三千年前，中国人就展示了对人类本质的深刻思考。《尚书·泰誓上》曰："惟天地万物父母，惟人万物之灵。"人是天地所生之物，但在所有的生物之中，人又是最"灵"的。

什么叫"灵"呢?《礼记·礼运》曰:"人者,天地之心也。"人在天地之间的位置,如同心在人体中的位置。根据《黄帝内经·素问》的说法:"心者,君主之官也,神明出焉。"换句话说,心之所以重要,是因为心掌管的是"神";而人之所以独特,就在于人是天地之间"形神兼备"的存在。

形神观是中国哲学的重要范畴。概言之,形指代人的肉体生命,神指代人的精神生命。《庄子》最早将形与神对举,《徐无鬼》篇言:"劳君之神与形。"《养生主》中辩证地阐述了形与神的关系:"指穷于为薪,火传也,不知其尽也。"柴薪燃尽了,火种却流传下来,无穷无尽。庄子以此寓意肉体虽灭,精神却可长存不息。《荀子》则提出"天职既立,天功既成,形具而神生"的命题,认为人有了形体,就会产生喜怒哀乐等功能。此处的"神",与其说是精神,不如说是功能,是"神"之用。

对形神关系有更明确论述的是《淮南子·原道训》:"夫形者,生之舍也;气者,生之充也;神者,生之制也。"从人的生命整体来看,形、气、神扮演着不同的角色。形体是生命的屋舍,是有形而具象的物质形态;气是生命的能量和动力,无形无象但又切实可感,充斥于生命体之内;神则是生命的主宰,起着统率和制约的作用。换句话说,形是生命的硬件,神是软件,气则居中,处于有形和无形之间。以三分法来说,人是形、气、神三要素构成的有机整体。以二分法来说,人是形神兼备的生命体。

　　中医元典《黄帝内经》对形与神的关系有十分完备的论述。《黄帝内经·灵枢》曰："血气已和，荣卫已通，五脏已成，神气舍心，魂魄毕具，乃成为人。"人之为人，既需要脏腑、荣卫等有形硬件，也需要神气、魂魄等无形的主宰，才能成为健全的生命体。一方面，"形体不敝，精神不散"，强调形体对精神的承载和支撑作用，如果作为载体的形体凋敝破败，精神也会离散。另一方面，"失神者死，得神者生"，在形与神之间，更重视精神对个体生命的操持和主导，养生的关键在于护神、守神。正如《素问·上古天真论》所言："恬惔虚无，真气从之，精神内守，病安从来？"《素问·疏五过论》也有言："精神内伤，身必败亡。"因此，能颐养天年的上古之人，无不是能"独立守神"的"形与神俱"之人，善于修养精神，进而精神焕发、形体康健、形神俱妙。

　　由上可见，各家的说法虽然各有侧重，但大体都认为人的生命是形神兼备的，形是神的载体，神是形的主使。在生命的养护上，既强调形体的健康，也强调精神的滋润。因为那种生生不息的勃发的生命力，主要就是"神"的作用。正如《庄子·养生主》的篇名所显示的那样：养生的关键是养生命的主人，而这个主人，就是作为"生之制"的"神"。

　　重"神"的观念在中华文化中影响深远。比如中国艺术强调"传神"，清代包世臣的《国朝书品》将书法分为五品，从低往高依次为：佳品、逸品、能品、妙品、神品。能传达神韵境界的作品，为最上乘；而形似的作品只能居于末流。苏轼说："论画以形似，见与儿童邻。"这与重视写实、强调逼真的西方正统艺术是大异其趣的。

重视"神"的作用，意味着强调"心"对于人的主导作用。《管子·心术上》："心之在体，君之位也。"前面提到，《黄帝内经》也有同样的认识："心者，君主之官也，神明出焉。"可见，不论儒家、法家还是医家，都认为心虽属"五脏"之一，但其在人体中的地位如同君主，处于主宰地位。因为"神"藏于心并出于心，一切其他身体的功能，都必须在"心"这一君主的统领之下。反之，如果心君不明，精神暗昧不振，那么人的健康和幸福也就无从谈起。

从"心主神明"这一功能出发，《孟子·告子上》更进一步论述了"大体"和"小体"、"大人"和"小人"的区别，由此奠定了中国传统修养论的基础：

公都子问曰："钧是人也，或为大人，或为小人，何也？"孟子曰："从其大体为大人，从其小体为小人。"曰："钧是人也，或从其大体，或从其小体，何也？"曰："耳目之官不思，而蔽于物，物交物，则引之而已矣。心之官则思，思则得之，不思则不得也。此天之所与我者，先立乎其大者，则其小者弗能夺也。此为大人而已矣。"

孟子曰："人之于身也兼所爱，兼所爱，则兼所养也。无尺寸之肤不爱焉，则无尺寸之肤不养也。所以考其善不善者，岂有他哉？于己取之而已矣。体有贵贱，有小大，无以小害大，无以贱害贵，养其小者为小人，养其大者为大人。"

孟子的弟子公都子问孟子，同样是人，为什么有的人是大人，有的人是小人？孟子回答说，有些人听命于自己的"大体"，就是大人；有些人听命于自己的"小体"，那就是小人。那究竟什么叫"大体"、什么叫"小体"呢？

孟子又继续解释，凡人皆有眼耳鼻舌身等感官，而这些感官都是受到物的局限和主宰的。比如，眼睛受光与色的牵引，耳朵受声响的牵引，鼻子受气味的牵引。但同时，耳目等感官都有感受范围的限制，比如人目力不及鹰，嗅力不及狗，听力不如猫。而唯一不受制于外物，并能主导外物的，就是心。

换句话说，人如果局限于自身的眼耳鼻舌身等感官，其结果必然就是"蔽于物"，即被物所遮蔽。但孟子告诉我们，所幸的是，人还有一个不受这些外物所局限的"大体"，那就是心。因为心可以思，"思则得之，不思则不得也"。那么，这句中所思和所得的对象，到底是什么呢？结合上下文语境理解，我们可以称之为"道"。宇宙之道，并不在遥远之处，而是俯拾皆在，只要用心体会，便能得到。而当人可以体会亘古亘今的宇宙之道，便可以超越肉身的局限，这便是上天给予我们的"大体"。如果一个人听命于自己的

"大体"，而与道相合，就可称他为"大人"。相反，"饮食之人，则人贱之矣，为其养小以失大也"，那些终日只追求口腹之欲、没有更高追求的人，则不过是"小人"而已，难免为人所轻贱。

从孟子开始，中国传统读书人便普遍以成为"大人"为终身修学的目标，这也正是儒家另一部经典《大学》书名的含义——所谓"大学"者，"大人"之学也。学问的目的就是通过追求宇宙天地之道，从而超越有限的个体生命，成为一个精神上与天地同大、与日月同光的"大人"。

由此也才能理解《孟子》中的那句名言："生亦我所欲，所欲有甚于生者，故不为苟得也。死亦我所恶，所恶有甚于死者，故患有所不辟也。"如果肉身的活着就是人的最高追求，那么为何历代总有仁人志士宁愿杀身成仁、舍生取义？这是因为，这些"大人"所追求的并非肉身生命的保存和苟全，而是精神生命的光大和永续；他们养护的是"大体"而非"小体"，他们更看重的是"神"而非"形"。孟子感叹："君子所过者化，所存者神，上下与天地同流，岂曰小补之哉！"君子所过之处，民众皆受其感化，他们的精神长存而不朽，与天地同寿，与日月同光，岂是小修小补可以形容的呢？！

事实上，正是这一份超越肉身存在、追求宇宙人生之道的"大人"精神，成为支撑中华民族数千年而绵延不坠、始终在历史长河中巍然挺立的密码所在。

习近平总书记说：为什么中华民族能够在几千年的历史长河中顽强生存和不断发展呢？很重要的一个原因，是我们民族有一脉相承的精神追求、精神特质、精神脉络。

人无精神则不立，国无精神则不强。精神是一个民族赖以长久生存的灵魂，唯有精神上达到一定的高度，这个民族才能在历史的洪流中屹立不倒、奋勇向前。

古人所说的"先天下之忧而忧，后天下之乐而乐"的政治抱负，"位卑未敢忘忧国"、"苟利国家生死以，岂因祸福避趋之"的报国情怀，"富贵不能淫，贫贱不能移，威武不能屈"的浩然正气，"人生自古谁无死，留取丹心照汗青"、"鞠躬尽瘁，死而后已"的献身精神等，都体现了中华民族的优秀传统文化和民族精神，我们都应该继承和发扬。

以笔者所居的岳麓山为例，这座海拔不超过300米的山，却被称为"英烈之山"，被誉为"一座岳麓山，半部近代史"。黄兴、蔡锷、陈天华、刘道一等30余位英烈埋骨其间，他们或曾拔剑南天，或曾驱驰革命，或为工运献身，或为抗日饮血。年轻的生命早已远逝，忠诚和浩气却湛然长存。人事有代谢，往来成古今。物质的世界不断变换，精神却可以穿越时间，树立起难以逾越的巍峨丰碑。这正是古人将"立德、立功、立言"称为"三不朽"的深意所在。

中国共产党人是唯物主义者，但也从来都重视精神的伟力。毛泽东曾提出"物质可以变成精神，精神可以变成物质"的辩证法，强调"人是要有点精神的"，指出"代表先进阶级的正确思想，一旦被群众掌握，就会变成改造社会、改造世界的物质力量"。习近平总书记进一步深刻阐述：

> 我们党强调理想信念是共产党人精神上的"钙"，强调"革命理想高于天"，就是精神变物质、物质变精神的辩证法。广大党员干部理想信念坚定、干事创业精气神足，人民群众精神振奋、发愤图强，就可以创造出很多人间奇迹。

从土地革命时期的"战地黄花分外香"，到红军长征时的"万水千山只等闲"；从解放战争的"虎踞龙盘今胜昔"，到社会主义建设时期的"遍地英雄下夕烟"；从改革开放之初的"万千能人涌珠江"，到新时代的"举国同心战贫困"，一棒接着一棒的伟大奋斗，一浪高过一浪的伟大奇迹，无一不展现出无与伦比的精神力量。党深刻理解并运用"精神变物质的辩证法"，在每一个阶段的伟大奋斗中都不忘凝聚和弘扬精神力量，将思想变革与社会变革紧密结合，提炼、传承和发扬伟大精神对伟大事业的推动作用。

2021年7月1日，习近平总书记在庆祝中国共产党成立100周年大会上，旗帜鲜明地提出：

一百年前，中国共产党的先驱们创建了中国共产党，形成了坚持真理、坚守理想，践行初心、担当使命，不怕牺牲、英勇斗争，对党忠诚、不负人民的伟大建党精神，这是中国共产党的精神之源。一百年来，中国共产党弘扬伟大建党精神，在长期奋斗中构建起中国共产党人的精神谱系，锤炼出鲜明的政治品格。

2021年9月，党中央批准了中央宣传部梳理的第一批纳入中国共产党人精神谱系的伟大精神，包括建党精神；井冈山精神、苏区精神、长征精神、遵义会议精神、延安精神、抗战精神、红岩精神、西柏坡精神、照金精神、东北抗联精神、南泥湾精神、太行精神（吕梁精神）、大别山精神、沂蒙精神、老区精神、张思德精神；抗美援朝精神、"两弹一星"精神、雷锋精神、焦裕禄精神、大庆精神（铁人精神）、红旗渠精神、北大荒精神、塞罕坝精神、"两路"精神、老西藏精神（孔繁森精神）、西迁精神、王杰精神；改革开放精神、特区精神、抗洪精神、抗击"非典"精神、抗震救灾精神、载人航天精神、劳模精神（劳动精神、工匠精神）、青藏铁路精神、女排精神；脱贫攻坚精神、抗疫精神、"三牛"精神、科学家精神、企业家精神、探月精神、新时代北斗精神、丝路精神。

这些宝贵的精神财富，集中彰显了中华民族和中国人民长期以来形成的伟大创造精神、伟大奋斗精神、伟大团结精神、伟大梦想精神，彰显了一代又一代中国共产党人"为有牺牲多壮志，敢教日月换新天"的奋斗精神，深深融入我们党、国家、民族、人民的血脉之中，为兴党强党、兴国强国提供了丰厚滋养。

立高山之巅，方见大河奔流；于群峰之上，更觉长风浩荡。站在新时代的宏阔征程上，在全党全社会大力弘扬以伟大建党精神为代表的中国共产党人精神谱系，将其作为党史学习教育和"四史"宣传教育的重要内容，更好地鼓舞激励党员干部群众弘扬光荣革命传统、赓续红色血脉，必将为实现中华民族伟大复兴凝聚起奋勇前进的磅礴力量。

"富而后教"的治理传统

1904年9月，正当"风雨如磐暗故园"的年代，23岁的鲁迅怀抱着医学救国的梦想，在日本仙台医学专门学校开始了他的求学之旅。

一年级结束时，一件小事改变了他的人生轨迹。某次细菌课后，教授放映了一段关于日俄战争的纪录片。片中，一位中国人被日本人当作间谍处决，而围观的看客中有不少中国面孔，却一个个神情麻木，全无表情，仿佛浑然与自己无关。

这一幕深深地刺痛了鲁迅，在《藤野先生》一文中，他写道：

我便觉得医学并非一件紧要事，凡是愚弱的国民，即使体格如何健全，如何苗壮，也只能做毫无意义的示众的材料和看客，病死多少是不必以为不幸的。所以我们的第一要著，是在改变他们的精神。

一百多年后，在毗邻鲁迅家乡的浙江桐乡，人们遇到了看似大不相同，实质却异曲同工的问题——富起来以后怎么办？

作为改革开放以后先富起来的地区之一，浙江桐乡人均GDP在2013年已超过6万元，同时开始面临富裕起来后新出现的种种社会问题：攀比之风日盛，铺张浪费严重，人际关系微妙，道德素养滑坡，社会矛盾凸显……

"以前，村里的婚宴每桌必有高档海鲜等食材，办酒周期长达三天，有时宴请总桌数竟达上百桌，餐饮浪费严重。"桐乡洲泉镇干部说。

无论是一百年前的"救体格还是救精神"，还是一百年后的"富起来之后怎么办"，变迁的时代主题背后，都关乎物质文明与精神文明的辩证关系。在鲁迅的时代，同胞的麻木凸显了精神觉醒的必要性，令鲁迅选择了弃医从文，以笔为枪刺破黑暗的牢笼，唤醒希望与自由。一百年后，浙江已率先迈入富裕省份，却又面临精神文明如何与物质文明相协调的问题。

对此，早在2004年，时任浙江省委书记的习近平同志就指出："要认清物质文明建设和精神文明建设的最终目的是什么，GDP、财政收入、居民收入等等是一些重要指标，但都不是最终目的，其最终目的就是要促进人的全面发展。"进入新时代后，习近平总书记进一步强调："我们说的共同富裕是全体人民共同富裕，是人民群众物质生活和精神生活都富裕。""当高楼大厦在我国大地上遍地林立时，中华民族精神的大厦也应该巍然耸立。"

的确，如果将"全体人民共同富裕"与"满足人民对美好生活的需要"仅仅理解为物质生活的富裕，则必将遭遇一系列无解的问题。

首先，在个体的层面上，富裕并不必然意味着幸福。经济学研究表明，富裕人群整体而言比贫困人群更幸福，但当人均收入超过一定水平后，收入与幸福感之间的相关关系便不再显著，这一现象被称为"伊斯特林悖论"。诺贝尔经济学奖获得者卡尼曼进一步发现，年收入超过7.5万美元后，收入的增加无法再提升幸福感。换句话说，赚再多的钱也无法替代影响幸福的其他要素，比如与喜欢的人共度时光，避免痛苦和疾病，享受空闲时间。而在中国，清华大学社科学院幸福科技实验室联合微博数据中心发布的2016年"幸福中国白皮书"显示，最幸福的省份并非经济发达的北上广，而是人均收入并不领先的江西。

其次，在家庭层面，"富不过三代"的魔咒一再被验证。古人云："君子之泽，五世而斩。"祖上留下的富贵恩泽，往往福荫不过三五代。曾国藩在家书中说："凡天下官宦之家，多只一代享用便尽，其子孙始而骄佚，继而流荡，终而沟壑，能庆延一二代者鲜矣。"统计数据也验证了这一点。有资料显示，全世界范围内，企业家二代子女接班成功的概率只有30%，三代子女接班成功的概率更是不过10%。

再次，在国家和社会层面，富有也未必意味着文明和昌盛。我们来看看史学家钱穆在《国史大纲》中的一段论述：

一个贵族家庭，苟无良好教育，至多三四传，其子孙无不趋于愚昧庸弱。西汉王室，不断有来自民间的新精神。高、惠、文三帝皆可说来自田间，经景帝至武帝，始脱去民间意味。然宣帝又从民间来，遂成中兴。经元帝至成帝而汉始衰。东汉光武、明、章三世后即弱。司马氏则在贵族氛围中已三四传，历数十年之久。懿、师、昭父子狐媚隐谋，积心篡夺。晋武帝坐享先业，同时亦深染遗毒。《晋书·胡贵嫔传》："武帝多内宠，平吴后，复纳孙皓宫人数千，掖庭殆将万人，并宠者甚众。帝莫知所适，常乘羊车恣其所之。宫人乃取竹叶插户，以盐汁洒地，而引帝车。"是晋武之荒怠可知。……武帝子惠帝即以不慧称，闻人饿死，曰："何不食肉糜？"

钱穆从历史的角度，指出如果没有良好的教育，"富不过三代"的现象普遍存在。在比较西汉与西晋王室时，他指出西汉由于有民间的新鲜精神注入，故能出现宣帝中兴，维持较为清平的盛世；而西晋王室则在贵族氛围内绵延已久，"深染遗毒"，日渐荒淫腐朽，以至于有晋武帝羊车巡幸和晋惠帝"何不食肉糜"这样荒诞的言行。

在另一段关于五胡十六国的记载中，钱穆写道：

> 诸胡虽染汉化，然蛮性骤难消除，往往而发。最显见者曰淫酗，曰残忍。残忍之例，莫逾石虎。虎，勒从子。既篡石弘位，尽诛勒诸子，以邃为太子，而爱韬。邃疾之，尝谓左右：“我欲行冒顿之事。”虎遂收邃及其妻妾、子女二十六人，同埋一棺中。立宣为太子。宣复疾韬，杀之佛寺。入奏，将俟虎临丧而杀之。会有人告变，虎幽宣于库，以铁环穿其颔锁之。取害韬刀箭舐其血，哀号震动宫殿。积柴薪焚宣，拔其发，抽其舌，断其手足，斫眼，溃肠，如韬之伤。虎从后宫数千，登高观之，并杀妻、子二十九人。……盖浅化之民，性情暴戾，处粗野之生活中，尚堪放纵自适。一旦处繁杂之人事，当柔靡之奉养，转使野性无所发舒，冲荡溃决，如得狂疾。

钱穆以石虎父子的惨案为例，说明以武力见长、文化程度较低的胡人，哪怕夺取了政权，其内在的野蛮之性也难以一时消除，治理方式往往以残忍放纵为特点。如果处在粗放简单的生活中，倒还算习惯适应；一旦面临繁杂的事务，再加上丰裕的物质奉养，反而使野性无法抒发，容易酿成灾难性的后果。

　　两段文字表述虽不同，却都表明物质的富裕并不必然带来社会的长治久安。物质的繁华、军功的强盛，必须匹配以丰盈的精神、道德的教化，才能创造繁荣昌盛的太平盛世，正所谓"王者虽以武功克定，终须以文德致治"。而这正是中国古圣先贤反复论述的"富而后教"的国家治理之道。

　　"富而后教"出自《论语·子路》中孔子与冉有的对话：

　　　　子适卫，冉有仆。子曰："庶矣哉！"冉有曰："既庶矣，又何加焉？"曰："富之。"曰："既富矣，又何加焉？"曰："教之。"

　　孔子造访卫国，弟子冉有为其驾车。孔子感叹："这里人真多呀！"冉有问："国家人口多了以后，该怎么做呢？"孔子说："让百姓富起来。"冉有又问："百姓富起来以后又该怎么办呢？"孔子说："让他们接受教育，习得教养。"

　　孔子的"富而后教"，跟《管子》中的名句"仓廪实而知礼节，衣食足而知荣辱"异曲同工，都强调富足的物质生活是精神文明的基础。但要注意的是，在《管子》这句话中，"而"并不意味着一个自然而然的结果，而是强调次第的先后，强调财富的积累是教化的基础，国家发展经济的目的是"礼义廉耻"能在国民中深入人心，造就知礼节、知荣辱的文明社会，这才是"善治"的关键所在。

孟子发展了"富而后教"的思想,《滕文公上》篇中说:

> 人之有道也,饱食暖衣,逸居而无教,则近于禽兽。圣
> 人有忧之,使契为司徒,教以人伦。父子有亲,君臣有义,
> 夫妇有别,长幼有序,朋友有信。

孟子认为,人如果吃饱、穿暖、安居逸乐却没有接受教育,那么与禽兽又有什么区别呢?圣人忧虑于此,于是设立了掌管人伦教化的司徒一职,这就是教育部门的由来。《梁惠王上》则更详细地记载了教育的宗旨与内涵:"谨庠序之教,申之以孝悌之养,颁白者不负戴于道路矣。"庠、序是周、商时期学校的称谓,在发展经济、令百姓富裕之后,国家设立学校,教授孝悌忠信等道德伦常之理,如此,人人都能爱亲敬长、孝养父母,从而使老有所养、少有所安,社会呈现一派和谐幸福的景象。

到战国末年,荀子对孔孟的观点作了进一步总结。《荀子·大略篇》说:

> 不富无以养民情,不教无以理民性。故家五亩宅,百亩
> 田,务其业而勿夺其时,所以富之也。立大学,设庠序,修
> 六礼,明十教,所以道之也。《诗》曰:"饮之食之,教之诲

之。"王事具矣。

在荀子看来，富裕令百姓心情愉悦，而教化则令百姓素养提升，成为有德性之人。富民与教民，是王道政治的两个核心要素，缺一不可。

由上可见，早在先秦时期，中国古人就对物质文明与精神文明之间的关系有深入思考，一方面重视物质财富对社会治理的基础作用，另一方面反复强调教育与教化的重要性。

基于对人类社会发展一般规律的深刻洞察，马克思和恩格斯提出了唯物史观，指出物质文明与精神文明是人类在认识世界和改造世界的过程中所形成的一切物质的和非物质的成果的总和，是人民群众物质生产实践活动的成果。其中，物质文明具有基础性，"物质生活的生产方式制约着整个社会生活、政治生活和精神生活的过程"。但同时，精神生活也对物质生活具有反作用。正如恩格斯指出的，"这并不排斥思想领域也反过来对这些物质生存方式起作用"，"并且能在某种限度内改变经济基础"。

在资本主义快速发展的19世纪，对社会现实的观照使马克思和恩格斯意识到物质文明和精神文明不协调所带来的严重后果。他们见证了资本主义所创造的惊人的物质财富，也深切地洞察到资本逻辑下人在精神领域的全面异化。

在《1844年经济学哲学手稿》中，马克思指出，西方现代化导致了物质文明和精神文明之间的极度背离，"在一极是财富的积累，同时在另一极，即在把自己的产品作为资本来生产的阶级方面，是贫困、劳动折磨、受奴役、无知、粗野和道德堕落的积累"。"我们的一切发明和进步，似乎结果是使物质力量成为有智慧的生命，而人的生命则化为愚钝的物质力量。"

进入20世纪后，西方社会进入以消费至上为原则、以追求无节制的物质享受和消遣为人生目的的消费社会，人被资本力量轻而易举地俘获，迷失在五光十色的消费景观中，成为"单向度的人"，"一种单纯技术性的动物和功利性动物"。无怪乎未来学家托夫勒在《第三次浪潮》中感叹："从来没有那么多国家的人民，甚至是受过教育的和老于世故的人，感到精神上如此空虚与沉沦。"

出于对这种"见物不见人"的异化的警惕和反抗，马克思憧憬的理想社会，是"这样一个联合体，在那里，每个人的自由发展是一切人的自由发展的条件"，"通过社会化生产，不仅可能保证一切社会成员有富足的和一天比一天充裕的物质生活，而且还可能保证他们的体力和智力获得充分的自由的发展和运用"。在这个联合体中，每个人都能"占有自己的全面的本质"，人的潜能得到自由而充分的发展。

在中国走向共同富裕的过程中，习近平总书记也多次在不同场合强调，现代化的本质是人的现代化，现代化的最终目标是实现人自由而全面的发展。"人，本质上就是文化的人，而不是'物化'的人；是能动的、全面的人，而不是僵化的、'单向度'的人。""促进共同富裕与促进人的全面发展是高度统一的。"

2023年2月7日，习近平总书记在新进中央委员会的委员、候补委员和省部级主要领导干部学习贯彻习近平新时代中国特色社会主义思想和党的二十大精神研讨班开班式上的讲话中谈道：

　　既要物质富足、也要精神富有，是中国式现代化的崇高追求。物质贫困不是社会主义，精神贫乏也不是社会主义。西方早期的现代化，一边是财富的积累，一边是信仰缺失、物欲横流。今天，西方国家日渐陷入困境，一个重要原因就是无法遏制资本贪婪的本性，无法解决物质主义膨胀、精神贫乏等痼疾。

　　中国式现代化既要物质财富极大丰富，也要精神财富极大丰富、在思想文化上自信自强。要坚持两手抓、两手硬，促进物质文明和精神文明相互协调、相互促进，让全体人民始终拥有团结奋斗的思想基础、开拓进取的主动精神、健康向上的价值追求。要顺应人民日益增长的精神文化需求，建设具有强大凝聚力和引领力的社会主义意识形态，加强理想信念教育和"四史"宣传教育，培育和弘扬社会主义核心价值观，发展社会主义先进文化，推出更多优秀文艺作品，不断丰富人民精神世界，提高全社会文明程度，促进人的全面发展。

　　这一段重要讲话，为实现物质文明和精神文明相协调的中国式现代化提供了具体可行的实践路径和行动指南，是新时代对"富而后教"思想的传承和发展。具体而言，可以归纳为以下几个方面。

　　（一）富而重教。

　　《礼记·学记》云："建国君民，教学为先。"重教尚学是中华民族世代传承的优良传统，是中华民族生生不息的内在动力。孔子删述六经，传承典籍，设坛讲学，有教无类，将失散的王官之学传播至广大民众。西汉文翁兴学，修建学宫，教化子弟，东汉初班固称"至今巴蜀好义雅，文翁之化也"。北宋潭州太守朱洞在二僧办学的基础上创立岳麓书院，千年弦歌不绝，培养了一代又一代改变中国的湖湘英杰。

　　除了系统的学校教育之外，民间社会还有蒙学、家训、家礼、戏文、乡约、民俗、行规等种种非正式的教化方式，令道德伦常、礼义廉耻融入百姓的日用常行，如春风化雨，润物无声，而这正是"文化"的本来含义——以文化人、化民成俗。

　　新中国成立七十多年来，党和国家高度重视教育事业，保障了亿万人民群众受教育的权利，实现了从文盲大国向教育大国、从人口大国向人力资源大国的转变。党的十八大以来，习近平总书记高度重视教育对民族振兴、社会进步的基石作用，将教育作为提高人民综合素质、促进人的全面发展的重要手段。当前，我国已建成世界上规模最大的教育体系，教育现代化发展总体水平跨入世界中上国家行列。据中国教育科学研究院测算，我国目前的教育强国指数居全球第23位，比2012年上升26位，是进步最快的国家。

（二）富而崇德。

"道德当身，故不以物惑。"2014年2月，习近平总书记在十八届中央政治局第十三次集体学习时，引用了《管子》中的这句话，强调要利用好中华优秀传统文化中蕴含的丰富道德资源。中华民族是崇尚道德的民族，钱穆曾称"中国的文化精神、历史精神以道德为核心，是一种绵历数千年的道德精神"。如《尚书·尧典》开宗明义："克明俊德，以亲九族。"孔子倡导"为政以德"，《礼记·大学》则以"大学之道，在明明德"开篇，结尾时又反复强调"德者本也，财者末也"。个人修身克己以明德，家庭孝悌和睦以修德，国家亲仁善邻以立德，天下仁民爱物以广德。崇德贯穿中国古人修身、齐家、治国、平天下的始终，是人生的最高纲领和根本原则。

怎样在新时代弘扬中华民族的道德精神？2012年11月，党的十八大报告正式提出了24字的社会主义核心价值观，充分体现了对中华传统道德精神的传承和升华。其中，富强、民主、文明、和谐是国家层面的价值要求，自由、平等、公正、法治是社会层面的价值要求，对应"治国平天下"；爱国、敬业、诚信、友善是公民层面的价值要求，对应"修身齐家"。党的十八大以来，从文明家庭、文明校园的创建，到遍布城乡的新时代文明实践中心，从实施公民道德建设工程，到广泛开展"道德模范"、"时代楷模"、"身边好人"评选，社会主义核心价值观广泛传播，成为全国各族人民共同价值取向的最大公约数，成为当代中国精神的集中体现。

（三）富而尚俭。

"历览前贤国与家，成由勤俭败由奢。"从《尚书》"克勤于邦，克俭于家"到《左传》"俭，德之共也；侈，恶之大也"，从老子的"我有三宝，持而宝之，一曰慈，二曰俭，三曰不敢为天下先"到孔子的"温、良、恭、俭、让"，尚俭是中华优秀传统文化一以贯之的价值传统。古人不仅仅将"俭"作为艰难境遇下的贞固之法，也视为富裕之后的自我约束、自我修养之道，对占据高位的士君子尤其如此。诸葛亮《诫子书》中的名句"俭以养德"正是此意。

北宋时期，商业经济空前发达，社会上逐渐出现奢靡之风，"以惰为乐，以侈相骄"。对此，司马光、吕蒙正等士大夫力倡节俭，呼吁戒奢崇俭的生活方式，如司马光在《训俭示康》中谆谆告诫"由俭入奢易，由奢入俭难"；吕大钧在《吕氏乡约》中指出，"不能安贫而非道营求"属于德行"不修之过"。在士大夫用心良苦的教化宣导之下，社会风气逐渐澄清，"一粥一饭，当思来处不易；半丝半缕，恒念物力维艰"等谚语广泛流传，刻入中国老百姓的文化基因，代代相传。

中国共产党自成立以来即以艰苦朴素的美德感化和引领人民。"清贫，洁白朴素的生活，正是我们革命者能够战胜许多困难的地方！"方志敏烈士的自白，是党的尚俭传统的最好写照。

1936年，美国作家埃德加·斯诺来到延安采访，他看到毛泽东穿补丁旧衣，周恩来睡草席土炕，彭德怀用收缴的降落伞布改做背心……这种勤俭朴素中所散发的德性光芒深深打动了斯诺，他将其称为"东方魔力"、"兴国之光"。

进入新时代，习近平总书记强调："不论我们国家发展到什么水平，不论人民生活改善到什么地步，艰苦奋斗、勤俭节约的思想永远不能丢。"2023年杭州亚运会56个竞赛场馆中，有44个是改建或者临建，31个训练场馆则全部为改造场馆，充分贯彻了"节俭办赛"的理念。全国70%县级及以上党政机关建成节约型机关，环保回收日益深入人心，"光盘"成为社会"新食尚"……如今，富而尚俭日渐成为中国人民的普遍共识，厉行节约、反对浪费的文明新风持续吹拂。

（四）富而好礼。

《论语》中记载，子贡问孔子："贫而无谄，富而无骄，何如？"孔子答曰："可也，未若贫而乐，富而好礼者也。"在弟子子贡看来，富有而不骄纵，已经是不错的修养；而在孔子看来，富有而又讲礼，才是更值得推崇的境界。

什么是"礼"？《说文解字》曰："礼，履也。"《韵会》注解："因人心之仁义而为之品秩，使各得其秩之谓礼。"简而言之，礼就是人类的日常生活和行动的准则，令其井然有序，符合天道。上至国家的制度礼乐，下至个人的日常礼仪，都属于"礼"。

在个人层面，子贡就是"富而好礼"的典范。相传他擅长商业投资，并且嗅觉极准，每每都能盈利。作为孔门最富有的学生，子贡不但并未骄纵自恣，还笃行礼义。孔子生前周游列国的费用，大多为子贡支持；孔子去世后，子贡独守庐墓六年，竭尽哀思。当时，大夫叔孙武叔等极为推崇子贡，认为"子贡贤于仲尼"，对此，子贡竭力维护师长的声名和地位，严肃而又诚恳地指出："譬之宫墙，赐之墙也及肩，窥见室家之好。夫子之墙数仞，不得其门而入，不见宗庙之美，百官之富。"他说，如果拿房屋的围墙来作比喻，我的围墙只有肩膀那么高，谁都可以探望到房内的美好。夫子的墙壁高达数尺，不找到门进去，自然就看不见其内的庄严华美。在谦虚诚恳、克己复礼的修身功夫上，子贡可谓典范。

在社会层面，孔子倡导"道之以德，齐之以礼"，用道德礼乐来治理社会。据《孔子家语》记载，"孔子初仕，为中都宰。制为养生送死之节，长幼异食，强弱异任，男女别涂，路无拾遗，器不雕伪。为四寸之棺，五寸之椁，因丘陵为坟，不封不树。行之一年，而西方之诸侯则焉"。孔子曾经担任鲁国中都宰，为百姓生活、丧葬、饮食、器物等都制定了礼节法度，一年之后，境内大治，社会风气淳良，各地诸侯都纷纷效法。

党的十八大后，针对"富起来以后向何处去"的问题，党中央进行了充分的谋划和布局。2014年，习近平总书记在中央政治局第十三次集体学习时指出："通过各种礼仪、制度来规范和约束人们的言行，强调'非礼勿视，非礼勿听'，'礼者人之规范，守礼所以立身也'。""健全各行各业规章制度，完善市民公约、乡规民约、学生守则等行为准则，使社会主义核心价值观成为人们日常工作生活的基本遵循；建立和规范一些礼仪制度，组织开展形式多样的纪念庆典活动，传播主流价值，增强人们的认同感和归属感。"制度、准则、庆典，这些都属于新时代的礼乐文明。

新时代以来，党中央多措并举，开展一系列文明社会风尚行动，大力普及工作生活、社会交往、人际关系、公共场所等方面的文明礼仪规范，引导人们自觉遵守公共秩序和规则。

比如，2018年3月，浙江衢州作为江南最大的孔子后裔聚居地，决定传承城市文脉，将"南孔圣地，衢州有礼"作为城市品牌口号，开展精神文明建设，打造"最有礼"的城市。制定《衢州有礼市民公约》，将诸如"窗前不抛物，人前不喧哗"、"爱犬出门要牵绳"等20条内容写入公约，广泛张贴并发送到市民家中；每年组织一次"衢州好人"、"最美衢州人"、"最美家庭"等评选表彰活动；党政领导带头，推行作揖礼、分餐制、公筷公勺用餐等，引礼入法，化民成俗。如今，衢州街道上，车主动礼让行人，行人微笑致谢；在小吃店，店主熟络地摆上公筷公勺。新冠肺炎疫情暴发后，衢州率先提出"防疫情，少接触，见面不握手，改行作揖礼"，引起全国热议，引领文明中国建设新风尚。

2021年度全国文明城市年度测评，衢州在114个测评地级市中排名第一位。"有礼"已成为衢州市民内化于心、外化于行的日常自觉。习近平总书记提出的"礼序乾坤，乐和天地"，将在新时代的中华大地上展现更多时代风采。

（五）富而乐善。

中华文明自古有"责贤"传统，对普通百姓强调保民养民，休养生息；对占据较高社会地位、拥有较多社会资源的人，则期望其"博施于民而能济众"，承担起更多的社会责任。文人士大夫也普遍以"穷则独善其身，达则兼善天下"为己任，一个典型的例子就是北宋大臣范仲淹。

范仲淹担任苏州知府时，曾买下苏州南园作为自己的住宅；后来听风水家说："此屋风水极好，后代会出公卿。"他想，一家兴旺不如一地兴旺，便将房子捐出，奏请设立苏州郡学，在南园筑室招生。这便是后来的苏州书院，历史上涌现出将近四百名进士、八十余名状元。此外，范仲淹还创立范氏义庄，捐助一千余亩田地，赡养范氏族人，提供最低救济保障，被誉为中国历史上"第一个非宗教性民间慈善组织"。"积善之家，必有余庆"，范仲淹富而好善的义举也令范家打破了"富不过三代"的魔咒，八百年间，苏州范氏人才辈出。

2023年3月6日，习近平总书记看望参加全国政协十四届一次会议的民建、工商联界委员时指出："要继承和弘扬中华民族传统美德，积极参与和兴办社会公益慈善事业，做到富而有责、富而有义、富而有爱。"近年来，党和国家高度重视发挥第三次分配作用，广泛动员社会力量参与扶贫攻坚、乡村振兴、慈善公益事业，引导富裕群体自愿通过民间捐赠、慈善事业、志愿活动等方式济困扶弱，致富思源，富而乐善。

比如"万企兴万村"行动中，12.7万家民营企业精准帮扶13.91万个村，共带动和惠及1803.85万建档立卡贫困人口，充分发挥了民营企业家熟乡情、重亲情、懂管理、善经营、有实力、讲信誉、受尊重、乐奉献等优势特点，弘扬了"义利兼顾，以义为先"的商业伦理，既激活了乡村振兴、共同富裕的引擎，又充分展现了富而有德、富而有爱、富而有责的新时代民营企业家风采。

"耕读传家"的生活方式

晚清名臣曾国藩曾在一封给弟弟们的家书中写道：

> 吾细思凡天下官宦之家，多只一代享用便尽，其子孙始而骄佚，继而流荡，终而沟壑，能庆延一二代者鲜矣。商贾之家，勤俭者能延三四代；耕读之家，谨朴者能延五六代；孝友之家，则可以绵延十代八代。……故教诸弟及儿辈，但愿其为耕读孝友之家，不愿其为仕宦之家。

在曾国藩看来，官宦、商贾之家，每每逃不脱"富不过三代"的魔咒，而耕读孝友之家则可绵延久远，长盛不衰，正所谓"耕读传家久，诗书继世长"。

2017年12月，习近平总书记在中央农村工作会议上讲话指出：

中华文明根植于农耕文明。从中国特色的农事节气，到大道自然、天人合一的生态伦理；从各具特色的宅院村落，到巧夺天工的农业景观；从乡土气息的节庆活动，到丰富多彩的民间艺术；从耕读传家、父慈子孝的祖传家训，到邻里守望、诚信重礼的乡风民俗，等等，都是中华文化的鲜明标签，都承载着华夏文明生生不息的基因密码，彰显着中华民族的思想智慧和精神追求。

2022年12月，习近平总书记在中央农村工作会议上再次指出：

我国拥有灿烂悠久的农耕文明，必须确保其根脉生生不息，做到乡村社会形态完整有效，文化基因、美好品德传承弘扬，农耕文明和城市文明交相辉映，物质文明和精神文明协调发展，广大农民自信自强、振奋昂扬，精神力量充盈。

"耕读传家"的优良传统，正是中华优秀传统文化中物质文明和精神文明协调发展的一个生动范例。

考古研究发现，早在距今一万年前，长江流域已广泛分布着稻作农业，而北方则已出现粟和黍。马克思说，"人们的国家制度、法的观点、艺术以至于宗教观念"，都是"从直接的物质的生活资料的生产"基础上发展起来的，经济方式决定了文化形态。"治本于农，务兹稼穑"，历代的王朝皆以农耕为本，农耕的生产组织方式深刻地影响了中国人的心灵世界，也塑造了中华文明的文化生态。

同时，中华民族又是全世界最重视典籍传承和文化教育的民族之一，从甲骨、简牍到丝帛、纸张，中华经典历经千年兴衰始终传承不废。一代又一代中国人以"读书人"作为荣耀的身份标识，以文载道，以书修身，留下了卷帙浩繁的典籍，也留下了一脉氤氲的翰墨书香。

将"耕"与"读"相结合，或许始于春秋时代孔子弟子曾参的"敝衣以耕"。曾子是孔门四圣之一，《孔子家语》中记载了"曾子耘瓜"之事，表明至少在曾子之时，已出现了耕读传统。战国时期，以许行为代表的农家主张贤者与民众并耕。汉代史学家班固称"古之学者耕且养"，表明半耕半读在古时读书人生活中并不少见。汉末，诸葛亮躬耕于南阳，成为耕隐求仕的典范。隋唐以后，随着科举制度的发展，读书成为入仕之途，"朝为田舍郎，暮登天子堂"的景象开始出现。唐末五代章仔钧作《章氏家训》，第一次明确提出"传家两字，曰耕与读；兴家两字，曰俭与勤"，"耕读传家"的说法或可溯源至此。

两宋时期，随着门阀势力的消失，科举制度的进一步改革，经济文化中心南移，加之民间书院的创办，寒素子弟接受经典教育的机会进一步增加，耕读并举在江南一带蔚然成风。作为一种中国读书人理想的生活方式与中国农家典型的生活图景，耕读传家沉淀至中华民族的文化基因之中。

耕为本务，读可荣身。对古人而言，耕田是维持生计的根本，尤其是到了唐宋以后的平民社会，普通民众多以农桑为业，男耕女织，大户豪门也不能完全脱离农耕生活。读书则成为进身之阶，是寒门学子实现阶层跨越的重要途径。当然，读书绝不仅仅具有功利的目的，对以修身齐家治国平天下为己任的士人君子来说，读书是知诗书、达礼义、修身养性、成就德行的重要途径。换句话说，耕保障生产生活，促进物质文明；读提升文化修养，促进精神文明，彼此相辅相成，成为无数中国家庭兴旺发达、绵延不绝的密码。中国人的生活起居、饮食习惯、节气历法、人伦关系、精神信仰、情怀品格、美学品位等，无一不浸润着耕读生活的深厚印记。

（一）耕读承载了饮食与起居。

《汉书·食货志》曰："一夫不耕，或受之饥。"晁错《论贵粟疏》曰："春耕夏耘，秋获冬藏，……四时之间，亡日休息。"在生产力不发达的传统农业社会，耕是基本的生产方式，也是生活起居的主要内容。

农闲之时，则可读书。古语有"晴耕雨读"，是依天气而或耕或读。三国董遇将其拓展为"三余"："夜者日之余，冬者岁之余，阴雨者晴之余。"有学生抱怨没有时间读书，董遇就说，应该利用"三余"读书——冬季是一年之余，夜晚是白日之余，阴雨天是晴天之余。于是，有余则读，无余则耕，耕与读构成生活的基本样貌。

南宋起江南地区出现描绘农桑生活的《耕织图》，之后历代被广泛摹写、复刻，绵延不绝，男耕女织成为人们心中传统社会的典型意象。中国人的一饮一馔、起居存息无不与之相关：北方多麦，衍生出近2000种面食面点，琳琅满目。南方多稻，米制食品层出不穷，汉字中有133个字以米为偏旁。而不论南北，总以"五谷为养"，成为丰富多样饮食的基本盘。由对土地和粮食的感恩而有对土地之神"社"和五谷之神"稷"的祭祀礼，进而合称为"社稷"，以之作为国家的代称。可见，从饮馔之小到治国之大，都离不开农耕文明的深刻影响。

（二）耕读涵养着精神与品格。

西汉扬雄在《法言·学行》中说，"耕道而得道，猎德而得德"，耕不仅锻炼身体，也训练精神与品格。

一是勤劳奋发。"晨兴理荒秽，带月荷锄归"，耕种之事，应天时而行人事，必须每日起早贪黑，一日都不能放逸。读书也如此，"黑发不知勤学早，白首方悔读书迟"，必须勤勤恳恳，绵绵用功。

二是朴素惜福。因为躬耕稼穑，身体力行，故能"一粥一饭思来处之不易，半丝半缕念物力之维艰"，进而产生俭朴惜物的情怀。《尚书》中就有《无逸》篇，周公告诫成王，知稼穑艰难，方能勤俭。明末清初理学家张履祥一生耕读乡野，他认为："近世以耕为耻，只缘制科文艺取士，故竞趋浮末，遂至耻非所耻耳。"八股取士，容易令人心生浮华，耕读则可让人返璞归真，回归淳朴。

三是自强不息。不论耕种还是读书，都是自家身心之事，需要自我驱动、自我管理、自食其力，不可仰赖他人鼻息。有田可耕，可以安身；有书可读，可以立命。人在物质与精神上皆能自足，便"让生命自主、自在、自觉地提升成为可能"。无怪乎曾国藩在成为两江总督、一品侯爵之后，仍然要求子孙不坠耕读家风："吾家子侄半耕半读，……其拾柴收粪等事，须一一为之；插田莳禾等事，亦时时学之。"

习近平总书记说："优秀乡村文化能够提振农村精气神，增强农民凝聚力，孕育社会好风尚。乡村振兴，既要塑形，也要铸魂，要形成文明乡风、良好家风、淳朴民风，焕发文明新气象。"耕读传统，正是优秀乡村文化的重要组成部分。

（三）耕读连通着自然与岁时。

2019年，短视频博主李子柒火了，在海内外社交媒体拥有极高的关注度。《中国青年报》这样评论："一人一桌，三时三餐，四季流转的田园诗意，……春华、夏耘、秋实、冬乐，怡然自得。李子柒等人的短视频里记录了古老的'日出而作，日落而息'式的田园生活，唤醒了大众骨子里的文化基因，让生活在都市丛林中的大众获得喘息。"

"人以天地之气生，四时之法成。"春生、夏长、秋收、冬藏，农耕生活与大自然的节奏息息相关。为更好地指导农耕生产，古人仰观天象，俯察万物，制定了阴阳合历，发明了二十四节气，并衍生出丰富多彩的岁时风俗。比如二月二日龙抬头，此时天上东方青龙星宿在地平线上出现，地面阳气生发，雨水降临，恰是春耕好时节。五月五日端午节，则是青龙星座上升至南天正中，此时阳气达到极盛，阴气初生，毒虫出没，故需防毒避疫，悬艾叶，饮雄黄酒，以护身体阳气。有人曾将二十四节气时日影的长度在圆上标出，其连线正好成为一个太极阴阳图。由此可见，中国人的哲学并不玄幻，都是生产与生活智慧的凝结，都是人与自然互动中沉淀的宝贵遗产。

2021年，中央一号文件《关于全面推进乡村振兴加快农业农村现代化的意见》正式提出"开展耕读教育"的要求。2022年，中央一号文件《关于做好2022年全面推进乡村振兴重点工作的意见》进一步提出"完善耕读教育体系"。之后，多地开展"耕读田园"、"耕读会客厅"、"农耕博物馆"等主题活动，将耕读融入教育体系中，帮助孩子们在"土味"中感受自然的力量，回归古老民俗，从小养成尊重自然、热爱中华优秀传统文化的好习惯。

（四）耕读孕育出和谐与温情。

"莫笑农家腊酒浑，丰年留客足鸡豚。山重水复疑无路，柳暗花明又一村。箫鼓追随春社近，衣冠简朴古风存。从今若许闲乘月，拄杖无时夜叩门。"陆游的《游山西村》，描绘了一幅中国农家春社日的场景。春社日是春天祭祀土地神、祈祷年丰人寿的日子，通常有赛会，箫鼓齐鸣，同村之人聚社饮酒，杀猪宰羊，其乐融融。那种淳朴自足、欢喜怡然的民间温情，正是农耕社会最令人向往的风景，也是现代人最难舍的"乡愁"。

精耕细作的农业需要人与人之间共济合作，在小家庭中，人人各司其职，"妇姑荷箪食，童稚携壶浆，相随饷田去"，邻里之间则彼此"守望相助，疾病相扶持"，待到丰收之时，则"开轩面场圃，把酒话桑麻"，凝聚成一个紧密联结的村落共同体，欢乐祥和，安居乐业。正如林语堂所说："中国的任何一个家庭都是一个共产主义的单位，以'各尽所能，各取所需'的原则指导着自己的各项活动。互相帮助发展到了一种很高的程度。一种道德义务和家庭责任荣誉感促使他们要互相提携。"这种互助和提携使得中国的乡土社会中总有种脉脉温情，人与人之间的相处总推崇睦邻友好、以和为贵。这也正是中华文明具有突出的和平性和包容性的重要原因。

2017年12月，习近平总书记在中央农村工作会议上的讲话中强调："乡村社会与城市社会有一个显著不同，就是人们大多'生于斯、死于斯'，熟人社会特征明显。要加强乡村道德建设，深入挖掘乡村熟人社会蕴含的道德规范，结合时代要求进行创新，强化道德教化作用。"将耕读文化中的和谐温情与乡村建设相结合，有助于丰富乡村文化内涵，激发乡村发展活力，让乡村更美丽，村民生活更美好。

（五）耕读生长出诗意与审美。

从晋代陶渊明"日耽田园趣，自谓羲皇人"到唐代孟浩然"开轩面场圃，把酒话桑麻"，从宋代陆游"暮霭昏昏半掩扉，偶逢邻叟荷锄归"到明代徐燉"半榻暮云推枕卧，一犁春雨挟书耕"，中国的山水田园诗绵绵不绝，那田园牧歌般的审美基调便根植于耕读传统。

不仅诗歌如此，中国画平和隽永，中国琴清悠淡远，而中国文人自古向往的生活，或放逐山水之间，游息林泉之下，或栖居一室之内，黄发与垂髫共乐……这些都是耕读生活所奠定的诗意与审美。

不仅文人如此，百姓也如此。历史学家许倬云这样描述中国人的生活：

> 我们常民的日子，可以说无处不是诗意，无处不是画景，无处不是跟自然相配，无处不是和人生相合。这种生活不是说只有知识分子才有，一般人一样有。老头散散步，大雁已经成行了，往南边飞了，眼下都是一直深切地和四周围相关，这种不是美国的生活、欧洲的生活能看见的。

在古代，宫廷和民间都流行一种"九九消寒图"。从冬至那天起，以九天为一单元，连数九个九天，过了九九，冬天也就过去了。所以冬天也叫"数九寒冬"。古人如何度过这数九寒冬呢？九九消寒图就是一种方式。比如，有的九九消寒图，由"亭、前、垂、柳、珍、重、待、春、风（風）"九字组成。最妙的是，这九个字，每个字都是九画，合计共八十一画。人们从冬至开始，每过一日就描上一画，八十一天后，笔画写完，柳条垂丝，春天也已经来了。还有一种涂色画形式的九九消寒图，《帝京景物略》云："日冬至，画素梅一枝，为瓣八十有一，日染一瓣，瓣尽而九九出，则春深矣，曰九九消寒图。"冬至时画一枝素梅，九朵，每朵九瓣，每天染一瓣，都染完以后，则九九尽、春天临，窗外回黄转绿，春光满园。这种生活的诗意、日常的美学，唯有耕读田园的中国文化方能具备。

（六）耕读启迪了智慧与悟性。

元代王祯在《农书》中说："顺天之时，因地之宜，存乎其人。"耕读的生活，上要看天时、观星象，研究季节时令变化的规律，故而诞生了天文历法。下要察土地、修水利，研究作物与土地的适配性，精耕细作的农业以及分工合作的管理学由此产生。由于耕耘在己，收成在天，故形成了"谋事在人，成事在天"的务实态度。

古人还从耕读中参悟人生之道，许多富有哲理的谚语都与此有关，比如："光前须种书中粟，裕后还耕心上田。""世事让三分，天宽地阔；心田存一点，子种孙耕。""手把青秧插满田，低头便是水中天。心地清净方为道，退步原来是向前。"这些绽放着智慧光芒的人生哲学，无不与躬耕陇亩的身体力行有关。

2023年7月，全球重要农业文化遗产大会在浙江省丽水市青田县召开，国家主席习近平向大会致贺信。信中强调，人类在历史长河中创造了璀璨的农耕文明，保护农业文化遗产是人类共同的责任。丽水青田是全球首批、中国首个全球重要农业文化遗产"青田稻鱼共生系统"的核心区域，也就是"稻鱼共生"的发源地。稻鱼共生即利用稻田浅水环境将水稻和鱼养在同一空间，水稻为鱼类提供氧气、遮荫和有机物质，鱼类为稻田除草增肥、吞食害虫，彼此循环共生。这一生态农业模式至少可以上溯到唐代，源于中国先人祖辈流传下来的农耕智慧。

（七）耕读安顿了身心与抱负。

电视剧《三国演义》中有一首插曲《卧龙吟》，歌词写的是蜀相诸葛亮的一生："束发读诗书，修德兼修身。仰观与俯察，韬略胸中存。躬耕从未忘忧国，谁知热血在山林。"诸葛亮在出山之前，"躬耕于南阳，苟全性命于乱世，不求闻达于诸侯"，过着半耕半读的隐居生活。

中国的读书人，八岁读小学，学习洒扫应对进退的处世之道；十五岁束发，开始读大人之学，遍学诗书礼乐，目的都是经世致用，"致君尧舜上，再使风俗淳"。然而，个人的命运、时局的变化，往往都非人力可以左右，能一展抱负的毕竟只是少数。于是，耕读便给了读书人以可进可退的弹性空间。正如南宋吕午在《李氏长春园记》所云："人生天壤间，有屋可居，有田可耕，有园池台榭可以日涉，有贤子孙诵诗读书，可以不坠失家声，此至乐也。"换句话说，虽不能在朝堂立功，仍可在乡野立德立言，人生同样可达到不朽的境界。

明末大儒张履祥，在明朝灭亡之后隐居家乡浙江桐乡，终身不仕。他一生探索实学，倡导耕读结合，认为耕与读必须并重，"读而废耕，饥寒交至；耕而废读，礼义遂亡"。耕读既是他的教育思想，也是他的家风家训，最终以明末遗民身份在清朝配享孔庙，对后世影响深远。

今天的中国，也有越来越多年轻人响应国家号召，返乡当一名新农人，为乡村振兴建功立业。如2022年全国"乡村振兴十大阅读推广人"苏小伦，现任达川区万家镇五洞村芬芳家庭农场总经理，同时担任该村农家书屋管理员，他积极传递阅读价值理念，把农家书屋推广到田间地头，带动村民勤学善思、耕读并举，成为新一代知识型乡村建设者的青年代表。

（八）耕读蕴含着超越与信仰。

有一段时间，一种论调流行很广："中国人不信宗教，所以中国人没有信仰。"这种观点看到了中华文明的"人间性"，却忽略了其"超越性"，本质上仍是以西方文化的尺度来衡量中国文化。的确，中国文化以人为本，人文精神是中华文明最突出的特点之一。学者杨伯峻曾对《论语》的用词进行了统计，发现其中出现"人"的次数达162次。但中国文化重视人的价值，并不仅仅停留在现实的物质生活，而是认为在现实生活中可以实现生命的超越。

中华文明之外的其他文明，大多认为物质生活和精神生活是对立的，物质让人维持生存，而精神则需要"在别处"，只有在脱离现实的宗教世界中才能寻找到生命的超越之处，可称之为"拜神教"。在进入近代社会以后，生产力的发展让理性抬头，西方社会不再信仰上帝，转而将金钱、物质和消费奉为信仰，马克思称之为"拜物教"。从拜神教到拜物教，唯独看不到人的价值和地位。

相反，中国文化重视现实的生活，让精神的根系扎根于现实的生命活动。这在很大程度上是由农耕文明的特点决定的。农耕的生活必须上观天象、下察地利、中通人事，所有这一切都要求人们密切关注现实，而非远离现实进行冥想玄思。在耕读生活中，人们习惯了自食其力、自立自强，进而懂得路不离脚下，生活不在别处，只有努力奋斗，方能不断改善生活和命运。因此，中国人大都不依赖宗教，不寄望于轮回和彼岸的解脱。在日复一日的耕作中，人们自然习得勤劳、俭朴、谦卑、温良、仁爱等品质，在安顿身与心、自与他、人与自然的过程中，不断修己安人，不断获得内心的澄明与自在，直到证得"从心所欲不逾矩"的境界，这何尝不是一种真实的生命超越？

中国古人常说："道在平常日用间。"山川大地、草木虫鱼、耕稼渔樵、运水搬柴、扬眉瞬目中无不有道，无不是修炼自家身心的道场。无须离群索居、隐居山林而求道，但也不会在滚滚世俗红尘中迷失了自我——这正是"极高明而道中庸"的"中庸之道"的含义，这也是周敦颐在《爱莲说》中阐扬的"出淤泥而不染"的君子人格。

将修身落实在脚下，将文化融于生活，如盐入水，无形而有味。著名学者楼宇烈形象地将这种人文精神称为"上薄拜神教，下防拜物教"。拥有这样平实而又高远、充实而又安宁的生活，中国人又何须用外在的宗教信仰来安顿自己的心灵？中国共产党继承了中华文明的这一人间品格，强调以出世的精神做入世的事业，在为人民服务中实现自身的价值，在使命的担当中获得生命的意义，正是对中华文化基因的一脉相承。

（九）耕读绵延了家风与文脉。

同治六年（1867年），曾国藩在一封致弟弟的家书中写道："内人率儿妇辈久居乡间，将一切规模立定，以耕读二字为本，乃是长久之计。"以耕读为本，是曾国藩祖父曾玉屏传下来的良好家风。曾玉屏年轻时为一浪荡子弟，到中年幡然醒悟，勤俭持家，成为当地颇有声望的乡贤。他给曾家制定了"八字诀"：书、蔬、鱼、猪、早、扫、考、宝。这八个字，凸显出传统社会耕读人家的朴素家风。曾家子弟恪守家训，以勤俭持家，以诗书传家，其后两百年间一直人才辈出。与曾国藩同一时期的中兴名将左宗棠，也曾写下"要大门间，积德累善；是好子弟，耕田读书"的楹联教育子侄后辈。

不仅世家大族如此，中国的普通平民家庭也大多将耕读作为家风世代相传。今天，在中国大地，仍可见"晴耕雨读"、"半耕半读"之类的门额，以及"耕读传家久，诗书继世长"这样的楹联。

历史上，许多家训都教育子孙以耕读为本。如对后世影响巨大的《颜氏家训》，提出"要当稼而食，桑麻而衣"。范仲淹为范氏子弟留下家训："耕读莫懒，起家之本；字纸莫弃，世间之宝。"浙江丽水叶氏家训强调"耕读报国"。江西铜鼓卢氏家训的第七条为"重耕田"，第八条为"重读书"，等等。通过耕田传承家业，仰足以事父母，俯足以畜妻子，令子孙衣食无忧；通过诗书传承文脉，可以立身行道，令子孙读书明理。物质文明与精神文明共同发展的耕读家训，成为中国家文化绵延数千年、始终兴盛不衰的重要密码所在。

2016年12月，习近平总书记在会见第一届全国文明家庭代表时指出："尊老爱幼、妻贤夫安，母慈子孝、兄友弟恭，耕读传家、勤俭持家，知书达礼、遵纪守法，家和万事兴等中华民族传统家庭美德，铭记在中国人的心灵中，融入中国人的血脉中，是支撑中华民族生生不息、薪火相传的重要精神力量，是家庭文明建设的宝贵精神财富。"

今天，"耕读传家"的美德依然在中国大地上绵延发展。比如，儒家文化发源地山东曲阜，有着"至今东鲁遗风在，十万人家尽读书"的美誉，近年来一方面加快建设书香社会，通过农家书屋、社区书屋、城市书房等推动全民阅读，另一方面在基础教育、基层治理中广泛融入耕读文化，探索建构"耕读文化"视野下的新劳动教育模式，用耕读教育培育时代新人，取得了良好效果。

05 第五章

人与自然和谐共生的现代化
与中华优秀传统文化

2022年9月，"奋进新时代"主题成就展在北京盛大开幕，一幅新时代的《千里江山图》款款展开。

在"荒原变林海"的河北承德塞罕坝林场，碧涛万顷，郁郁葱葱；在"沙土变良田"的内蒙古库布其沙漠，水草丰美，绿茵如染；在"浊流变清波"的山西汾河，一川清流，两岸锦绣……

有人说，这场展览的主题词是"归来"。

珍稀鱼类"归来"了——在实施十年禁渔的长江，"微笑天使"江豚等珍稀水生动物归来了，在碧波荡漾的江面上自由嬉戏。在全域禁猎的华北平原淡水湖白洋淀，绝迹多年的中华鳑鲏、青鳉、银鱼等一些土著鱼类"归来"了，野生鸟类增加到260余种，"鸟类天堂"美景重现。

藏羚羊"归来"了——在青藏高原可可西里，被誉为"高原精灵"的藏羚羊悄然归来了，它们安静地穿过铁路公路，迁徙往返，繁衍栖息。曾几何时，大量的藏羚羊被不法分子猎杀，濒临灭绝。多年来，通过加强野生动物栖息地保护和拯救繁育，我国藏羚羊种群数量由不足7.5万只增至30万只以上，保护等级已从"濒危物种"降为"近危物种"。

美丽星空"归来"了——随着大气污染防治攻坚战的持续开展，十年来，全国74个重点城市PM2.5平均浓度下降了56%，重污染天数减少了87%。过去需要去西部高原才能看到的星空，如今在城市清晰可见，中东部地区许多城市还推出了观星景点、观星酒店等服务，"蓝天"和"星空"成为人们生活中的小确幸，也带动了新的经济增长点。

甚至，古诗词里的美景也穿越千年"归来"了——在四川展区，一幅四姑娘山幺妹峰的图片吸引游客驻足，提醒着千年前杜甫诗中"窗含西岭千秋雪"的美景已然重现。

一幅幅人与自然和谐相处的美好画面，正是新时代生态文明建设的缩影。党的十八大以来，以习近平同志为核心的党中央全面加强生态文明建设，开展了一系列根本性、开创性、长远性工作，全方位、全地域、全过程加强生态环境保护，美丽中国建设迈出重大步伐，生态环境保护发生历史性、转折性、全局性变化，创造了举世瞩目的生态奇迹和绿色发展奇迹。

习近平总书记指出："坚持人与自然和谐共生。万物各得其和以生，各得其养以成。""尊重自然、顺应自然、保护自然，是全面建设社会主义现代化国家的内在要求。""人与自然和谐共生"，是中国式现代化的鲜明特点，也是植根于五千年中华优秀传统文化的生态基因。

"天人合一"的生态哲学

"翠云廊确实是叹为观止啊!""有点没看够的感觉。"2023年7月25日,习近平总书记在四川考察剑门关附近的翠云廊时感叹。

"衔空三百里,一色郁青苍。"翠云廊位于古蜀道的重要路段,在长达300余里的古道两旁,植有古柏12000余株,其中有数千棵树龄在2000年以上。古柏拔地参天,绿荫蔽日,如烟锁翠廊,故得名"翠云廊"。人行其间,眉目皆绿。抬头凝望,那苍郁遒劲的翠柏亘古亘今,人与树相映发,构成一幅天人合一的绝妙图景。

谁能料到,这片古柏本非天然生成,而是人工栽植而成。从秦汉至今,从"官民相禁剪伐"禁令、"交树交印"制度到如今的"官员离任交接"、"林长制"、"树长制",一代又一代剑阁人交相守护,成就了这片世界上最古老、面积最大、数量最多的人工古树林。

习近平总书记说:"锦绣中华大地,是中华民族赖以生存和发展的家园，孕育了中华民族五千多年的灿烂文明，造就了中华民族天人合一的崇高追求。"故国乔木，前人手植，后人守护。那世代传承的，正是中国人对"天人合一"哲学的深厚信仰。

"天人合一"的正式提出始见于宋代，但若追根溯源，早在先秦时期，"天人合一"的观念已经深入人心。《周易·系辞》称"古者庖牺氏之土天卜也，仰则观象于天，俯则观法于地，观鸟兽之文与地之宜，近取诸身，远取诸物，于是始作八卦，以通神明之德，以类万物之情。"相传伏羲画八卦，其方法是观天地之象而作八卦之文，其目的则是通达和描摹天地万物的情状。《系辞》又将天地人并称为"三才"，《乾卦》则称"夫大人者，与天地合其德"，把德行符合天地规律的人称为"大人"，这些都是"天人合一"哲学的体现。《庄子·齐物论》曰："天地与我并生，而万物与我为一。"第一次指出天地万物与人俱为一体。《论语·阳货》中记载了孔子的感叹："天何言哉？四时行焉，百物生焉。"在孔子看来，天为万物的本体，这与《道德经》"道生一，一生二，二生三，三生万物"中"道"的作用类似。

到西汉时期，董仲舒明确提出"天人之际，合而为一"和"人副天数"。《春秋繁露》曰："天亦有喜怒之气，哀乐之心，与人相副，以类合之，天人一也。"换言之，在董仲舒看来，天人同构，且彼此息息相通。人就像是天的复制品，具有天的全部特性。而司马迁在《史记》序言中更是以"究天人之际"自命，此后"天人之际”成为历代学者普遍关切的命题。

正式提出“天人合一”四字的是北宋大儒张载，《正蒙·乾称》：“儒者则因明致诚，因诚致明，故天人合一，致学而可以成圣，得天而未始遗人。”张载倡导，不论是先明理再诚意，还是先诚意再明理，两条路径都可以达到天人合一、成圣成贤的境界。此外，张载在《西铭》中还提出了“民胞物与”的思想：“民，吾同胞；物，吾与也。”对一个君子来说，天下民众乃至天地万物，无不是一体同胞，如同自身手足一般。这一观念将万物与人视为平等，皆为天地的产物。北宋另一位大儒程颢则说“仁者以天地万物为一体”，认为天地万物都在人的一念“仁”心之中。

到明朝，王阳明在《传习录》中进一步阐述了何谓“一体之仁”：“夫圣人之心，以天地万物为一体，其视天下之人，无外内远近，凡有血气，皆其昆弟赤子之亲，莫不欲安全而教养之，以遂其万物一体之念。”指出圣人以仁爱之心一视同仁地善待万物，这是对张载“民胞物与”的详细诠释。

综上，“天人合一”的哲学在儒道两家皆有体现，经过历代发展演绎，逐渐成为中国哲学的核心命题之一。正如习近平总书记2014年5月在北京大学师生座谈会上所言：“中华文化强调‘民为邦本’、‘天人合一’、‘和而不同’……这些思想和理念，既随着时间推移和时代变迁而不断与时俱进，又有其自身的连续性和稳定性。”如若细究“天人合一”的含义，则会发现其层次和内涵非常丰富。

　　"天"的含义有多个层面，有时实指物理的天空，如"仰则观象于天"；有时则意指宇宙本体，如"天命之谓性"。这些虽然都以"天"指称，其含义却大不相同。冯友兰在《中国哲学史》中指出，在中国文字中，所谓"天"有五义——物质之天、主宰之天、运命之天、自然之天、义理之天。五分法略显繁杂，我们可以进一步归类为"实体的天"，即具体可见的天空和自然界；"抽象的天"，即以天指代的宇宙运行规律、道、本体等。但这两大类"天"的含义又是紧密关联的。依据辩证唯物主义的观点，人类的哲学起源于现实的生产生活，在传统中国的农耕社会，人们需要根据天时来安排人事，于是物理的天和自然界成为人们理解万事万物的基础，在此之上衍生出丰富的人生哲理和社会思考。

　　古人从自然界观察到天覆地载、万物生息的自然现象，进而用"天"来指代宇宙运行的规律。换句话说，"实体的天"是"抽象的天"的前提和基础。正如方克立在《"天人合一"与中国古代的生态智慧》一文中指出："中国哲学中的天人关系包含着丰富、复杂的内容，但它的一个最基本的含义，就是指人与自然界的关系。也可以说这就是它的'本义'，其他各种含义都是由此引申或演变而来的。"这一观点无疑是有见地的。虽然"天人合一"的含义远不止"人与自然的和谐"，但人对大自然的敬畏、顺应、效法、保护，显然是其最基础、最原初的含义之一。

　　由此进一步分析"天人合一"的内涵，至少包括以下几个层面。

（一）天人同在，这是从物理空间上说。

大自然是人类赖以生存的家园，是人类生产和生活的空间。人与天地万物同在天地间，彼此呼吸与共，息息相关。空间是人类生活的基础条件，中国文化中的"风水"系统呈现了人与自然在空间层面的互动和关联。人会选择自己的生活空间，为安居乐业的美好生活奠定物质基础。如《国语·周语》记载："夫国必依山川，山崩川竭，亡之征也。"东汉仲长统有云："使居有良田广宅，背山临流，沟池环匝，竹木周布，场圃筑前，果园树后。"习近平总书记说："地球是全人类赖以生存的唯一家园。我们要像保护自己的眼睛一样保护生态环境，像对待生命一样对待生态环境，同筑生态文明之基，同走绿色发展之路！"这是对自然空间层面的"天人合一"的最好注解。

（二）天人同体，这是从哲学本体论意义上说。

在中国古人看来，天道是万物的本体、宇宙的源头，人是天道的产物，与万物具有同一本体。天不是外在于人的某个事物，天无所不在，人之中也有天之性。张载《正蒙》："太虚无形，气之本体，其聚其散，变化之客形尔。"从气论的角度看，包括人在内的天地万物不过一气之聚散变化，构成了一个统一、连续的整体，那么天人合一就是题中之义。周敦颐以《太极图说》论述宇宙万物的生化过程："无极而太极。太极动而生阳，动极而静，静而生阴，静极复动。一动一静，互为其根。""二气交感，化生万物。万物生生而变化无穷焉。唯人也得其秀而最灵。"天地万物都是阴阳二气交感而成，人与万物同宗同源，不过人是其中最为灵秀之物。

（三）天人同构，这是从性质与构成上说。

《黄帝内经·素问》："天覆地载，万物悉备，莫贵于人。"所谓"善言天者必有验于人"，中医认为"宇宙大人体，人体小宇宙"，人与天有相同的构造，人是天的微缩模型，全息地具备天的所有特征。如《黄帝内经·灵枢》这样描述："天圆地方，人头圆足方以应之。天有日月，人有两目；地有九州，人有九窍；天有风雨，人有喜怒；天有雷电，人有音声；……此人与天地相应者也。"正因如此，人体机能也与天地的运行变化具有同样的机理，保持着同样的节奏。中医的五运六气、子午流注等种种技法，无不依据这一天人同构的原理而产生。董仲舒沿袭这一同构理论，从政治伦理的角度提出"天人感应"说，认为人是天地的副本："天地之符，阴阳之副，常设于身。"习近平总书记在论述自然生态时，曾经将湖泊湿地比作"地球之肾"，将洞庭湖比喻为"长江之肾"，这种比喻也体现了天人同构的思维。

（四）天人同理，这是从规律和哲理上说。

中国古人在与天地自然的相处中，在日复一日的劳作中，参悟生存之法、生活之理、生命之道。这些道理，基本都源于自然，归于自然。比如"一阴一阳之谓道"的辩证智慧，"仁者乐山，智者乐水"的人格美学,"岁寒然后知松柏之后凋也"的精神领悟,"逝者如斯夫,不舍昼夜"的生命喟叹,"青山依旧在,几度夕阳红"的历史观照,等等。人活在天地间,天地既给人以物质的滋养,也给人以智慧的启迪。

(五)天人同德,这是从道德境界和功夫上说。

在古代中国,天地是最高德行的象征。《论语》赞叹尧"其仁如天",孔庙中牌坊以"德配天地,道冠古今"盛赞孔子之德。《周易·乾卦》说:"夫大人者,与天地合其德,与日月合其明,与四时合其序,与鬼神合其吉凶。"这正是以德行与天地相合来作为"大人"的标准。一个人如果能努力效法天地之德,如具备"天行健,君子以自强不息"的乾德、"地势坤,君子以厚德载物"的坤德,便可称为"大人君子"。更具体而言,《孟子》说:"仁者,人也。"《礼记》说:"人者,天地之心。"两句话合起来看,便知人如果能用一颗仁爱之心生活处世,便是合了天地生万物的本心,便是与天相合。这也正是老子所说"人法地,地法天,天法道,道法自然"的功夫论内涵。

(六)天人同乐,这是从生命境界上说。

如果一个人通过道德修养的不断进阶,能达到天人合一的境界,便能体会"上下与天地同流"的"至乐"。经典中以不同的语言来描述这一境界,如《诗经·大雅·旱麓》"鸢飞戾天,鱼跃于渊",是描述鸟兽虫鱼各得其所的自在状态。《菜根谭》将其解释为

"心地上无风涛，随在皆青山绿树；性天中有化育，触处都鱼跃鸢飞"。南宋大儒张栻的诗句"便觉眼前生意满，东风吹水绿参差"，体现了人融于自然的喜乐生机。《论语》记载，孔子曾请各位弟子"各言其志"，他最赞成的是曾点"莫春者，春服既成，冠者五六人，童子六七人，浴乎沂，风乎舞雩，咏而归"的境界，那是一种天地人和、交融无间的天地大乐。

（七）天人同美，这是从审美标准上说。

中国人钟爱自然美景，认为自然总较人工更胜一筹。中国古典园林的意趣，在于以人工来模拟天工，如苏州园林、颐和园等，通过借景等造园手法，在有限的人工空间纳入自然之景，达到"虽为人造，宛若天开"的效果。书画也如是，书画家需要"外师造化，中得心源"，以大自然为师，以臻于"气韵生动，出于天成"的"神品"境界。诗文也如此，"清水出芙蓉，天然去雕饰"的文辞，比苦心经营、费劲雕琢的更令人赞赏。王国维先生在《人间词话》中，将意境划分成"有我之境"与"无我之境"两类："有我之境，以我观物，故物皆着我之色彩。无我之境，以物观物，故不知何者为我，何者为物。"所谓"有我之境"，就是人因自然景物而感发情志，心随物动；所谓"无我之境"，就是人彻底契入自然、天人合一的妙境。

以上七层含义，第一层直接与自然生态相关，第七层关乎自然美景，其他各层虽不直接关乎自然，但都源自人与自然相处中所产生的领悟、体验和妙会，因此也都具有生态意义。总之，"天人合一"是从人与自然关系中衍生出来的一种中华优秀传统文化特有的世界观、价值观和思维方式。

接下来，我们再进一步分析"天人合一"哲学涉及自然部分的具体含义。

人是自然的产物。不论是《黄帝内经》"人以天地之气生，四时之法成"，还是《荀子》"天地者，生之本也"，都阐明自然是人的生命之源，人是自然界长期进化的产物。这一基本的生存事实奠定了"天人合一"的理论基础。习近平总书记多次强调"大自然是包括人在内一切生物的摇篮"，"自然是生命之母"，便是此意。

人靠自然而生存。人类的生存发展依赖于自然界，自然界为人类生存提供不可或缺的空气、水、食物、能源等基本的生活和生产物资，是人类安身立命的基础条件。董仲舒在《春秋繁露》中指出："民皆知爱其衣食，而不爱其天气。天气之于人，重于衣食。衣食尽，尚犹有间，气尽而立终。"这是强调大自然提供了气这一基本生存条件，空气之于人，如同水之于鱼，平日浑然不觉其存在，却是须臾不可离。因此，习近平总书记说："生态环境没有替代品，用之不觉，失之难存。""人类可以利用自然、改造自然，但归根结底是自然的一部分。"

人与自然相互依存，休戚相关。人类与自然是一种共生关系，彼此一荣俱荣、一损俱损。对此，习近平总书记用"生命共同体"

这一精练的短语加以概括。

自然是有一个有机系统，内部各要素之间有复杂的有机联系。比如古人提出的五行之间的相生关系，"土生金，金生水，水生木，木生火，火生土"。习近平总书记提出："人的命脉在田，田的命脉在水，水的命脉在山，山的命脉在土，土的命脉在林和草，这个生命共同体是人类生存发展的物质基础。"可谓异曲同工。

如果人类破坏了大自然，自身也必然受到反噬。恩格斯在《自然辩证法》中曾警告说："我们不要过分陶醉于我们人类对自然界的胜利。对于每一次这样的胜利，自然界都报复了我们。"

在2007年出版的《之江新语》中，习近平总书记明确指出：

> 生态环境方面欠的债迟还不如早还，早还早主动，否则没法向后人交代。为什么说要努力建设资源节约型、环境友好型社会？你善待环境，环境是友好的；你污染环境，环境总有一天会翻脸，会毫不留情地报复你。

2017年1月18日在联合国日内瓦总部的演讲中，习近平总书记强调：

> 空气、水、土壤、蓝天等自然资源用之不觉、失之难续。工业化创造了前所未有的物质财富，也产生了难以弥补的生

态创伤。我们不能吃祖宗饭、断子孙路，用破坏性方式搞发展。绿水青山就是金山银山。我们应该遵循天人合一、道法自然的理念，寻求永续发展之路。

反之，如果人类以负责任的态度爱护自然、善待自然，则必将功不唐捐，得到自然的正向回馈。对这一点，习近平总书记创造性地提出了两个表述。

第一个表述是"绿水青山就是金山银山"。习近平在浙江工作期间，于2005年8月15日到湖州市安吉县考察，首次提出"绿水青山就是金山银山"。这一重要理念，指出保护生态环境就是保护生产力，改善生态环境就是发展生产力，打破了过去认为经济发展和生态保护不可得兼的局限思路，深刻揭示了人与自然环境不仅相互依存，更是相互促进的辩证统一关系，开辟了绿色发展的新境界，也是对古人"天人合一"观念在新时代的发展和丰富。

第二个表述是"人不负青山，青山定不负人"。这一充满人情味的生动表达，是对古诗词"我见青山多妩媚，料青山见我应如是"的时代转化，展现了人与自然正向的互动关系。2021年10月，习近平总书记在《生物多样性公约》第十五次缔约方大会领导人峰会上发言："人不负青山，青山定不负人。生态文明是人类文明发展的历史趋势。让我们携起手来，秉持生态文明理念，站在为子孙后代负责的高度，共同构建地球生命共同体，共同建设清洁美丽的世界！"在2022年新年贺词中，再次用了这一表述："近年来，我走遍了黄河上中下游九省区。无论是黄河长江'母亲河'，还是碧波荡漾的青海湖、逶迤磅礴的雅鲁藏布江；无论是南水北调的世纪工程，还是塞罕坝林场的'绿色地图'；无论是云南大象北上南归，还是藏羚羊繁衍迁徙……这些都昭示着，人不负青山，青山定不负人。"

基于以上人与自然的关系，必然导出"人与自然相和谐"的生态观和价值观。这一观念的内涵，同样可以引用习近平总书记的话来理解，那就是"敬畏自然"、"尊重自然"、"顺应自然"、"保护自然"。

（一）敬畏自然。

在北京中山公园有一处社稷坛，是明清两代帝王祭祀土谷之神的地方。正方形的三层汉白玉高台上，铺着青白红黑黄五色土，代表天下五方之土地。古人敬畏自然，感恩天地馈赠，以各种祭祀之礼表达最高的敬意。《礼记·郊特牲》记载："天子大蜡八。……岁十二月，合聚万物而索飨之也。"古人到了岁末，把所有能找到的好东西都用来祭祀，以报天地万物之恩。

习近平总书记多次强调，我们要"深怀对自然的敬畏之心，减少人类活动的干扰破坏"，因此，中国积极推动世界各国缔结《联合国防治荒漠化公约》、《生物多样性公约》、《湿地公约》，实行生态保护红线制度等，都体现了对大自然的敬畏之心。

（二）尊重自然。

在敬天、畏天的基础上，古人将自然看作有意志的生命体，充分尊重自然的规律，绝不轻言征服和挑战自然。《淮南子·原道训》："禹之决渎也，因水以为师。"大禹之所以能成功治理水患，是因为他充分尊重水的规律，擅长因势利导。古人在农耕实践中积累了许多有机农业的雏形模式，充分尊重自然的原有生态，比如桑基鱼塘。根据江南洼地多、田地少的特点，以"塘基种桑、桑叶喂蚕、蚕沙养鱼、鱼粪肥塘、塘泥壅桑"循环模式为特征，利用生物互生互养的原理，取得"两利俱全，十倍不稼"的多重经济效益，同时也产生了无污染、循环可再生的生态效益，成为我国农业文化遗产之一。

习近平总书记强调："建设生态文明，首先要从改变自然、征服自然转向调整人的行为、纠正人的错误行为。要做到人与自然和谐，天人合一，不要试图征服老天爷。"在中央城市工作会议上，他要求"强化尊重自然、传承历史、绿色低碳等理念，将环境容量和城市综合承载能力作为确定城市定位和规模的基本依据"。在视察已有两千多年引黄灌溉历史的河套灌区时，他看到这项古老的灌溉工程拥有如人体血脉般延伸的七级灌排体系，不禁感叹"开渠的人，千古留名，青史留名"，并盛赞灌渠建设所体现的尊重自然、善用自然之力的古老智慧，是"天下黄河，唯富一套"的重要因素。

（三）顺应自然。

"道法自然"是中国的传统智慧，具体体现为顺应天时、因地制宜。老子强调"辅万物之自然而不敢为"，荀子指出"天有其时，地有其财，人有其治，夫是之谓能参"。天有春夏秋冬四时，人顺应天时而春生、夏长、秋收、冬藏。二十四节气正是建立在中国古人对时令的精微把握基础上的伟大发明。同时，长期的农耕实践让人们意识到土地也有生命，种庄稼消耗地力，不可透支。因此，古人创造并不断丰富了环境友好的生态农业技术体系，如间作套种技术、轮作技术、农林牧结合技术等，积累了丰富的农耕文明遗产。再比如，北宋苏轼治理西湖，一方面挖掘淤泥，筑造堰闸，另一方面充分考虑山水地脉，将挖出的葑草、淤泥堆筑成"苏堤"，成了今日西湖十景之首的"苏堤春晓"；又在水深处设立三座宝葫芦状的塔，成了另一西湖美景"三潭印月"。工程思维、山水美学和人文情怀交融为一，成就了西湖这一世界文化景观遗产，也是天人合一思想的具象呈现。

习近平生态文明思想也十分重视顺应自然、融入自然。比如，引用《管子》"因天材，就地利，故城郭不必中规矩，道路不必中准绳"的句子，强调山水林田湖是城市生命体的有机组成部分，不能随意侵占和破坏，指出"城市规划建设的每个细节都要考虑对自然的影响，更不要打破自然系统"，"要让城市融入大自然，不要花大气力去劈山填海"，等等。

（四）保护自然。

在敬畏、尊重、顺应自然的基础上，还要进一步开展保护。翠云廊就是个典型的例子。"三百长程十万树"的壮丽景观，得益于从古至今持续不断的植树护路。从县令到县长，开展古树离任交接，这一制度前后延续了五百年，被称为"中国林长制的源头"。

习近平总书记强调"中国式现代化坚持可持续发展，坚持节约优先、保护优先、自然恢复为主的方针"，"要像保护眼睛一样保护自然和生态环境"，提出"保护是开发的重要前提"，重视森林、湖泊、湿地等生态空间的保护和修复。

党的十八大以来，党和国家把生态文明建设作为统筹推进"五位一体"总体布局和协调推进"四个全面"战略布局的重要内容，开展一系列前所未有的环境保护工作，全国74个重点城市PM2.5平均浓度下降了56%，我国成为全球大气质量改善速度最快的国家；地表水 Ⅰ—Ⅲ 类优良水体断面比例达到84.9%，接近发达国家水平；森林面积增长了7.1%，根据美国航天局卫星数据，2000年至2017年，全球新增绿化面积中约四分之一来自中国……

中国式现代化书写的一个个中国生态故事，展现了促进人与自然和谐共生的不懈努力，是对"天人合一"生态哲学的最好诠释。

"万物并育"的生态伦理

2021年10月，联合国《生物多样性公约》第十五次缔约方大会在昆明举行。大会主题短片《"象"往云南》以一群云南亚洲象北上南归之路为主题，引发了广泛关注。

短片中，16头"短鼻家族"野生亚洲象走出原栖息地云南西双版纳，一路向北，穿过雨林，越过山川，途经城市和河流，历时17个月，跨越1300公里，游遍大半个云南，北渡又最终南归。这次罕见的北移是中国野生大象离开栖息地最远的一次，堪称旷世之旅。令人感动的是，象群所至之处，当地林草、环保、国土、消防、公安、金融保险等多部门综合施策，数万人为象群保驾护航，成就了这一段"人象和谐"的动人奇观。

当地居民说，小时候这一带没有野象，最近十几年，野象越来越多。特别是庄稼成熟时，"放眼望去满山坡到处都是野象"。在亚洲象北归的过程中，人们普遍爱护和支持，但在某些地区也出现了"人象争食，冲突加剧"，损伤财产乃至危及民众安全的情况。对此，从中央到云南省探索了许多构建人象和谐发展的新方式，比如建立"大象预警平台"，用小型无人机持续跟踪野生象的活动轨迹；创建"大象惹祸、政府埋单"的保护模式，为群众投保野生动物肇事公众责任险。如今，"大象已经成了村民们生活的一部分"。

眼下，这群亚洲象健康状况良好，象群数量进一步增长。不只是野象，通过濒危物种拯救工程，大熊猫、藏羚羊、东北虎豹、海南长臂猿、朱鹮、珙桐等旗舰物种野生种群数量持续增长，逐步摆脱了濒临灭绝的风险，国家级自然保护区不断迎来新成员，彰显了我国生物多样性保护的重要成就。2022年12月15日，习近平总书记在《生物多样性公约》第十五次缔约方大会第二阶段高级别会议开幕式上致辞，指出："万物并育而不相害，道并行而不相悖。让我们共同开启构建地球生命共同体的新篇章，书写人与自然和谐共生的美好画卷。""万物并育而不相害"，正是中华优秀传统文化生态理念的生动写照。

如何看待人与环境、人与其他生命之间的关系？中华文明自诞生伊始，就有着人与万物和谐共生的博大胸襟和深厚智慧。《周易·乾卦》中有这样的句子："乾道变化，各正性命，保合太和，乃利贞。"天道变化，万物各生其生，成就各自的品性，进而在和谐并济中永葆生机，各美其美，美美与共，这是中国人向往的宇宙境界。与之类似，在《礼记·礼运》中，除了描述我们所熟知的

"大同"世界外，还提出了一个人与万物和谐共生的"大顺"世界，作为最高理想：

> 故圣王所以顺，……无水旱昆虫之灾，民无凶饥妖孽之疾。……天降膏露，地出醴泉，山出器车，河出马图，凤皇、麒麟皆在郊棷，龟龙在宫沼，其余鸟兽之卵胎，皆可俯而窥也。则是无故，先王能修礼以达义，体信以达顺，故此顺之实也。

文中提到，如果圣王顺天时、地利、人情而制礼，不但人们会安居乐业，而且会出现天降甘露、地涌甘泉、龙马负图、四灵毕至等人与自然和谐无间的美好景象，这种景象称为"大顺"。显然，在古人看来，太平盛世必然包含人与自然的和谐，不仅要令人类安居乐业，还要让天地万物各得其所。用《中庸》的话来说，这就是"致中和，天地位焉，万物育焉"。天地之间，人与动物皆有其"位"，也就是各自独特的位置与价值。如果天地人乃至自然万物都能各安其正位，就能实现宇宙的整体和谐、万物生生不息的理想生命境界。

学者沈湘平认为，"中和位育，安所遂生"正是中国式现代化道路的内在底蕴和传统文化基因，其核心要义在于"天地乃生命之本体，人与万物共生、并育，安所、守位方能并育、遂生，致中和而参赞化育是人的最佳选择"。这一理念背后的生态含义是非常明显的。

"中和位育"的思想，强调的是万物的共生和谐，但凸显的是人的主体性和责任。《中庸》提到大人君子的修身进阶之道："唯天下至诚，为能尽其性；能尽其性，则能尽人之性；能尽人之性，则能尽物之性；能尽物之性，则可以赞天地之化育；可以赞天地之化育，则可以与天地参矣。"人以至诚之心笃行天道，首先笃尽自身天赋本性，其次可以充分实现万物的天赋本性，在此基础上，就可以影响天地的造化和运行，从而真正实现与天地并列为三的"三才之道"。如此，也才能达到"万物并育而不相害，道并行而不相悖"的天地人和境界。晚清大儒辜鸿铭将其解释为："文化的目的，不仅在于人类，而且在于使所有被创造的事物都能得到充分地成长和发展。"

其实，"万物并育"也好，"中和位育"也罢，都是儒家"仁民爱物"的生生哲学的题中之义。天地之大德曰生，仁者之心与天地合一，自然也充盈着无限的仁爱与关怀。《孟子·尽心上》"亲亲而仁民，仁民而爱物"，提出普爱万物是君子的胸襟。《荀子·天论篇》倡导"万物各得其和以生，各得其养以成"。董仲舒《春秋繁露》中有云："质于爱民，以下至于鸟兽昆虫莫不爱。不爱，奚足谓仁？"爱是仁的必然延展，君子之心能含纳、包容和关爱天下之物。

　　北宋大儒张载从气论出发，提出了"民胞物与"的生态伦理。《西铭》："乾称父，坤称母，予兹藐焉，乃混然中处。故天地之塞，吾其体；天地之帅，吾其性。民，吾同胞；物，吾与也。"张载以气为宇宙本体，万物都由一气混成，人也不例外。气是连续性的存在，变动不居，运化不已。人与万物都是宇宙洪流中息息相关的整体。因此，天地便是我的父母，民众便是我的同胞兄弟姐妹，而万物皆是我的朋友。这一思想从本体上肯定了人与万物的普遍联系和平等关系，进一步阐扬和发展了中国传统文化"天人合一"的哲学，人生、国家、天地、宇宙皆被纳入"万物一体之仁"的普遍关怀之中，境界宽广，胸怀博厚，在后世广为传唱，成为中国知识分子普遍的人生理念。在岳麓书院讲堂上悬挂的一幅长联中有一句"民物命何以立"，便是"民胞物与"的另一种表达。

　　其实，不仅是儒家，其他各家流派也多多少少有"万物并育"的理念。《道德经》称"万物负阴而抱阳，冲气以为和"，大道"衣养万物而不为主"，认为人不过是天地万物之一，与天地万物并存于道的洪流之中，人应当顺应天地自然的规律，善待并滋养万物，但不可替万物立法，也不能随意宰制其他生命，"生而不有，为而不恃，长而不宰"。庄子提出天地一体，"物无贵贱"，强调"泛爱万物"。

　　东汉道教典籍《太平经》从自然生态的角度论述了何谓"贫富"，指出富有是完备而充足之义，"天以凡物悉生出为富足"，

"万物不能备足，为极下贫家，此天地之贫也"。因此贫与富不仅仅是个体或国家供给充足与否，而且要从整个天地的视野来看。如果生命皆能在天地之间自由生长，欣欣向荣，万物和谐，生态足够多元，才能称得上富足。否则，就是"小贫"、"大贫"或"极下贫"。魏晋时期道教经典《度人经》认为真正的养生不仅是调理养护个人身体的"小养生"，还是涵养天地当中一切生灵、山川湖泊、平原江海的"大养生"，此为养生之真谛。此外，佛家认为"众生平等"，倡导"放生护生"，也延续了这一尊重和保护生命的传统。

重要的是，以上理念并不仅仅停留在观念层面，而且落实在政府的具体政策和民众的实际生活中。

比如，古人从"中和位育"和"民胞物与"出发，主张"恩及禽兽"，即对动物也应以仁爱之心善待之，令其蒙受恩泽。商朝创建者汤有一个著名的故事"网开一面"。相传商汤一次外出至一处树林，见有人四面张网捕捉鸟雀，口中还念念有词："希望上天保佑，东西南北四面的鸟儿都来到我的网里。"商汤不忍，就将捕鸟者的网撤掉三面，只留下一面，自己跪下祷告："天上飞的、地下走的，如果想往左跑就往左跑，想往右跑的就往右跑，只有舍命愿死的，才往我的网里钻。"天下诸侯听说此事，都称颂商汤的仁德，纷纷归顺于商。

儒家主张君子远庖厨，其初衷在于保护那份不忍之仁心。《朱子治家格言》也说："毋贪口腹而恣杀生禽。"与之相应，对待饲养的家畜家禽，同样应当善加爱护，《农书》云："夫善牧养者，必先知爱重之心，以革慢易之意。"饲养耕牛，需"视牛之饥渴，犹己之饥渴"，割蜜要仅割"蜂食之余者"，牛羊取奶不可饿死羔犊，"三分之中，当留一分，以与羔犊"，等等。不仅如此，对待"有生而无知"的草木，古人也认为要"化被草木"，如董仲舒说"恩及草木，则树木华美，而朱草生"，令草木也蒙受人的恩泽，得以繁茂生长。

据《尚书》记载，早在五帝时代，政府就设置了管理山林川泽的职官"虞衡"。这是世界上最早的生态保护机构，包括山虞、泽虞、杜衡、川衡等。相传舜帝曾经设置九官22人，其中的虞由精通草木鸟兽知识的伯益来担任。据《周礼·地官》记载，西周时，设立了"山虞掌山林之政令，物为之厉而为之守禁"，"林衡掌巡林麓之禁令，而平其守"。此外，六官中的地官之下设置了专门保护环境和野生动物的分支机构，如"迹人"专门管理禁猎政令，禁止捕杀幼兽，并严禁使用有毒的箭猎杀野兽。之后历代都有专门的野生动植物保护机构，如秦汉设置少府管理山林川泽，汉代上林苑主管园囿，三国时的魏、晋设虞曹郎中，隋唐设虞部，宋、明、清三朝基本沿袭隋唐机构，元代则有上林署令、丞等。

此外，关于动物保护的法律也出现得很早，并且逐渐完备。西周《伐崇令》规定："毋坏屋，毋填井，毋伐树木，毋动六畜，有不如令者，死无赦。"这可能是世界上最早实行动植物保护的法律文书。战国时期，孟子提到"数罟不入洿池"，即不用过于细密的网捕鱼，以保持鱼群的正常繁衍。湖北云梦县出土的秦简记载的《秦律·田律》明文规定："不夏月，毋敢夜草为灰，取生荔麛䴥（卵）殼，毋……毒鱼鳖、置阱罔（网），到七月而纵之。"不到夏季，禁止烧草做肥料，禁止采摘刚发芽的植物或捉幼虫、鸟卵和幼鸟，禁止设置捕捉鸟兽的陷阱和网罟，直到七月方解除禁令。西汉宣帝元康三年下诏，不许春夏季节取巢探卵，弹射飞鸟。南朝宋明帝泰始三年，明令禁止不按季节捕鸟。北齐后主天统五年发布命令，禁止用网捕猎鹰、鹞和观赏鸟类。唐高祖武德元年发布命令，禁献奇珍异兽。宋太祖建隆二年下达了《禁采捕诏》，禁止春夏两季捕鱼射鸟。辽道宗清宁二年禁止于鸟兽繁殖季节在郊野纵火。清朝先后规定禁止向皇宫里供鹰，禁止使用象牙制品，禁止大肆采珠，等等。

再以上文中提到的翠云廊为例。植树护林，是古蜀道上延续千年的传统。秦统一六国后，推行"道宽五十步，三丈而树"的政令，修筑九条通往全国各地的秦驰道，每隔几米种植行道树，用以护路和表道。在古蜀道旁，人们种下了大量柏树，三百里翠云廊雏形初现。汉末三国时代，相传张飞曾任巴西（今阆中市）郡守，亲自率兵民于剑门一线蜀道修路植柏，当地民间至今有"张飞上午栽树，下午乘凉"的传说。东晋时期，四川道教兴盛，人们广泛栽植松柏，以培植"风脉"，改善风水。北周时期，文帝下令诸州"夹道一里种一树，十里种三树，百里种五树焉"。隋朝时期，政府出台了种植树木奖励绢布的激励机制。唐代宗大历八年，政府敕令："诸道官路，不得令有耕种，及斫伐树木，其有官处，勾当填补。"宋徽宗政和六年敕令："诸系官山林，辄采伐者，杖八十。"明代剑州知州李璧，补植了数以万计的柏树，并颁发"官民相禁剪伐"的政令。从明代正德年间起，实行驿道古柏离任交接制度，州官植树护路被纳入政绩考核。清乾隆中晚期和光绪晚期，对每棵皇柏悬挂了书有"官"字的木牌。正是这一代又一代接力的造林、护林，造就了"剑州路旁多古柏，霜皮黛色高参天"的壮丽景观，成就了这一片迄今全世界保存最完好、里程最长、数量最多的古代人工栽植驿道古柏群。

新中国建立后，剑阁县沿袭古制接力保护，继续传承"官员离任交接"历史惯例。党的十八大以来，当地已完成两次县长离任交接和二十余次乡（镇）长离任交接。与此同时，当地采取了现代技术手段对古树施药防治病虫害，安装避雷针和防火设施，对古柏逐株普查登记，建立电子信息档案，实行身份识别管理，开展"一树一档"挂牌保护、"一树一人"日常巡护、"一树一策"科学救护。历经千年沧桑的森森古柏，在新技术的加持下获得了更为精准的保护，这正是新时代中国生物多样性保护和生态文明建设的一个缩影。

习近平总书记十分重视保护生物多样性，维护地球家园，促进人类可持续发展。他引用荀子"万物各得其和以生，各得其养以成"，强调生物多样性使地球充满生机，关系人类福祉，也是人类赖以生存和发展的重要基础。在《生物多样性公约》第十五次缔约方大会上，习近平总书记深刻指出，工业文明创造了巨大物质财富，但也带来了生物多样性丧失和环境破坏的生态危机。当前，全球物种灭绝速度不断加快，生物多样性丧失和生态系统退化对人类生存和发展构成重大风险。历史和现实都表明，生态兴则文明兴。

在习近平生态文明思想科学指引下，党和国家积极推进生态文明建设，将生物多样性保护上升为国家战略，建立以国家公园为主体的自然保护地体系，实施生物多样性保护重大工程，推行草原森林河流湖泊湿地休养生息，健全耕地休耕轮作制度……

党的十八大以来，十年间我国累计完成防沙治沙2.82亿亩，种草改良6亿亩，在世界上率先实现荒漠化土地和沙化土地面积"双减少"。累计完成造林10.2亿亩，全国森林覆盖率提高到24.02%，人工林保存面积达到13.14亿亩，森林面积和森林蓄积连续30多年保持"双增长"。设立首批5个国家公园，建成首个国家植物园、种子库。300多种珍稀濒危野生动植物野外种群数量稳中有升，发现并收录到《中国生物物种名录》的物种达到12.8万个，比2011年增加近一倍。塞罕坝林场建设者、浙江省"千村示范、万村整治"工程等获得联合国"地球卫士奖"，"中国山水工程"入选联合国首批十大"世界生态恢复旗舰项目"。生态系统多样性、稳定性和可持续性不断增强，走出了一条中国特色的生物多样性保护之路。

"以自然之道，养万物之生"，令天地万物各得其所、各尽其性，这既是中华优秀传统文化的生态伦理，也是神州大地上每天都在发生的动人故事。

"取用有节"的生态智慧

　　1909年春，美国农业部土壤所所长、威斯康星大学教授富兰克林·金携家人远涉重洋来到东亚，考察中国、日本和朝鲜三个国家的农耕体系。他心中怀着一个深深的疑问：美国人用三代人的时间，便几乎穷尽了肥沃的地力，而东亚的古老农耕体系，却持续了四千年而地力不衰，用有限的土壤和粮食养活了数倍于美国的人口，这究竟是何故？

　　20世纪初，美国大陆在殖民开发不到一百年的时间中，已经面临土地肥力大量流失、现有农耕体系难以为继的问题。金教授迫切地希望通过对古老东方国家的考察，来为美国农业未来的发展寻找一条可持续之路。通过五个月的近距离实地观察，以及与当地的农民进行深入交流，金教授在1911年写成《四千年农夫》一书，盛赞"东方农耕是世界上最优秀的农业，东方农民是勤劳智慧的生物学家"。

书中用极为细致的笔调记录了普通中国农民的生活，描绘他们如何在菜地、花园、河流之间耕作、灌溉、使用器具、收集肥料，进而揭示了东方农耕体系之所以能四千年持续不衰的奥秘——既在于农民们的勤劳俭朴、乐天知命的品格和心态，也在于他们充分利用时间和空间提高土地的利用率，如轮作倒茬、间作套种等；还在于他们善于化废为宝，将一切看似无用的物质，比如人畜粪便、菜叶、塘泥等，还于田中，变成底肥和追肥，培养地力。这一切既避免了环境污染，又让田地得到持续的滋养，使农耕系统可以永续循环。相反，在很早就实行农业机械化的西方，人们将粪便看作无用之物，弃置于下水道乃至排入大海，严重破坏了生态环境，也妨碍了产业的发展。

基于此，金教授呼吁，美国应学习中国、朝鲜和日本资源的可持续农业经验，通过"自我东方化"，摈弃目前的做法，采取措施竭力保护资源。时至今日，这本出版已超过100年的《四千年农夫》仍然是指导国际有机农业运动的经典著作之一。

百余年后，回顾这本以他者视角写就的《四千年农夫》，仍不得不惊叹我们似乎很熟悉却又日用而不觉的传统农耕体系中所蕴含的深厚智慧——资源节约、生态友好、永续循环。

习近平总书记2023年11月15日发表在《求是》杂志上的《推进生态文明建设需要处理好几个重大关系》指出：

要站在人与自然和谐共生的高度谋划发展，把资源环境承载力作为前提和基础，自觉把经济活动、人的行为限制在自然资源和生态环境能够承受的限度内，在绿色转型中推动发展实现质的有效提升和量的合理增长。要通过高水平保护，不断塑造发展的新动能、新优势，着力构建绿色低碳循环经济体系，加快形成科技含量高、资源消耗低、环境污染少的产业结构，大幅提高经济绿色化程度，有效降低发展的资源环境代价，持续增强发展的潜力和后劲。

这段话凸显了资源承载力、低能耗、循环、绿色低碳等关键词，与中华优秀传统文化中的生态智慧一脉相承。人类以大自然为生活和生产环境，人的欲求不断增长，而大自然并不是一个永动机，也不是一个无限容量系统，正如唐代陆贽所言："地力之生物有大数，人力之成物有大限。"因此，中国古人特别强调对自然要取之有时、用之有节、行之有法。

（一）取之有时。

荀子曰："天有其时，地有其财，人有其治，夫是之谓能参。"在天地人三才的宇宙系统中，天是第一位的，也是最根本的制约性存在。《周易·乾卦》称"天行健"，天的体现是昼夜更替、寒来暑往、物换星移等，其核心特征就是变动不居，始终在运行变化之中。随运行变化而有时间的推移，故称"天时"。天时迁流不息，古人通过精微的观察，制定了天文历法、节日节气，并强调人的生活起居、行为举止要与天时的节奏相应，不可违逆天时。

早在三皇五帝时期，"取之有时"就已经作为圣王治理的重要理念出现。《史记·五帝本纪》称黄帝时"节用水火材物"，唐代张守节《史记正义》认为，此乃"言黄帝教民，江湖陂泽、山林原隰皆收采禁捕以时，用之有节，令得其利也"。黄帝要求民众开发和利用自然资源要依循节令，同时注意节制。《逸周书》中记载了大禹时代颁发的诏令："禹之禁，春三月，山林不登斧，以成草木之长；夏三月，川泽不入网罟，以成鱼鳖之长。"春天不可砍伐树林，以保护森林，保持水土；夏天不可用密网捕捞鱼鳖，以保护渔业资源。

到春秋战国之时，随着诸子百家的兴起，相关的论述更为普遍。管子从富国强兵的角度，提出"以时禁发"原则，认为"山林虽广，草木虽美，禁发必有时"，即对自然资源取用的开放和封禁，都应该依据时令而行。孔子非常重视"与时偕行"，《论语》中记载孔子"不时不食"。在《孟子·梁惠王上》中，孟子表述自己心中的王道政治："不违农时，谷不可胜食也；数罟不入洿池，鱼鳖不可胜食也；斧斤以时入山林，材木不可胜用也。"一句中两次提到"时"，强调不论是农耕还是林业，都要遵守时节规律。荀子进一步发展了孟子的观点，《荀子·王制篇》中说："草木荣华滋硕之时，则斧斤不入山林，不夭其生，不绝其长也。"指出取之以时的目的是保护林木的生长，实现可持续发展。

"里革断罟匡君"是《国语》中记载的一个典型的故事。鲁宣公夏天到泗水深处下网捕鱼，大臣里革割断他的渔网，扔在一旁，说："古时候，大寒之后，土中蛰伏的虫类开始活动，负责捕鱼的水虞于是开始整理渔网、鱼篓，捕捉大鱼，捞取龟鳖等，拿到宗庙里祭祀，再让百姓去捕捞食用，这样做有助于宣发春天的阳气。春天鸟兽开始孕育，水中的生物长成之时，兽虞官就禁张网捕兽捕鸟，只许刺取鱼鳖做成鱼干夏天吃，这是帮助鸟兽生长繁衍。当鸟兽长成，水中生物开始孕育的时候，水虞就禁止细眼渔网入水，只设陷阱捕捉禽兽，以充实祖庙的祭品和庖厨的美味，这是为了储存物产，以备四季取用。到山中不砍伐新生的枝条，水边不割取幼嫩的植物，不捕小鱼，不捉小鹿以及走兽幼子，捕鸟时要留下雏鸟和鸟卵，捕虫时要放开幼虫，以让万物繁衍，这是古人的教导。现在鱼类正是孕育的时候，不让鱼儿长大，还要设网捕捉，实在是贪得无厌！"

宣公听了这番话，说："我错了，里革便纠正我，这不是很好吗？他割断了我的渔网，却给了我一张有意义的网，让我明白天地万物的取用方法。这张网要让有关官员保存起来，使我不忘这次的劝谏。"当时乐师存在宣公旁边服侍，他说："保存起这张网，不如把里革安排在您的身旁，那就更不会忘记了。"

这或许是历史记载的最早的一桩保护野生动物的事件。其中提到春夏秋冬不同的时节，各有不同的禁令和许可。对此，《礼记·王制》、贾谊《新书》以及班固《汉书·货殖传》中都有类似的记载：

> 獭祭鱼，然后虞人入泽梁；豺祭兽，然后田猎；鸠化为鹰，然后设罻罗；草木零落，然后入山林。昆虫未蛰，不以火田，不麛，不卵，不杀胎，不殀夭，不覆巢。(《礼记·王制》)

> 豺不祭兽，不田猎；獭不祭鱼，不设网罟；鹰隼不鸷，睢而不逮，不出植罗；草木不零落，斧斤不入山林；昆虫不蛰，不以火田；不麛，不卵，不刿胎，不殀夭，鱼肉不入庙门，鸟兽不成毫毛不登庖厨。(《新书》)

> 草木未落，斧斤不入于山林；豺獭未祭，罝网不布于野泽；鹰隼未击，矰弋不施于徯隧。既顺时而取物，然犹山不茬蘖，泽不伐夭，蝝鱼麛卵，咸有常禁。所以顺时宣气，蕃阜庶物，稸足功用，如此之备也。(《汉书·货殖传》)

概括起来，无非两点。

一是根据自然时节安排资源的取用，如獭祭鱼、豺祭兽、鹰隼鸷等，都是二十四节气对应的物候。

獭祭鱼，指水獭常将捕来的鱼陈列在岸边，仿佛在举行某种祭天仪式。根据《礼记·月令》和《孝经纬》记载，獭祭鱼有两个时节：一在孟春，一在孟冬。此处应指孟冬时节，即农历十月。此时鱼儿已长成，正是收获储藏以准备过冬的季节，捕鱼之人进入拦水捕鱼的石堰，各取所需。

豺祭兽，根据元代吴澄编著的《月令七十二候集解》："霜降一候，豺乃祭兽。"霜降在农历九月中旬季秋时节，此时天地之间肃杀之气初盛，豺捕杀兽类以备过冬，会将猎物铺展开来，也如同祭天。秋天是收获和收藏的时节，人顺天应时，此时才可以到田野捕兽。

鹰隼鸷，或鸠化为鹰，又是什么意思呢？同样根据物候记载，仲春二月惊蛰之时，鹰化为鸠，到初秋七月处暑时则鸠复化为鹰。鸠即鸤鸠，指布谷鸟，该鸟仁慈，"布谷处处催春耕"，与春季的仁爱之气相应。鹰则猛厉，古人称鹰为义禽，与秋天的肃杀之气相应，感秋气而开始大量捕猎鸟类。"鸠化为鹰，然后设罻罗"，罻罗是捕鸟的小网，与天时相应，人类也必须在七八月之后方能张网捕鸟。

草木零落然后入山林，源自《礼记·月令》。季秋九月，草木凋零后，才能进入山林砍伐树木。

昆虫未蛰不以火田，按照月令，季秋九月，霜降第三候之时，"蛰虫咸俯"。此时寒气肃凛，从这时开始，民众可以放火烧林以围猎捕兽。

综合以上例子可见，人类的生产活动必须要顺应"春生、夏长、秋收、冬藏"的自然时节规律，不可逆天而动。

二是根据生命自身的时节来安排活动。生物有其幼、弱、壮、老等不同阶段，古人出于"万物一体之仁"的慈爱之心，以及可持续发展的考虑，在其弱小之时不随意捕捉采摘，以成就天地好生之德，达到司马光所说"阴阳和，风雨时，鸟兽蕃滋，草木畅茂，取之有时，用之有节，万物莫不遂其性"的效果。具体规定包括"不麑"，不可捕捉幼兽；"不卵"，不掏取鸟卵；"不刲胎"，不杀怀胎的母兽；"不殀夭"，不杀小兽；"鸟兽不成毫毛不登庖厨"，鸟兽羽毛未丰满不可宰杀食用；"山不茬蘖，泽不伐夭"，到山中不砍伐新生的枝条，水边不割取幼嫩的植物，等等，不一而足。

"取之以时"的生态智慧在新时代得到延续，一个例子是休渔制度。1995年，中国开始实行海洋伏季休渔制度，在禁渔期，各种海洋生物不受人类活动的干扰，自由地繁殖和生长，对促进生物多样性具有重要意义。从2002年开始，中国七大重点流域中，长江、珠江、淮河和黄河先后在国家层面建立了禁渔期制度，禁渔时间根据各地纬度有所不同，通常在4月到9月之间，这与"夏三月，川泽不入网罟"的古代生态禁令一脉相承。由于长江流域生态环境破坏严重，2021年1月起全面启动长江流域重点水域"十年禁渔"。这一决策是党中央、国务院为全局计、为子孙谋而做出的重大决策，由习近平总书记亲自部署、亲自推动。实施两年后，长江水生生物资源量急剧下降的趋势得到初步遏制。2022年长江流域重点水域监测到鱼类193种，比2020年增加25种；2022年长江江豚种群数量为1249头，实现自2006年有调查统计以来止跌回升的历史性转折，鱼翔浅底、共护清流的生态图景正徐徐展开。

（二）用之有节。

2016年8月，习近平总书记考察青海省时，引用了白居易《策林二》中的"天育物有时，地生财有限"，来指出保护生态环境、建设资源节约型社会的重要性。"天育物有时"强调取之有时，"地生财有限"则意味着必须用之有节。人类追求发展的需求和地球资源的有限供给是一对永恒的矛盾。古人既从德行养成的角度，也从生态保护的角度，反复强调对大自然资源的索取要适度，使用要节约。

儒家强调"知止"，孔子主张君子"惠而不费"，"食无求饱，居无求安"，应减少对物质生活的欲求，安贫乐道。荀子从国家治理的角度提出"强本而节用"，"节用裕民而善藏其余"，倡导统治者减少用度，以求百姓富裕。道家同样倡导节用，老子提出"知足不辱，知止不殆，可以长久"，主张"见素抱朴，少私寡欲"。此外，墨子"非乐"，主张减少礼乐以节省社会资源，倡导"量腹而食，度身而衣"的俭朴生活。佛家以"贪欲"为三毒之首，同样提倡知足常乐的生活。

在对自然资源的使用上，《诗经》毛亨传云："天子不合围，诸侯不掩群，大夫不麛不卵，士不隐塞，庶人不数罟，罟必四寸，然后入泽梁。故山不童，泽不竭，鸟兽鱼鳖皆得其所然。"指的是，为了避免物种灭绝，天子狩猎不采取四面合围的方式，诸侯狩猎不杀尽成群的野兽，大夫不杀幼兽不取他们的卵，士不堵塞猎杀，庶人不用细网，即使用网也必须四寸以上。如此可以保证山林不枯竭，水泽不干涸，鸟兽鱼鳖等生物都能各得其所。此外，《礼记·王制》中有"不覆巢"（不捣毁鸟巢赶尽杀绝），《淮南子·主术训》中有"不涸泽而渔，不焚林而猎"（不放干池湖之水而捕鱼，不焚烧森林打猎）等记载。

古人这些倡导"量地力而行""取之有节"的观点，不仅体现在诸子百家的经典中，也反映在各朝各代的法律乃至后世的乡规家训中。《管子·地数》记载，春秋时齐国禁止违规采矿，对违反者处罚极为严厉："苟山之见荣者，谨封而为禁。有动封山者，罪死而不赦。有犯令者，左足入，左足断，右足入，右足断。"唐《杂律》："诸占固山野陂湖之利者，杖六十。……诸于山陵兆域内失火者，徒二年。延烧林木者，流二千里。"清代江苏昆山《李氏族规》规定："如有乱砍本族及外族竹木、松梓、茶柳等树及田野草者，山主佃人指名投族，即赴祖堂重责三十板，验价赔还。"安徽省石台县源头村李氏族人订立"输山碑"规约，碑文写道："募修岭路，挨路上下之山，必先禁止开种，庶免沙土泻流壅塞。……平坦处，挨路，上输三丈，下输二丈，永禁开挖。"通过具有强制和半强制性的法律、乡规、民约等形式，将"用之有节"制度化，表明珍惜自然资源、保护生态环境，已成为古代较有普遍性的社会意识和行为规范。

2017年12月28日，习近平总书记在中央农村工作会议上的讲话中，引用"竭泽而渔、焚薮而田"的古语，语重心长地强调了节约资源、保护生态的重要性：

> 在我们这代人的记忆中，小时候的农村呈现的是河里游泳、溪里捉鱼、池塘洗菜的景象。才过去几十年，现在一些农村变成什么样了，大家心里都有数。实施乡村振兴战略，一个重要任务就是推行绿色发展方式和生活方式，让生态美起来、环境靓起来，再现山清水秀、天蓝地绿、村美人和的美丽画卷。

> 现在，不顾资源环境的事还不少，围湖造田、围海造地、过度养殖、过度捕捞、过度放牧等现象还大量存在，种地还是大肥大药，一些缺水地区还在搞大水漫灌，秸秆、粪便、农膜还没有得到有效治理和利用。那种吃祖宗饭、断子孙路、竭泽而渔的发展方式，决不能再延续下去了！正所谓"竭泽而渔，岂不获得，而明年无鱼；焚薮而田，岂不获得，而明年无兽"。

> 从竭泽而渔、焚薮而田的西方式现代化发展模式，转到用之有节、天人和谐的中国式现代化，我们任重道远，也充满信心。

（三）行之有法。

此处的有法是指有法度。古人对待大自然和自然中的一切存在，并不是随意地加以利用，而是有一整套认知事物、改造事物的哲学，包括辨物、遵礼、重养。

首先，辨物，即辨别物性。《周易》中的"类族辨物"，《大学》中的"格物致知"，《黄帝内经》中的"援物比类"，皆有类似的含义。万事万物森罗万象，但其中必有相似之处，使之可以归于不同的类别和种群。通过辨别众物的性质和特点，可以相应地进行开发和保护，令其各得其所，维护生物多样性。《汉书·货殖传》开篇指出，要辨别土地、河流、湖泊、丘陵、沃地、平原、洼地等不同地理条件，教导百姓种植和畜养技术。这样，人民用于养生送死的用品，包括五谷、六畜、鱼鳖、鸟兽、柴草、器械等各种物资便都能具备。

大量的典籍都记载了辨物之法，以土地为例：《尚书·禹贡》根据土壤色泽、质地、湿度、盐分、肥力、交通条件等，将全国九州土壤分为九等。《管子·地员》进一步将土壤区分为十八类。《尔雅》则对不同地形进行详细的识别和分类，产生了《释地》、《释丘》、《释山》、《释水》等不同篇目。

2018年5月，习近平总书记在全国生态环境保护大会上的讲话中，盛赞战国时期修建的水利工程都江堰是一个依据地利实现人与自然和谐共生的典型代表。都江堰根据岷江的洪涝规律和成都平原悬江的地势特点，因势利导建设而成。这一大型生态水利工程距今已两千多年，是迄今为止世界上年代最久、唯一留存、以无坝引水为特征的宏大水利工程，不仅造福当时，而且泽被后世，生动展现了中华优秀传统文化因地制宜、道法自然的千年智慧。

其次，遵礼，即遵循礼制。中华文明以礼乐为特色，古人以"礼"为天地万物的根本准则，"夫礼，天之经也，地之义也，民之行也"。本质上，"礼"是模拟天道而制定出来的人间行为准则，涉及从国家制度到行为礼仪的方方面面，无所不包。那么，人与自然的关系，必然也涵盖在"礼"的规定中。《论语》、《孟子》、《荀子》、《管子》、《礼记》等多部经典中都出现了关于生态行为的规范，就是明证。

以《礼记》为例，人们在进行各类生产生活活动时，普遍要先祭祀，祭祀的对象涵盖天地、四方、山川、五祀等，以示不忘根本，表达对天地万物的感激之情。《礼记·王制》曰："无事而不田，曰不敬；田不以礼，曰暴天物。……天子杀则下大绥，诸侯杀则下小绥，大夫杀则止佐车。佐车止，则百姓田猎。"平常无战争或凶丧之事却不狩猎就是"不敬"，狩猎而不依循相关的礼仪规定就是暴殄天物。天子打到猎物后就放倒田车上竖立的大旗，诸侯打到猎物后就放倒田车上竖立的小旗，大夫打到猎物后就让驱逐野兽的佐车停止，佐车停止后百姓就可以田猎。这些都是古礼对于取用自然之物的规定。

再次，重养。古人对自然万物的利用，强调一个"养"字，如孟子所说"苟得其养，无物不长。苟失其养，无物不消"。既让自然资源的生命得到成长和滋养，也以自然之物养人类之生，彼此涵养，和谐共生。"养"的观念，一方面强调因物制宜，认为物无弃物，万物皆有其特性，可以在特定的时空范畴发挥相应的作用。比如杂草、谷糠、粪便等，看似无用，却可以肥田。中医更是将万物入药，如李时珍《本草纲目·服器部》记录了79种药物，如绢帛布棉、衣带头巾等衣物，蒸笼锅盖、马鞭灯盏等器具，在李时珍笔下都有了"药用之功"。

另一方面，"养者，育也，畜也，长也"，强调时间上的可持续，故而古人普遍有一种长期主义的心态，能够具备"不谋万世者，不足以谋一时"的大局观、长远观。比如重视物资储备，贾谊《新书》强调百姓耕种三年，至少有一年的粮食储备。再比如中国历代农书大约有五百部，大多记录了如何开展水土保持、预防水旱灾害、通过自然积肥培养地力等经验和技术。德国著名化学家李比希称赞："中国农业是以经验和观察为指导，长期保持着土壤肥力，借以适应人口的增长而不断提高其产量，创造了无与伦比的农业耕种方法。"

以本节开篇提到的《四千年农夫》为例，书中说"生命过程中包含了丰富的物理、化学和心理反应，而时间是所有这些反应的函数。"一个例子是中国农民通常在家自制堆肥。由于堆肥需要一到六个月的时间，人们会在一年不同时期收集各种材料，如做饭的煤灰、玉米高粱等秸秆、家禽人类粪便等，搅在一起用土或灰封起来发酵。书中还谈到，人们充分地利用秸秆的各种功能，将其用作燃料、肥料、牲畜的食物，用来铺设牛圈和马圈，盖房顶和棚子，甚至用来编织常用小物品。作者说："几乎每一尺土地都被用来种植作物以提供食物、燃料和织物。每一种可以食用的东西都被认为是人类或者畜禽的食物，不能吃的不能穿的被用作燃料。"这正是物尽其用、长期"重养"观念的体现。

然而，需要说明的是，中国古人虽然普遍具有取之有时、用之有节、行之有法的生态智慧，但在传统社会中，也曾存在较为普遍的生态破坏。如由于过度垦殖，三晋、河洛一带，从先秦时森林茂密的富饶之地，到唐宋以后变得黄土遍野、沟壑纵横。历史地理学家谭其骧指出，历代黄河的决堤改道，与密集垦殖、植被破坏有关。明清以后，洞庭湖、鉴湖等地大规模围垦，导致大半湖面消失，洪涝、干旱等问题严重，即是例证。这些生态破坏即使在重视"天人合一"的中国也不能避免，原因一方面在于专制帝王穷奢极欲，传统社会组织能力有限，另一方面源于生产力的落后，无法解决人地矛盾，尤其到了人口迅速增长的传统社会晚期，人多地少使得人们不得不以生存为先，以生态为代价进行大规模垦殖。

对此，习近平总书记深刻指出："生态环境问题，归根到底是资源过度开发、粗放利用、奢侈消费造成的。""必须在转变资源利用方式、提高资源利用效率上下功夫。要树立节约集约循环利用的资源观。""更加重视资源的再生循环利用，用最少的资源环境代价取得最大的经济社会效益。"

因此，中国式现代化绝不走"先污染后治理"的老路，坚持绿色低碳发展，"在发展中保护、在保护中发展"。一方面树立勤俭节约的消费观，倡导推广绿色消费；另一方面利用新兴技术，加快生产方式绿色转型，建立健全绿色低碳循环发展经济体系，促进经济社会发展全面绿色转型。

党的十八大以来，我国绿色低碳发展迈出了坚实的步伐，以年均3%的能源消费增速支撑了年均超过6%的经济增长，能耗强度累计下降26.4%，是全球能耗强度降低最快的国家之一；碳排放强度累计下降超过35%，扭转了二氧化碳排放快速增长的态势。建成全球规模最大的碳市场和清洁发电体系。煤炭占能源消费比重下降至56.2%，清洁能源消费比重增长到25.9%，可再生能源装机占全国发电总装机的47.3%，超过全国煤电装机容量，水电、风电、太阳能发电、生物质发电装机均居世界第一。新能源汽车产销量连续8年位居世界第一……通过充分发挥社会主义举国体制"集中力量办大事"的优势，通过充分利用资金和技术换空间，中国式现代化的生态文明实践赓续了"天人合一"的传统生态智慧，同时也为破解资源瓶颈约束、保护生态环境、实现中华民族永续发展开辟了广阔前景。

06 第六章

走和平发展道路的现代化与中华优秀传统文化

　　坚持走和平发展道路是新时代中国坚定不移的战略选择和郑重承诺。党的十八大以来，习近平总书记强调："中国坚定不移走和平发展道路，既通过维护世界和平发展自己，又通过自身发展维护世界和平。""中国走和平发展道路，不是权宜之计，更不是外交辞令，而是从历史、现实、未来的客观判断中得出的结论，是思想自信和实践自觉的有机统一。"党的二十大报告系统阐述了中国式现代化的五大特征，其中之一是"中国式现代化是走和平发展道路的现代化"，报告同时将"推动构建人类命运共同体，创造人类文明新形态"写入中国式现代化的本质要求。这一重要论断有力回击了"文明冲突论"、"国强必霸论"，深刻蕴含了中国式现代化的和平基因。中国提供了一种崭新的可能，这就是摒弃丛林法则，不搞强权独霸，超越零和博弈，开辟一条合作共赢、共建共享的文明发展新道路。

　　在二十国集团领导人巴厘岛峰会上，习近平总书记的讲话赢得广泛共鸣："各国共同发展才是真发展。世界繁荣稳定不可能建立在贫者愈贫、富者愈富的基础之上。每个国家都想过上好日子，现代化不是哪个国家的特权。走在前面的国家应该真心帮助其他国家发展，提供更多全球公共产品。"中国正用实际行动告诉世界：中国人民不仅希望自己过得好，也希望各国人民过得好。

"和而不同"的传统智慧

2014年5月15日，习近平总书记在中国国际友好大会暨中国人民对外友好协会成立60周年纪念活动上发表的重要讲话中指出："中华文化崇尚和谐，中国'和'文化源远流长，蕴涵着天人合一的宇宙观、协和万邦的国际观、和而不同的社会观、人心和善的道德观。""和"文化是中华文化的重要组成部分，"和而不同"的传统智慧绵延数千年，无论是处理人与人之间的关系，还是应对国家和民族之间的关系，这种伟大的智慧仍然闪耀着恒久的魅力，仍然是宝贵的思想资源。

"和"的理念是中华文化最核心的范畴之一，在中国历史上产生了深远的影响。"和"与"同"，是一对相关而并不相同的范畴，二者关系颇为微妙，辨析二者之同异是自古以来的一个话题。这个话题哲学家谈论比较多，但往往过于抽象，普通人很难领会。我们不妨回到经典出处本身，直接从君臣关系入手（类似今天的上下级关系），可能会有清晰的认识。

据《左传》记载，一次，齐景公有感而发："只有梁丘据与我和谐啊！"梁丘据善于揣摩国君的心思，所以齐景公非常宠信他。一旁的晏子毫不客气地说："梁丘据也只是与您相同而已，哪能谈得上与您和谐呢？"景公便问："和谐与相同有差别吗？"晏子便对这个问题发了一番大议论。在涉及君臣关系的"和"与"同"时，他说，国君认为可以的，其中也包含了不可以的成分，臣下进言指出不可以的这部分，便能使可以的部分更加完备；国君认为不可以的，其中也包含了可以的成分，臣下进言指出其中可以的这部分，便能真正去掉不可以的成分。

晏子认为，君主和臣子、上级和下级之间有不同意见是很正常的，以独立不倚的态度思考问题，提供有参考性、建设性的不同意见纠君之偏，这是做臣子的重要责任。晏子提出以否成可、以可济否，反对盲从附和。君臣之间互相补益、相得益彰，就可以避免很多决策上的差错，就会实现真正的政治和谐。反之，举国上下只有一个声音，大臣们都只是多磕头、少说话，那就不和谐了，国家就很危险了。而宠臣梁丘据却是一个"应声虫"、"马屁精"。国君认为可以的，他也说可以；国君认为不可以的，他也说不可以。

君臣之间的"和而不同"，显示的是君臣各居其位、各行其道（孟子所谓"欲为君尽君道，欲为臣尽臣道"），都是为了治理国家这个目标，各自有相对独立的使命和尊严，这种使命是不可以轻视的，这种尊严是不可以剥夺的。晏子不阿谀奉迎齐景公而是当面提出反对意见，正是对"和而不同"理念的最好诠释——当然，前提也需要国君有容纳反对意见的雅量。

这个时代仍然需要和而不同的智慧。比如在一个领导班子里，一把手当然有更大的话语权，但是班子里的其他同志也应当负责任地提出意见，做一些补充、完善。政治决策往往不是非此即彼，就像做菜一样，烹饪最重要的是掌握火候，提出不同意见是为了更好烹饪出美味的佳肴。这也正是晏子的论证依据。

"和如羹焉，水、火、醯、醢、盐、梅，以烹鱼肉"，真正的和谐就如做肉羹，这是一个很有意思的比喻。中国人的饮食之道是世界上独一无二的，它的背后正是中国人独有的思维方式。《礼记·学记》有云："虽有嘉肴，弗食，不知其旨也；虽有至道，弗学，不知其善也。"这篇世界上最早的专门论述教育和教学问题的文献，将崇高的学道与日用饮食对举。《中庸》有云："人莫不饮食也，鲜能知味也。"《大学》有云："心不在焉，视而不见，听而不闻，食而不知其味。"能吃却不能"知味"，最根本的原因在于"心不在焉"，在于见识和境界尚未到家。不仅仅是儒家，《老子》有一个家喻户晓的比喻"治大国如烹小鲜"，将郑重其事的治国理政比作煎小鱼。

肉羹的制作，需要多方面力量的参与，不仅要有唱主角的"鱼肉"，还要有唱配角的醋、酱、盐和梅子，还要大量的水以及锅底熊熊燃烧的火。更为重要的是，还需要厨工不断把握火候、调配味道，使各种味道恰到好处；味道不够就增加调料，味道过重就用水冲淡。做出鲜美的肉羹，需要各种条件，需要厨工的经验，这和治国理政不是有诸多相通处吗？与做肉羹的"和"相反的，是"以水济水"的"同"——如果只有此水和彼水，即使再高明的厨工，也是无法做出肉羹的。

奏乐之道与调味之道亦相似，"一气、二体、三类、四物、五声、六律、七音、八风、九歌，以相成也；清浊、小大、短长、疾徐、哀乐、刚柔、迟速、高下、出入、周疏，以相济也"，必定是抑扬顿挫、刚柔疾徐交错有致，方能有美妙的音乐。否则，"若琴瑟之专一，谁能听之"，永远只有一个音调，何谈音乐？在深刻体悟到古人政治智慧达到的高度后，我们会情不自禁地为伟大的古圣先贤竖起大拇指。

晏子是春秋时期人，事实上，在更早的西周时期，就有与"和"、"同"相关的论述，对后世的影响也极为深远。

《国语·郑语》记载，西周末年，郑桓公问史伯："周其弊乎？"史伯回答说：周王抛弃智能贤明之人，而好信任无知顽固的谗臣，是"去和而取同"，其衰败是必然的。"夫和实生物，同则不继。以他平他谓之和，故能丰长而物归之；若以同裨同，尽乃弃矣。故先王以土与金木水火杂，以成百物。……声一无听，物一无文，味一无果，物一不讲。"意思是说，只有不同的事物统一起来才能产生新的事物，"和"是百物构成的法则。"和实生物，同则不继"，这句话意涵丰富，它意味着多元化才能让天地万物生生不息，同质化只会让天地万物的生生难以为继。

春色宜人，为有"万千红紫斗芳菲"；秋光怡目，只缘"万类霜天竞自由"。有人说，世界上没有完全相同的两片树叶；分子生物学的研究进一步表明，世界上没有完全相同的两个细胞。任何一个和谐统一的整体，都由千差万别的个体组成。如果抹杀了个性，不许可不同，到处一刀切、一律化、一种意见、一样风格，那结果不是和谐，而是单调，必将阻碍事物的发展。

"合羹之美，在于合异"，如果没有不同元素之间的相互影响、相互配合，事物就不会有活力。《周易》所言"保合太和，乃利贞"，更是将宇宙视为和合相生的整体。从这种意义上说，"和而不同"的传统理念也有宇宙论意义，其定义域广泛涉及天地人、万事万物，是中华民族兼收并蓄、不断吸纳新鲜血液发展壮大的深层智慧。

中国人很早就有天下大同理念，这里的"同"是"同归而殊途，一致而百虑"的"同"，是"同则相亲，异则相敬"的"同"，是"以德服人"、"有容乃大"理念指导之下的"同"。狭隘的种族、地域等观念，从来都不是中华文明的主流。最显著的例子是唐代。唐代在民族问题上呈现出空前的包容性，许多异族人在长安做官。正如陈寅恪先生所说，"取塞外野蛮精悍之精血，注入中原文化颓废之躯"，让唐王朝一度迸发出惊人的创造力和开拓精神。先民创造的盛唐伟业，今日仍然摄人心魄，值得学习借鉴。

新时代的中国，吸收借鉴人类一切优秀的文明成果，展现出生机勃勃、昂扬向上的风姿，正如习近平总书记所说，"当代中国，江山壮丽，人民豪迈，前程远大"。

以上重点从政治智慧角度进行了论述，事实上，"和而不同"对个体为人处世也极有指导价值。

在《论语》中，孔子指出："君子和而不同，小人同而不和。"这是一个完整的辩证命题。这里所说的"和"，不是单一、雷同，而是多样性的统一，包含着不同或差异，"和"是建立在不同或差异的基础之上的。"君子"之"和"，讲求对话、兼容、从善如流；"小人"之"同"，囿于一团和气，唯唯诺诺的背后是面和心不和。

"和"强调多元化，而"同"则重同质化。"和而不同"意味着在坚持自我人格独立的前提下，也承认他人人格的独立，尊重"不同"，包容"不同"，而"同而不和"则意味着核心原则与独立人格的丧失。所以，前者是君子所为，后者则是小人所为。《中庸》有云："君子中庸，小人反中庸。"秉持"和"理念的是坚守中道的君子，毫无原则、秉持"同"理念的是孔子最厌恶的"乡愿"。"乡愿，德之贼也。"中庸与乡愿的根本区别在于，中庸需要原则，需要"义之与比"（一切言行皆以道义作为自己的准则），需要坚守信念与节操；乡愿却毫无操守，一味迎合，总是骑墙，到处讨好，与守中庸之道的人在效果上有表面的相近之处，但实际上却对中庸之道损害最大，所谓"似德非德而反乱乎德"，"乡愿"是"德之贼"的根本原因即在此。

从本质上来说，正因为有"不同"，正因为能够包容"不同"、消化"不同"，才能让一个团队拥有好的氛围，才能让团队每一个人都尽情贡献智慧和力量，从而产生最大的能量。因此之故，有智慧的人总是善于使不同的因素各得其所，最大限度地人尽其才、物尽其用，最终达到一个平衡、协调的整体。墨子曾经形象地说明基于异质性所带来的效率提高问题："譬若筑墙然，能筑者筑，能实壤者实壤，能欣者欣，然后墙成也。"做任何事情就像修筑一堵城墙，能筑的人筑，能填土的人填土，能挖土的人挖土，这样城墙才能筑成。有效协作带来了高效率，这就是"和"。可见，"和"的状态与效率的追求并不矛盾，而一时的、表面上的"同"可能会有效率，却无法可久可大。

庞朴先生指出，"'和'虽可贵，但也不能绝对化。说得玄深一点，就是'和'本身也必须是'和'的；说得浅一点，就是'和'得有一个现实的标准，没有坐标，'和'也不知其为'和'，与'不和'又有什么两样？这个坐标，就是礼"。"君子喻于义，小人喻于利"与"礼之用，和为贵"两句，可以视作"君子和而不同，小人同而不和"的注释。正因为君子坚守良知，坚守道义，他们才"和而不流"，而非"同乎流俗"。而"乡愿"的特点则是

"同乎流俗，合乎污世"，是随波逐流的好好先生。

　　这里就涉及一个问题：为人处世是不是要追求让大家都喜欢、都赞成的局面？孔子明确说过，不是。仁者行事，固然不必"好人之所恶，恶人之所好"，故意标新立异，但也不必刻意迎合，而是一切以道义作为标准。所谓"不如乡人之善者好之，其不善者恶之"，仁者做事会让君子喜欢，那些小人就会不喜欢，所以说，君子做事不可能让所有人都满意，特别是合乎道义的事情，小人觉得无利可图，肯定要反对。"君子喻于义，小人喻于利。"对君子来讲，合乎道义的，即使是没有人赞成，也要去做，孟子所谓"自反而缩，虽千万人，吾往矣"；不合乎道义的，即使是所有人都赞成，也不去做。这很难。这就是孟子后来总结的"大丈夫精神"。真正的大丈夫，"富贵不能淫，贫贱不能移，威武不能屈"，自拔于流俗之外而承担引领天下风气、使其归于正的使命。

　　《中庸》记载了子路请教孔子什么是强者的问题，孔子认为，"君子和而不流，强哉矫！中立而不倚，强哉矫"，真正的强者是和而不流、中立不倚的人，是私欲最少而道义感最强的人。君子之所以能够"和"而不"同乎流俗"，最根本的原因在于，刚毅是他的内在品性，和柔是他的外在修为。外和内刚，刚柔相济，这种君子品格的最佳表述是林则徐的对联：

　　　　海纳百川，有容乃大；

壁立千仞，无欲则刚。

和而不同，用最简明的话说就是，坚持独立性，坚持做自己，不要做附庸，更不要舍己芸人、邯郸学步；秉持包容性，让别人做别人，不要指手画脚、干涉他人，更不能盛气凌人、强加于人。这一理念，从先秦传承至今，历久弥新。

举一个例子。

回忆起习近平主席2017年1月在世界经济论坛年会和联合国日内瓦总部的演讲，世界经济论坛创始人施瓦布感叹："习近平主席的那次演讲具有历史意义。"在这次演讲中，习近平主席向世界描绘了构建人类命运共同体的美好蓝图，给国际社会带来巨大信心，产生的国际影响力依然在不断扩大。习近平主席说："面向未来，很多人关心中国的政策走向，国际社会也有很多议论。在这里，我给大家一个明确的回答。"四点回答打头的一点就是"中国维护世界和平的决心不会改变"。后面的论述也十分精彩：

中华文明历来崇尚"以和邦国"、"和而不同"、"以和为贵"。中国《孙子兵法》是一部著名兵书，但其第一句话就讲："兵者，国之大事，死生之地，存亡之道，不可不察也"，其要义是慎战、不战。几千年来，和平融入了中华民族的血脉中，刻进了中国人民的基因里。

数百年前，即使中国强盛到国内生产总值占世界30%的时候，也从未对外侵略扩张。1840年鸦片战争后的一百多年里，中国频遭侵略和蹂躏之害，饱受战祸和动乱之苦。孔子说，己所不欲，勿施于人。中国人民深信，只有和平安宁才能繁荣发展。

中国从一个积贫积弱的国家发展成为世界第二大经济体，靠的不是对外军事扩张和殖民掠夺，而是人民勤劳、维护和平。中国将始终不渝走和平发展道路。无论中国发展到哪一步，中国永不称霸、永不扩张、永不谋求势力范围。历史已经并将继续证明这一点。

三段话三个层次，镜头由远拉近，层次分明，论证有力。从几千年的大历史观来看，"和平融入了中华民族的血脉中，刻进了中国人民的基因里"，连最著名的兵书《孙子兵法》开头第一句讲的就是慎战、不战。从近代以来的历史来看，在跌落世界经济头把交椅前，我们没有对外侵略扩张，此后的一百多年我们这个民族饱经蹂躏和摧残，我们忍辱负重，走出了低谷，一步步走向复兴，但我们并不会因此将自己经受的苦难强加给其他国家和民族。立足当下，放眼未来，我们将和世界人民一起，立天下之正位，行天下之大道，共同走向和平繁荣的现代化。

"亲仁善邻"的交往之道

对"和"的推崇，产生了"亲仁善邻，国之宝也"的价值观念，体现为"讲信修睦"、"协和万邦"、"天下一家"的交往之道。中国的政治传统推崇"以德服人"、"近悦远来"，"远人不服，则修文德以来之"，不是以战争向外征服扩张，而是以文治教化提升文化影响力。

"亲仁善邻，国之宝也。""仁"，狭义指仁者、有仁德之人，广义指仁德、仁义、道德；"亲仁"表示的是对道德、正义的主动亲近与遵循；"邻"原指相邻的国家，亦可泛指近邻。亲近仁德而与邻国友善，这是国家的法宝。这一思想最早见于《左传》，一直受到重视，得到传承。《魏书·许谦传》："夫亲仁善邻，古之令轨。"亲近仁德而与邻国友善，这自古就是国家的良法。《元史·外夷传一·日本》："亲仁善邻，国之美事。其或犹豫以至用兵，夫谁所乐为也？"亲近仁德而与邻国友善，这对国家来说是好事。或许有时会有迟疑偏离，甚至于发生战争，可又有谁乐意这样做呢？

亲仁善邻一直是中华民族所倡导的处事方式，中国古人用它作为处理与相邻国家关系的重要指导原则，即邻国之间应当相互尊重、相互友好，共同构筑祥和安定的周边环境，它符合国家和民众的根本利益。从地缘政治角度看，"亲仁善邻"重视国与国之间的友好与和平，和"唇亡齿寒"有相通之处；但它又强调"亲仁"是建立"善邻"关系的基础和前提，即双方都应当共同遵循仁德。它体现了原则性和务实性相统一的国际关系理念，以及中华民族崇尚"仁"与"协和万邦"的基本精神。

综上，"亲仁善邻"的交往之道，人体上可以从两个层面来认识，即个体的为人处世之道与国家、民族之间的交往之道。

人在社会中离不开与他人的交往，与人为善是为人处世的基本原则。当人们以和为贵、与人为善，那么，邻里之间的关系就会更加和睦，朋友之间的关系就会更为牢固。杨翥卖驴的故事，就是一个很好的例子。

明朝礼部尚书杨翥居住在京城，平日骑驴上朝或外出。他很喜欢这头驴，每天散朝回家，都要亲自为驴子喂料。杨翥的邻居是一位老头，快六十岁的时候有了儿子，老来得子，夫妻自然非常高兴。但这个孩子一听到杨翥的驴子叫就哭个不停，饮食也明显减少，导致全家人不得安宁。可杨翥是朝廷大官，这家人也不敢向杨矞提这个事。眼看孩子状态越来越差，他们还是把这件事和杨矞说了。杨矞听后二话没说，随即就把驴子卖了，从此外出或上朝都靠步行。

古语云"里仁为美"，"睦乃四邻"，"与人相交，一言一事皆须有益于人，便是好人"，指出人们做事要以道义为衡量原则，严于律己，宽以待人，有仁爱之心，同情、关爱和帮助他人，能设身处地替别人着想。这是人德行修养的体现，也是善化他人、播种善因、使社会拥有和睦温暖的人伦关系的前提，并以之作为社会正义的基础。

设身处地替他人着想，邻里之间如此，同僚之间也应如此。

北宋时，寇准与王旦同朝为官。王旦负责中书省，寇准负责枢密院，两人性格一个柔和，一个刚直，可谓天差地别，所以时有摩擦。

寇准时常在宋真宗面前说王旦的短处，而王旦则时常称赞寇准的能力和长处。一天，宋真宗对王旦说："你虽然时常称赞寇准的长处，但是他却专说你的不是！"王旦回答说："臣居相位参与政事已经很多年了，为人处世难免有诸多纰漏。寇准侍奉陛下无所隐瞒，由此可见他的忠心率直，这也是臣一直举荐寇准的原因。"听了这番话，宋真宗对王旦更加欣赏。

一日，中书省将一份文件送至枢密院，但文件不合诏书格式，寇准便将此事上奏，宋真宗知道之后便责备了王旦，中书省的官吏也因此受到了处罚。这件事情过去还没一个月，枢密院有文件送到了中书省，也不合诏书格式。中书省的官吏看到后十分高兴地将文件呈送给王旦，认为终于可以以其人之道还治其人之身了。但王旦并没有像寇准那样上奏，而是让人将文件送回枢密院更正。寇准得知后大为惭愧，见到王旦后说："您真是一个宽宏大量的人啊！"

人在社会中要学会与人为善，这才是与人相处的长久之道，正所谓"善与人交，久而敬之"。

以上是从个体层面的考察，下面从国家、民族之间的交往之道来看"亲仁善邻"。

2023年是共建"一带一路"倡议提出十周年，作为"一带一路"标志性工程，12月中老铁路迎来开通两周年。前不久，有个短视频受到广泛关注。老挝国会副主席宋玛·奔舍那接受中央广播电视总台记者专访，在谈到老挝人民对中老铁路的渴望时，他一度哽咽。宋玛·奔舍那说，老挝是一个没有海岸线的内陆国，老挝人民想拥有一条铁路很久了。"我们非常有幸与中国做邻居。"

"我们非常有幸与中国做邻居"，这是宋玛·奔舍那发自内心的感叹，也是老挝人民对中国发自内心的赞叹。

事实上，这不是宋玛·奔舍那第一次称赞中国、称赞"一带一路"倡议。2023年5月26日，《人民日报》"国际论坛"专栏推出"共享机遇、共谋发展的阳光大道"系列文章，邀请外国政要、专家学者分享对共建"一带一路"的观察和思考，开篇之作《共建"一带一路"展现中国共产党的天下情怀》的作者就是宋玛·奔舍那。在这篇文章中，宋玛·奔舍那有如下深情的回忆：

老中铁路全线开通运营当天，我作为首批乘客乘坐了"澜沧号"动车组。我至今仍然记得，当列车飞驰在老挝的崇山峻岭、江河平原时，我感到由衷的喜悦与自豪。当车厢内显示屏上火车速度逐渐提升至每小时160公里时，我的心情无比激动："老挝终于拥有自己的现代化火车了！"

作为两国高质量共建"一带一路"的标志性工程，"老中铁路跨越山河，圆了老挝变'陆锁国'为'陆联国'的梦想"。今天，这条铁路已经成为老挝人民的骄傲，"澜沧号"动车组成了老挝的"国家名片"。

事实上，中国不是第一个提出要在老挝修建铁路的国家，却是唯一一个实实在在帮老挝把铁路修好的国家。正是得益于共建"一带一路"，老挝人民才圆了梦想。

在共建"一带一路"框架下，中国真心帮助其他国家发展，通过合作与各国实现互利共赢。近年来，随着共建"一带一路"合作不断走深走实，老中两国合作领域不断扩大，合作方式更趋多样，老中经济走廊建设成果丰硕，万象—万荣高速公路顺利通车运营，老中双边贸易额创下新高。老挝政府和社会各界对共建"一带一路"倡议高度赞赏，将一如既往地积极支持、参与相关合作。

共建"一带一路"充分展现了中国共产党致力于增进全人类共同福祉的天下情怀。该倡议得到广泛响应和支持，已有151个国家、32个国际组织同中国签署共建"一带一路"合作文件。共建"一带一路"不断为各国提供发展机遇，已经成为促进开放合作、改善全球经济治理、促进共同发展繁荣、推动构建人类命运共同体的重要方案。

"一带一路"标志性项目，除了中老铁路，还有雅万高铁。

作为两国元首亲自关心推动的中印尼共建"一带一路"合作旗舰项目，雅万高铁被誉为中印尼共建"一带一路"合作的金字招牌，连接印尼首都雅加达和旅游名城万隆，是印尼和东南亚的第一条高速铁路，也是中国高铁首次全系统、全要素、全产业链在海外落地，对中印尼两国都具有十分重要的意义。

"今年是我提出共建'一带一路'倡议十周年。这个倡议的根本出发点和落脚点，就是探索远亲近邻共同发展的新办法，开拓造福各国、惠及世界的'幸福路'。"2023年5月，习近平主席以视频方式出席欧亚经济联盟第二届欧亚经济论坛全会开幕式时，这样阐明初心。

大国担当，言出必诺。

十年来，"一带一路"倡议从谋篇布局的"大写意"发展为精谨细腻的"工笔画",已经成为最受欢迎的国际公共产品和最大规模的国际合作平台。"一带一路"倡议迄今已形成三千多个合作项目,拉动近万亿美元投资规模。十年来,各方一起播撒合作的种子,共同收获发展的果实,走出了一条互利共赢的康庄大道。

在这个过程中,个别西方国家固守冷战思维,对中国发展与其他发展中国家关系进行攻击抹黑,企图通过炮制中国推行"新殖民主义"、制造"债务陷阱"等谎言,阻挠中国与其他发展中国家合作,破坏中国与其他发展中国家的友谊。广大发展中国家对此有清醒的认识,对西方国家的攻击抹黑表达了强烈不满和批评。纳米比亚总统根哥布直言,中国人尊重我们,中国从来不搞什么殖民主义和帝国主义的东西。

16世纪中期,出于侵略英国的野心,西班牙帝国组建了著名的无敌舰队,舰队全部由军人组成。与无敌舰队等其他欧洲舰队不同的是,郑和下西洋的船队成员以工人和工匠为主。这种主要由非军事人员组成,不以掠夺财富、海外殖民、执行军事任务为目的的船队在人类近代史甚至现代史上未曾再出现过。郑和七下西洋不仅展现了明朝强盛的国力,更有力地证明了中华文明的和平本质。

正如孟子所言,"达则兼善天下",这展现的是一种普惠天下的情愫,一种不排他、不损人的世界历史使命。正是这样一种兼善天下的使命感,一种马克思主义政党的责任感,让世界越来越强烈地感受到新时代中国共产党人的天下情怀:"世界现代化应该是和平发展的现代化、互利合作的现代化、共同繁荣的现代化。""一带一路"倡议，是"远亲近邻共同发展的新办法"，是开拓造福各国、惠及世界的"幸福路"，也是中国共产党人践行"亲仁善邻"理念的生动实践。

"止戈为武"的和平理念

"止戈为武"较早的出处是《左传》:

> 潘党曰:"君盍筑武军,收晋尸以为京观?臣闻克敌必示子孙,以无忘武功。"楚子曰:"非尔所知也。夫文,止戈为武。"

鲁宣公十二年(公元前597年),晋国与楚国在邲发生了一场战争,楚国取得了胜利。

这时,楚国的潘党就对楚庄王说:"我们战胜了敌国以后,要搞一点纪念性的建筑物,昭示子孙后代,以便使他们不要忘记武功。"庄王说:"这不是你所能知道的。从文字看,那个'武'字就是由'止'和'戈'两个字组成的。"言下之意是说,搞纪念性的建筑有什么用呢?平定暴乱,止息兵戈,才是真正的武功。楚庄王获得大胜后没有得意忘形，而是果断否定了大臣"收晋尸以为京观"（即堆积敌军尸首用土封之，以示军功）的提请，非有清醒的政治头脑不可能做到这一点。

楚庄王连续引论了《周颂》关于"武"的诗句后指出：

夫武，禁暴、戢兵、保大、定功、安民、和众、丰财者也，故使子孙无忘其章。今我使二国暴骨，暴矣。观兵以威诸侯，兵不戢矣。暴而不戢，安能保大？犹有晋在，焉得定功？所违民欲犹多，民何安焉？无德而强争诸侯，何以和众？利人之几，而安人之乱，以为己荣，何以丰财？武有七德，我无一焉，何以示子孙？其为先君宫，告成事而已，武非吾功也。

庄王胜而不骄，强调用兵者要有"七德"，自己都不具备，怎能以武功向人民宣扬？向先君祭告，也就行了。筑京观是为了"惩淫慝"之师，现在是两国相争，"民皆尽忠，以死君命"，怎能"筑京观"？这段精彩的论述反映出楚庄王的胸怀格局，用兵讲求高瞻远瞩而非局限于眼前之利，后世学者对此给予了高度评价，认为这体现了"战胜易，守胜难"的意蕴。

"止戈为武"体现了楚庄王的战争观，对后世影响深远。东汉许慎的《说文解字》就直接引用了楚庄王的观点："楚庄王曰：'夫武，定功戢兵，故止戈为武。'"通过极具权威性的汉字字典，"止戈为武"的理念得到了最为广泛的传播，影响了一代又一代的华夏儿女。

比如，在《汉书》中有这样一段话：

仓颉作书，"止""戈"为"武"。圣人以武禁暴整乱，止息干戈，非以为残而兴纵之也。

意思是说，仓颉造字，由"止"和"戈"合成一个"武"字。圣人使用武力禁止残暴，平定动乱，止息战争，而不是为了残杀、毁灭对方而滥用武力。

在此之前还有一句话，提供了一个极其深刻的反面例证，有助于我们更好理解"止戈为武"的内涵：

秦始皇即位三十九年，内平六国，外攘四夷，死人如乱麻，暴骨长城之下，头卢相属于道，不一日而无兵。由是山东之难兴，四方溃而逆秦。秦将吏外畔，贼臣内发，乱作萧墙，祸成二世。故曰"兵犹火也，弗戢将自焚"，信矣。

秦始皇扫平天下，无一日而不用兵，秦统一天下后仍旧采取强力压制的办法进行治理，最终二世而亡，这说明了一个深刻的道理：战争就像火，不及时收敛、停止就会玩火自焚。打赢了就不要再用兵，有得饶人处且饶人的意思。止戈为武，原指平定暴乱，止息干戈，才能算是武功，后世则引申为不用武力，使对方屈服，才是真正的武功。不论如何，强调的都是慎战思想，都是"和为贵"思想在战争领域的体现。

一种思想的影响力，除了通过"大传统"得到传承，还有很重要的一部分是通过"小传统"得到传承，这两个传统也是互相影响的。"止戈为武"的和平理念，不光是在正统的经史之中多有阐扬，在后代的小说文学中也有不少体现。比如，清代小说《花月痕》："止戈为武，穷寇勿追。"止戈为武和穷寇勿追两个成语并列在一起，体现的就是及时停止使用武力的智慧。

一位美国军事学家在分析《战争论》和《孙子兵法》的差异时说，克劳塞维茨的军事思想是理想主义的绝对论，是要把敌人彻底消灭掉；而《孙子兵法》则是现实主义的中庸之道，在现实中可以有各种变通的方法，可以"不战而屈人之兵"。这在一定程度上既说出了中西方军事思想的不同，又说出了中国文化与西方文化的不同。拥有武力恰恰是为了制止暴力，维护和平是最高目的，这一点，与中医的思维方式很相近，正所谓"用药如用兵"。提升免疫力也好，用药也好，身体恢复了中和状态就要及时停止，而不是采取西医思维，穷追猛打，试图将病毒置于死地，这样做往往也会对自身造成不小的副作用。

1958年2月23日，《人民日报》刊发了郭沫若的一首诗，题为《止戈为武之歌——纪念苏军建军四十周年》，前面几行说：

在我们中国，远在三千年前的殷商，

就标榜着"止戈为武"的理想。

我们的武力是为了消灭战争，

而不是发动战争；

是为了产生和平，

而不是破坏和平。

这里将"止戈为武"的思想推到了殷商。"我们的武力是为了消灭战争，而不是发动战争；是为了产生和平，而不是破坏和平"，可谓言简意赅地概括了中华民族的武力观、战争观——我们绝不放弃使用武力，但是武力只是为了自保，为了维护和平，而不是为了侵略他人。简而言之，我们强调的是"以正义之师行正义之举"。

2019年11月12日，正在希腊访问的习近平主席走进雅典卫城博物馆。在"沉思的雅典娜"浮雕前，习近平主席驻足观看。

"这是雅典娜女神刚刚参加完战争后休息、沉思，虽是一块很小的浮雕，却非常有意义。"陪同参观的时任希腊总统帕夫洛普洛斯亲自当起"讲解员"。

"她在思考战争的意义究竟何在。"习近平主席讲起"止戈为武"的中国典故。帕夫洛普洛斯总统边听边不住点头表示赞同。

"止戈为武",成了文明交流的一朵夺目的浪花。

中华武德传统源远流长,对后世影响深远。《史记》记载:"轩辕乃修德振兵,治五气,艺五种,抚万民,度四方。"《吴子兵法》认为,大人要"内修文德,外治武备"。最有代表性的则是《左传》记载的楚庄王"武有七德"说。随着中华武德文化的发展,其内涵不断得到丰富和发展,但其本质却始终未变。

《周易》"观乎人文,以化成天下"的文化涵育力量,铸就了中国古代的辉煌。孔子提倡"远人不服,则修文德以来之";孟子主张推行仁政,斥责"春秋无义战";墨子提出"兼爱"、"非攻",旨在追求和平;老子强调"不以兵强于天下",是"道法自然"的和平论;兵家虽以战争为研究对象,但认为战争的最高境界是"不战而屈人之兵"。在我国历史上,张骞出使西域,体现了和平友好的大国风范;唐使在对外交流中虽有助天竺平乱之事,但主要是为了维护和平,并非"耀兵异域"。辽阔富饶的华夏大地,孕育着勤劳、善良的人民,涵养着和谐、敦睦的品格,扩张、掠夺从来都不是中国精神。正如习近平总书记所指出的:"古往今来,中华民族之所以在世界有地位、有影响,不是靠穷兵黩武,不是靠对外扩张,而是靠中华文化的强大感召力和吸引力。"

英国著名历史学家阿诺德·汤因比说:"如果再生为人,我愿意生在中国。因为我觉得,中国今后对于全人类的未来将起到非常重要的作用。""我将来生在中国，要是在那未来的时代世界还没有融合起来，我就要致力于使它融合。假如世界已经融合，那我就努力把世界从以物质为中心转向以精神为中心。"

汤因比还说："中华民族是一个没有征服野心的民族。""由中国文化和佛教传统这一共同遗产来看，他们都是联结在这一纽带上的，并且就中国来说，几千年来，比世界上任何民族都成功地把几亿民众，从政治、文化上团结起来。中国在和东亚各民族合作，在被人认为所不可避免的人类统一过程中可能发挥主导作用，其理由就在这里。"他还预言："21世纪是中国人的世纪。"

外国学者的恭维，我们自然不必都当真，但是外国友人对中华文化这种发自内心的认同，难道不值得我们每一位中国人深思吗？我们有什么理由不去热爱我们的文化、传承我们的文化、弘扬我们的文化？

倡导"止戈为武"也好，提倡中华武德文化也好，其实都有一个前提——我们处于上风，我们掌握主导权，这是中华文明史的主流。但是，也要看到，历史有盛有衰，各国力量有消有长，我们也有处于被动的时候，怎么办？这时也最考验一个民族的志气与骨气。

两千多年前，中华民族出了一个少年英雄，他的壮举为后世留下了一个成语——汪踦卫国。踦，亦作"锜"。事见《左传》、《礼记》及《孔子家语》。

公为与其嬖僮汪锜乘，皆死，皆殡。孔子曰："能执干戈以卫社稷，可无殇也。"（《左传·哀公十一年》）

战于郎，公叔禺人遇负杖入保者息，曰："使之虽病也，任之虽重也，君子不能为谋也，士弗能死也，不可！我则既言矣。"与其邻重（童）汪踦往，皆死焉。鲁人欲勿殇重（童）汪踦，问于仲尼。仲尼曰："能执干戈以卫社稷，虽欲勿殇也，不亦可乎！"（《礼记·檀弓下》）

齐师侵鲁，公叔务人遇人入保，负杖而息。务人泣曰："使之虽病，任之虽重，君子弗能谋，士弗能死，不可也。我则既言之矣，敢不勉乎？"与其邻嬖童汪锜乘往奔敌，死焉，皆殡，鲁人欲勿殇童汪锜，问于孔子，曰："能执干戈以卫社稷，可无殇乎？"（《孔子家语·曲礼子贡问》）

这几部典籍记录详略有所不同，但是大意相同，都是少年英雄的故事加孔夫子的评语。

鲁哀公十一年（公元前484年），强大的齐国攻打弱小的鲁国。面对外来入侵的战争，往往都会有主战派、主和派，甚至还有投降派，这一次的齐鲁战争也不例外。面对强齐的入侵，鲁国的士大夫进行了一场争论，有的主张奋起抵抗，有的主张讲和，还有的干脆带着自己的手下逃跑。结果，前去与齐国军队战斗的人少之又少。在国家危难之际，有一个普通人家的少年没有像那些士大夫一样选择逃跑，而是选择了奋勇抵抗，他就是汪踦。齐国军队打进鲁国后，鲁国老百姓成了难民，他们把家里仅有的一点粮食收集起来，纷纷逃进城堡避难。看到父老乡亲遭受苦难，看到自己的家园被人践踏，少年汪踦义愤填膺。他不顾敌众我寡，拿起武器，勇敢地加入了保家卫国的战斗。在战场上，汪踦奋勇杀敌，浴血奋战。然而，由于鲁国士大夫们躲的躲，逃的逃，鲁国军队很快就被打得溃不成军。少年汪踦终因寡不敌众，战死沙场。

战争结束后，鲁国老百姓被汪踦英勇卫国的精神感动，找到他的遗体，想要隆重安葬。但是，汪踦还是个未成年人，未成年而死称为"殇"。根据当时的礼仪，未成年人和成年人的葬礼有着很大的区别，无论是死后穿的衣服、用的棺材、坟地的大小、葬礼的规格等都不同。但是，汪踦是鲁国的少年英雄，乡亲们对他的牺牲都感到非常悲痛，不愿将他草草埋葬。这时候，人们想到了孔子，因为他是那个时代最懂礼制的贤人。

这其实是给孔子出了一个难题。一方面，孔子以重礼守礼著称，他认为国家之所以治理不好、天下之所以不太平，就是因为人们不守礼。"能以礼让为国乎，何有？不能以礼让为国，如礼何？"只要"克己复礼"，就会"天下归仁"。而且，"不学礼，无以立"，礼是一个人在社会上立足的根基所在。另一方面，少年英雄保家卫国的壮举值得尊重，如果严格按照礼制，将会让很多爱国人士寒心。严格的等级规定能否突破？可否作为特例，特事特办？

孔子的回答掷地有声，千百年后听来仍然使人动容："能够拿起武器，保家卫国，为了国家利益而死，当然可以不用'殇仪'。"于是，少年英雄汪踦得到了隆重的葬礼，成为历史上最早的少年烈士。

人是最重要的，"人能弘道，非道弘人"；仁能激发人的仁义之心，是礼制该有的样态。

也许，正因为这样，《论语》中有不少类似的记载："麻冕，礼也；今也纯，俭，吾从众。拜下，礼也；今拜乎上，泰也。虽违众，吾从下。""毋意，毋必，毋固，毋我。"

"礼之所尊，尊其义也"，"礼以行义"，礼制固然很重要，但是礼制并非一成不变的教条，而是可以随着时代和条件的变化而变化，最终目的是维护道义、公义、正义，维护天下人心。如果没有孔子为其正名，也许，我们今天已经不知道谁是汪踦，也不可能知道汪踦卫国这个成语。

少年英雄汪踦舍身卫国的精神千百年来一直激励着后人。"长男赍志殁，恨不如汪锜。""《汉纪》表终军，鲁史传汪锜。弱龄赴大义，成败非所知。"这样的诗句史不绝书。汪精卫年轻的时候也是个热血少年，常常以自己两千多年前的本家汪踦为榜样，他曾写下这样的诗句："生惭郑国延韩命，死羡汪锜作鲁殇。"只可惜，他丢了汪踦的脸。少年英雄汪踦的故事，不仅打动了中国人，还远传海外。朝鲜儒臣金宗直就说："平生汪锜我所师，为国雪耻心无憀。"对汪踦推崇备至。

汪踦卫国也好，木兰从军也好，少年民族英雄夏完淳也好，一代又一代中国人传颂他们的故事，就是要告诉世界：中国人从来不做奴隶，宁可战斗到最后一个人也要抗争到底，正所谓"宁为玉碎，不为瓦全"。这种浩然正气是中华民族得以生生不息、"止戈为武"精神的深层逻辑所在。

联系党史、新中国史来看。20世纪80年代末90年代初，世界上一股逆流来势汹汹，西方世界企图使我们放弃社会主义，最终纳入国际垄断资本的统治之中，邓小平同志义正词严地指出："现在我们要顶住这股逆流，旗帜要鲜明"，"中国吓不倒"，"谁要干涉或吓唬我们，都会落空。中国人有自信心，自卑没有出路。过去自卑了一个多世纪，在中国共产党领导下站起来了。庞然大物吓唬人，中国人不怕"。"中国人民不怕孤立，不信邪"，"世界上最不怕孤立、最不怕封锁、最不怕制裁的就是中国"，他要求全党全国人民"决不能示弱"。正是在这样的背景下，邓小平同志提出"要维护我们独立自主，不信邪、不怕鬼的形象"。只有我们能硬气、有骨气，才能抵挡各种威逼利诱，站稳脚跟。

我们秉持"止戈为武"的和平理念，并不是说我们好欺负。这一点，习近平总书记在纪念中国人民志愿军抗美援朝出国作战70周年大会上的重要讲话中说得极为透彻：

——无论时代如何发展，我们都要砥砺不畏强暴、反抗强权的民族风骨。70年前，帝国主义侵略者将战火烧到了新中国的家门口。中国人民深知，对待侵略者，就得用他们听得懂的语言同他们对话，这就是以战止战、以武止戈，用胜利赢得和平、赢得尊重。中国人民不惹事也不怕事，在任何困难和风险面前，腿肚子不会抖，腰杆子不会弯，中华民族是吓不倒、压不垮的！

——无论时代如何发展，我们都要汇聚万众一心、勠力同心的民族力量。在抗美援朝战争中，中国人民在爱国主义旗帜感召下，同仇敌忾、同心协力，让世界见证了蕴含在中国人民之中的磅礴力量，让世界知道了"现在中国人民已经组织起来了，是惹不得的。如果惹翻了，是不好办的"！

——无论时代如何发展，我们都要锻造舍生忘死、向死而生的民族血性。在朝鲜战场上，志愿军将士面对强大而凶狠的作战对手，身处恶劣而残酷的战场环境，抛头颅、洒热血，以"钢少气多"力克"钢多气少"，谱写了惊天地、泣鬼神的雄壮史诗。志愿军将士冒着枪林弹雨勇敢冲锋，顶着狂轰滥炸坚守阵地，用胸膛堵枪眼，以身躯作人梯，抱起炸药包、手握爆破筒冲入敌群，忍饥受冻绝不退缩，烈火烧身岿然不动，敢于"空中拼刺刀"。在他们中涌现出杨根思、黄继光、邱少云等30多万名英雄功臣和近6000个功臣集体。英雄们说：我们的身后就是祖国，为了祖国人民的和平，我们不能后退一步！这种血性令敌人胆寒，让天地动容！

——无论时代如何发展，我们都要激发守正创新、奋勇向前的民族智慧。勇于创新者进，善于创造者胜。志愿军将士面对陌生的战场、陌生的敌人，坚持"你打你的，我打我的，你打原子弹，我打手榴弹"，把灵活机动战略战术发挥得淋漓尽致。面对来自各方面的风险挑战，面对各种阻力压力，中国人民总能逢山开路、遇水架桥，总能展现大智大勇、锐意开拓进取，"杀出一条血路"！

"对待侵略者，就得用他们听得懂的语言同他们对话，这就是以战止战、以武止戈，用胜利赢得和平、赢得尊重"，这是历史经验的深刻总结。历史上，那些把我们"惹翻了"的帝国主义之所以失败，就是因为低估了中国人民保家卫国的决心，低估了中国人民万众一心的力量。"中国人民不惹事也不怕事，在任何困难和风险面前，腿肚子不会抖，腰杆子不会弯，中华民族是吓不倒、压不垮的！"确实，五千多年的文明史，我们什么大风大浪没见过！中国人就是这样的铁骨铮铮。

07 第七章

中国式现代化是对世界
现代化理论的重大创新

2023年2月7日，习近平总书记在新进中央委员会的委员、候补委员和省部级主要领导干部学习贯彻习近平新时代中国特色社会主义思想和党的二十大精神研讨班开班式上发表重要讲话时强调："概括提出并深入阐述中国式现代化理论，是党的二十大的一个重大理论创新，是科学社会主义的最新重大成果。"

中国式现代化是我们党领导全国各族人民在长期探索和实践中历经千辛万苦、付出巨大代价取得的重大成果，是强国建设、民族复兴的唯一正确道路。中国式现代化理论把马克思主义基本原理同中国具体实际相结合，同中华优秀传统文化相结合，是科学社会主义的最新重大成果，使中国式现代化更加清晰、更加科学、更加可感可行。

《中国式现代化面对面》指出："正是基于对现代化的普遍性和特殊性的把握，党的二十大提出了中国式现代化的本质要求。它以'坚持中国共产党领导'起首，以'坚持中国特色社会主义'定向，贯通'实现高质量发展，发展全过程人民民主，丰富人民精神世界，实现全体人民共同富裕，促进人与自然和谐共生，推动构建人类命运共同体'等现代化建设的重要方面，落脚在'创造人类文明新形态'。"这让我们更加深刻领悟到，对历史最好的继承，就是创造新的历史；对人类文明最大的礼敬，就是创造人类文明新形态。

2023年10月18日举行的第三届"一带一路"国际合作高峰论

坛，是共建"一带一路"进程中又一个重要里程碑。这次高峰论坛提出的最宏伟愿景是携手实现世界现代化。在开幕式上，习近平主席首次提出，各国应当携起手来，实现和平发展、互利合作、共同繁荣的世界现代化。实现现代化是世界各国人民的共同梦想，任何一个国家都不应在世界现代化进程中掉队。中国式现代化追求的不是中国独善其身的现代化，而是期待同广大发展中国家在内的各国一道，共同实现现代化。正如英国学者马丁·雅克所言，中国式现代化本质上是向世界开放机会，特别是向发展中国家开放机会。

习近平总书记指出："中国式现代化蕴含的独特世界观、价值观、历史观、文明观、民主观、生态观等及其伟大实践，是对世界现代化理论和实践的重大创新。"中国式现代化是世界现代化的重要组成部分，这个重要性体现在，中国式现代化是一种全新的人类文明形态，代表了人类文明进步的发展方向，对世界现代化具有引领作用。中国式现代化打破了"现代化＝西方化"的迷思，展现了现代化的另一幅图景，拓展了发展中国家走向现代化的路径选择，为人类对更好社会制度的探索提供了中国方案。中国式现代化之所以能够引领世界现代化发展方向，是因为它"深深植根于中华优秀传统文化，体现科学社会主义的先进本质，借鉴吸收一切人类优秀文明成果"。如何理解中国式现代化"深深植根于中华优秀传统文化"？从其蕴含的独特世界观、价值观、历史观、文明观、民主观、生态观切入，是一个很好的视角。

中国式现代化蕴含的独特世界观与
中华优秀传统文化

中华优秀传统文化为中国式现代化蕴含的独特世界观提供了丰厚的文化滋养，与这一独特世界观相对应的古典形态就是天下观。

"天下"是中华优秀传统文化中的一个核心范畴。有学者指出，"修身齐家治国平天下"或者说"修齐治平"就是中华文化的精髓所在。自古以来，"天下"一词就如同"家国"一般，是一个让华夏儿女魂牵梦绕的所在。中国人的精神世界，从来都是与家国天下融为一体的。

何为"天下"？我们可以在《论语》中找到参考答案。

"天下"一词在《论语》中有两种意义。其一，泛指当时的整个中国，或者说华夏文化的整个统治范围。例如，《论语·宪问》："管仲相桓公，霸诸侯，一匡天下，民到于今受其赐。微管仲，吾其被发左衽矣。"这里的"天下"就是指华夏所有诸侯国。与这一政治地域范围相对的是"邦"。《论语·泰伯》："笃信好学，守死善道。危邦不入，乱邦不居。天下有道则见，无道则隐。"在这一段话中，"邦"与"天下"相应，表现了政治地域范围上的小大之别。"天下"是当时最大的政治地域范围，"邦"则是一个比较小的政治地域区划，是周天子治下的某个诸侯国。

"天下"的第二种含义是表示一种社会政治环境和风俗习惯的总称。例如，《论语·颜渊》："克己复礼为仁。一日克己复礼，天下归仁焉。"《论语·里仁》："君子之于天下也，无适也，无莫也，义之与比。"

《论语》主要是孔子及其弟子名言金句的汇集，对天下观有系统论述的主要经典则是《礼记》，"天下为公"、"天下大同"、"天下一家"等理念就出自这本经典。

　　孔子曰：大道之行也，与三代之英，丘未之逮也，而有志焉。大道之行也，天下为公。选贤与能，讲信修睦，故人不独亲其亲，不独子其子，使老有所终，壮有所用，幼有所长，矜寡孤独废疾者皆有所养。男有分，女有归。货恶其弃于地也，不必藏于己；力恶其不出于身也，不必为己。是故谋闭而不兴，盗窃乱贼而不作，故外户而不闭。是谓大同。今大道既隐，天下为家，各亲其亲，各子其子，货力为己，大人世及以为礼，城郭沟池以为固，礼义以为纪。以正君臣，以笃父子，以睦兄弟，以和夫妇，以设制度，以立田里，以贤勇知，以功为己。故谋用是作，而兵由此起。禹、汤、文、武、成王、周公，由此其选也。此六君子者，未有不谨于礼者也。以著其义，以考其信，著有过，刑仁讲让，示民有常。如有不由此者，在势者去，众以为殃。是谓小康。

中华民族是一个具有伟大梦想精神的民族，建立一个安定富足的小康社会，在此基础上进入大同社会是中华民族数千年的希冀和期盼，《礼记·礼运》的论述就描绘出大同社会的美好图景。东汉经学家何休在为另一部儒家经典《公羊传》作注时，描绘了对"太平世"的憧憬："于所闻之世，见治升平，内诸夏而外夷狄，……至所见之世，著治太平，夷狄进至于爵，天下远近小大若一。"这种天下远近小大若一，各民族之间再也没有隔阂，共同享有幸福生活的理想境界，与大同理想互相补充。

天下大同的伟大梦想，是中华文明的精华，也是人类文明的精华。为了实现这一伟大梦想，中华民族历代先贤进行了锲而不舍的奋斗，虽然囿于生产力水平不够发达、分配方式不够公正等诸多原因，一直未曾实现，但其理想的光芒从未被忘记，从未被遮挡。

对如何实现这一伟大梦想，《礼记·礼运》给出了参考路径：

圣人耐以天下为一家，以中国为一人者，非意之也，必知其情，辟于其义，明于其利，达于其患，然后能为之。何谓人情？喜怒哀惧爱恶欲七者，弗学而能。何谓人义？父慈、子孝、兄良、弟弟、夫义、妇听、长惠、幼顺、君仁、臣忠十者，谓之人义。讲信修睦，谓之人利。争夺相杀，谓之人患。故圣人所以治人七情，修十义，讲信修睦，尚辞让，去争夺，舍礼何以治之？

这里的"圣人"也就是先王、君王的代名词。对于圣王的呼唤——当然也有儒家提出来的经筵日讲等制度进行实操性培养——贯穿整部中华民族史。但事实上，士大夫群体很快就意识到，与其呼唤坐等、坐而论道，不如起而行之、从自己做起、从点滴做起，正所谓"转移习俗而陶铸一世之人，非特处高明之地者然也，凡一命以上皆与有责焉"，"君子求诸己"的建设性意义应当如是观。

"国家化民成俗"不能仅仅靠政治力量，还要靠文化和教育的力量，孟子所谓"善政得民财，善教得民心"，荀子所谓"儒者在本朝则美政，在下位则美俗"。

孔子之所以伟大，正因为他以一己之力开创了"善政"之外的"善教"空间、开辟了"美政"之外的"美俗"维度，并通过两千多年弦歌不辍的传承深深影响了我们这个民族的性情乃至文化基因。社会出现了问题，不怨天，不尤人，而是从自身这个我们最可控、也可以说是唯一可控的变量上下功夫，力求通过"格物致知正心诚意"的修身，通向"齐家治国平天下"的远方，这就是儒者的基本思考框架。这个思考框架，简而言之就是四个字，"修己安人"或者"修己治人"，它有力支撑起了中国人的意义世界，数千年来，一以贯之。中国共产党人强调的"以伟大自我革命引领伟大社会革命"正是这一框架的加强版。不深刻了解这一框架，就不可能了解中华优秀传统文化。用国史大家钱穆先生的话来说：

> 中国自秦汉以下，历史演进，或明或昧，或顺或逆，要之，大体上乃向此目标而趋赴。我们当先认识此大趋赴，乃能认识中国历史，乃能认识中国社会，与中国民族之文化精神。此即中国人所谓之"大道"。

人是要有一点精神的，一个民族也是如此，倘若没有这种理想精神的引领，中华民族也许早就湮灭在历史的尘埃中了，而不可能成为世界上唯一未曾中断、绵延至今的伟大文明。

正因为具有"君子求诸己"的建设性思维、大格局担当，士大夫群体一直是推动"天下无道"向"天下有道"转化的主导力量，在中华民族历史上谱写了一曲又一曲慷慨壮歌，正所谓"人能弘道，非道弘人"。

传统的天下观，主要包括三个方面。一是天下为公、天下大同、天下一家的理想观（努力方向）。二是"以天下为己任"的责任观（引领力量）。三是"得民心者得天下"的主体观（士大夫的作用是"先知觉后知，先觉觉后觉"，通过努力唤醒民众，因为民众才是决定历史走向的主体力量，这一点，中国人很早就有深刻认识）。三位一体天下观的背后，核心理念就是一个字——"仁"。

> 子贡曰："如有博施于民而能济众，何如？可谓仁乎？"
> 子曰："何事于仁！必也圣乎？尧舜其犹病诸！夫仁者，己欲立而立人，己欲达而达人。能近取譬，可谓仁之方也已。"

仁是一个其小无内、其大无外的弹性概念，用高等数学的表述就是涵盖一个无比广阔的区段——（0，+∞）。"仁远乎哉？我欲仁，斯仁至矣"，只要一念善、一念恻隐就是仁，人人都可以做到，正所谓"为仁由己"；但是达到高点和高段位是极其困难的，孔子不轻易许人以仁，更不轻易让人评价自己为"圣"。

这里的"必也圣乎"的"圣"就是"圣人耐以天下为一家，以中国为一人者"的"圣"，是"博施于民而能济众"的"圣"，是"尧舜其犹病诸"的"圣"，是永远没人能完全达到的理想境界，是士大夫应当自强不息、厚德载物不断趋附的努力方向。"博施于民而能济众"的"圣"，应当效仿"天无私覆，地无私载，日月无私照"，立足华夏民族，辐射普天之下。

"中国为一人，天下为一家"，是一代又一代先进中国人高悬的理想。1936年，蔡元培为邹韬奋主编的《生活星期刊》双十特刊题写了"中国为一人，天下为一家"十个字，很好表达了中国人念兹在兹的情愫，即便在乱世也未曾忘怀，甚至更加强烈。蔡元培进一步解释说："若是中国四万万七千万人，都能休戚相关，为身使臂，臂使指的样子，就自然没有人敢来侵略，而立于与各国平等之地位。由是而参加国际团体，与维持和平的各国相提携，自然可以制裁侵略主义的国家，而造成天下一家的太平世了。"

"中国为一人，天下为一家"的前半句，经由伟大的中国共产党的领导，已经实现，刚刚过去的三年疫情让全世界见证了"中国为一人"的伟大力量。这种力量蕴藏于每一位华夏儿女内心深处，每当"中华民族到了最危险的时候"，它就会爆发出来，震撼世界。"天下为一家"这后半句，则仍然任重道远。正如电影《让子弹飞》里的台词："来者不善啊。""你才是来者。"相对于西方现代化，中国式现代化是一个"来者"。改变单向度的"东方从属于西方"的不平等国际关系模式，引领并推动"实现和平发展、互利合作、共同繁荣的世界现代化"，推动世界全球化格局的再平衡，让现代化的光芒普照世界每一个角落，让人类命运共同体的光芒温暖地球上的每一个人，最终"造成天下一家的太平世"，这才是中国式现代化应有的伟大抱负，也正是中国式现代化蕴含的深沉天下梦想、厚重人类情怀、雄浑天下担当。

近年来，不少中国学者重新审视"修齐治平"的意义及其当代启示，贡献了不少有启发性的成果，其中一个重要方面就是对"天下"的再发现。正如有的学者所说的，"天下"观念是中国文化传统最具特色、最具宏大愿景的一面。"天下"意识并不是像西方人那样要强力输出普世主义价值，更多彰显的是对于人类和世界的整体性关切，而这正是西方观念世界中极度缺乏的。要恢复中国文化传统中的普世情怀，"天下"概念的激活是必由之路。

事实上，习近平总书记多次强调"天下一家"，并将其上升到"理念"高度，与"人类命运共同体"互文见义、相互辉映。习近平总书记旗帜鲜明提出"两个结合"的根本要求，习近平新时代中国特色社会主义思想就是"两个结合"的光辉典范，但中华优秀传统文化中的思想资源被转化提升到"理念"高度的不多，这就更值得我们深刻领会其中的精髓要义。

中国人历来主张"世界大同，天下一家"。中国人民不仅希望自己过得好，也希望各国人民过得好。当前，战乱和贫困依然困扰着部分国家和地区，疾病和灾害也时时侵袭着众多的人们。我真诚希望，国际社会携起手来，秉持人类命运共同体的理念，把我们这个星球建设得更加和平、更加繁荣。

——习近平主席2017年新年贺词

中华民族拥有悠久历史和灿烂文明，但近代以后历经血与火的磨难。中国人民没有向命运屈服，而是奋起抗争、自强不息，经过长期奋斗，而今走上了实现中华民族伟大复兴的康庄大道。回顾历史，支撑我们这个古老民族走到今天的，支撑5000多年中华文明延绵至今的，是植根于中华民族血脉深处的文化基因。中华民族历来讲求"天下一家"，主张民胞物与、协和万邦、天下大同，憧憬"大道之行，天下为公"的美好世界。我们认为，世界各国尽管有这样那样的分歧矛盾，也免不了产生这样那样的磕磕碰碰，但世界各国人民都生活在同一片蓝天下、拥有同一个家园，应该是一家人。世界各国人民应该秉持"天下一家"理念，张开怀抱，彼此理解，求同存异，共同为构建人类命运共同体而努力。

——习近平总书记2017年12月1日在中国共产党与世界政党高层对话会上的主旨讲话

人类命运休戚与共，各国人民应该秉持"天下一家"理念，共同推动构建人类命运共同体。中国人民热爱和平、珍惜和平，把维护世界和平、反对霸权主义和强权政治作为自己的神圣职责，坚决反对动辄使用武力或以武力威胁处理国际争端，坚决反对打着所谓"民主"、"自由"、"人权"等幌子肆意干涉别国内政。中国人民将一如既往同各国人民携手努力，为创造人类美好未来而不懈奋斗。任何人任何势力企图破坏中国人民的和平生活和发展权利、破坏中国人民同其他国家人民的交流合作、破坏人类和平与发展的崇高事业，中国人民都绝不答应！

——习近平总书记2020年9月3日在纪念中国人民抗日战争暨世界反法西斯战争胜利75周年座谈会上的讲话

命运与共，集中体现了中国人民和衷共济、爱好和平的道义担当。大道不孤，大爱无疆。我们秉承"天下一家"的理念，不仅对中国人民生命安全和身体健康负责，也对全球公共卫生事业尽责。我们发起了新中国成立以来援助时间最集中、涉及范围最广的紧急人道主义行动，为全球疫情防控注入源源不断的动力，充分展示了讲信义、重情义、扬正义、守道义的大国形象，生动诠释了为世界谋大同、推动构建人类命运共同体的大国担当！

——习近平总书记2020年9月8日在全国抗击新冠肺炎疫情表彰大会上的讲话

知行合一，言出必践。"天下一家"理念，中国共产党人是这么倡导的，也是这么做的；中华民族是这么倡导的，也是这么做的。在俄乌冲突尚未结束的情况下，巴以冲突又硝烟四起，多少平民因之丧生，多少妇女儿童无家可归，"天下一家"理念在这样的时代背景下愈加显得熠熠生辉。"道行之而成"，在现代化的道路上，中国人未曾一日懈怠。我们坚信，"天下一家"的理念会得到更多国家和民族的认同，这一理念也必将转化为世界性的共识。

中国式现代化蕴含的独特价值观与中华优秀传统文化

习近平总书记在中国共产党与世界政党高层对话会上的主旨讲话中强调："我们要坚守人民至上理念，突出现代化方向的人民性。""现代化的最终目标是实现人自由而全面的发展。"这彰显了中国式现代化的独特价值观。

坚持资本逻辑还是坚持人民逻辑，坚持以资本为中心还是坚持以人民为中心，坚持为少数人服务还是坚持为绝大多数人服务，这是西方现代化与中国式现代化在价值观层面的根本区别。

2021年2月，美国遭遇了一场暴风雪的袭击。据多家美国媒体报道，历史性的冬季寒潮席卷美国南部，1.5亿人的生活受到影响（接近美国总人口的一半）。而其中受灾最严重的地区是得克萨斯州。得州位于美国的南方，纬度位置大致相当于中国的广东，这个地方出现这种极端天气当然是一件匪夷所思的事情。

得克萨斯州大规模停电，很多市民烧家具、衣服取暖，导致一氧化碳中毒事件激增，死亡人数也不断攀升。当然，这只发生在贫民区，富人区依然是灯火通明。很难想象，卖火柴的小女孩这样冻死人的悲伤童话故事，居然会在21世纪的美国上演，况且得州还以能源和石化工业著称。

面对寒潮中的灾民，就在得州民众为政府常年不作为表达不满时，科罗拉多市市长在社交平台发文表示，地方政府没有责任支持你们，你们应该自己去想办法活下来，救援是社会主义国家才会做的事。我们一起欣赏一下这篇资本主义代言人现场教学的雄文：

> 我用一分钟的时间，小小地伤害一下你们的感情。没有人欠你的，也没有人欠你家的，（停水停电）不是地方政府的责任，这个困难的时候，没人能够帮助你。沉下去淹死，还是游走逃生，都是你自己的选择。市里、县里、电力部门或任何其他服务部门，都不欠你的。我受够了施舍。如果还没有电，你就自己站出来，自己搞点动静出来，发出来电，让你的家人温暖，给你的家人安全。如果还没供水，就考虑一下怎么搞水来，保障你的家人所需。你坐在家里，没有权力等着别人来救援。懒惰造成了你现在这个样子。适者生存，弱者才会哭天喊地。

市长还气急败坏地说：

援救是社会主义政府的可悲产物。

丛林法则横行的社会，有钱人可以为所欲为、享受人间至乐，至于贫苦人家、需要帮助的人家，那就不在他们眼中了——活不下去是你自己的事情，是你自己能力不足，和我无关，和政府无关。

2008年，我国南方地区遭遇特大寒潮，政府的所作所为确实可以为得州市长的公开信做一个注脚。

当时党中央、国务院向全党全国发出号召，要把抗灾救灾作为当前最紧迫的任务，以对人民群众高度负责的精神，坚决打好抗灾救灾这场硬仗。据报道，2008年1月11日至2月8日，10省区共出动警力593.8万人次，救助群众约743.9万人，疏导车辆约1927.4万辆；从灾难发生到2月10日18时，中国军方累计出动官兵63.5万人次、民兵预备役人员186.1万人次参加救灾；2008年2月10日18时，民政部统计，社会各界捐赠款物（含物资折款）累计约11.59亿元。

"为了保护人民生命安全，我们什么都可以豁得出来"——这就是中国共产党人的庄严宣誓。

哈佛大学民调显示，中国民众对政府的支持率长期保持在90%以上。全球知名公关咨询公司爱德曼发布的调查显示，2021年中国民众对政府信任度高达91%，蝉联全球第一。这些调查数据印证了我们党赢得人民信任、得到人民支持的事实，从一个侧面反映了中国共产党能够带领人民创造一个又一个彪炳史册的人间奇迹的原因。天地之大，黎元为本。以百姓心为心，与人民同呼吸、共命运、心连心，是党的初心，也是党的恒心。

从"一个都不能少"的全面小康，到"摆在更加重要的位置"的共同富裕；从"人民有所呼，改革有所应"的全面深化改革，到"为了保护人民生命安全，我们什么都可以豁得出来"的抗击疫情斗争；从"向群众身边不正之风和腐败问题亮剑"的反腐败斗争，到"努力让人民群众在每一项法律制度、每一个执法决定、每一宗司法案件中都感受到公平正义"的法治建设……正是因为坚信"人民至上是做出正确抉择的根本前提"，新时代的中国共产党人秉持"我将无我，不负人民"的情怀、"为人民服务，担当起该担当的责任"的决心，始终同人民群众有福同享、有难同当，有盐同咸、无盐同淡。新时代中国迎来从站起来、富起来到强起来伟大飞跃的背后，"人民"是历史性成就的逻辑起点，也是历史性变革的价值起点。

"如果一个政党努力追求无私的目标，为人民的共同利益、繁荣、福祉而奋斗，那么这样的政党将永远得到人民的支持。"吉尔吉斯斯坦总统扎帕罗夫接受媒体采访时，如此阐释自己对中国共产党的理解。

习近平总书记在党的二十大报告中总结提炼和深刻阐述了推进

党的理论创新的科学方法，最重要的就是"两个结合"和"六个必须坚持"。对于"六个必须坚持"的意义，新华社记者撰写的《推动中华民族伟大复兴号巨轮乘风破浪、扬帆远航——党的二十大报告诞生记》进行了高度概括：

> 这是我们党首次从世界观和方法论的高度深刻阐述了推进理论创新的科学方法、正确路径，深刻体现了习近平新时代中国特色社会主义思想的立场观点方法，深刻揭示了这一思想根本的政治立场、彻底的理论品格、独有的精神气质、科学的思想方法，为把握好、运用好这一科学理论的思想精髓、进一步提高全党马克思主义水平提供了"金钥匙"，为继续推进党的理论创新解决了"桥和船"的问题。

"坚持人民至上"是"六个必须坚持"中的第一个。不仅如此，作为我们党百年奋斗的十条历史经验之一，"坚持人民至上"还被郑重写入了党的第三个历史决议。

"人民至上"而不是其他什么"至上"，不是资本至上、金钱至上、权力至上，一切都是为人民服务、服务于人民。

2021年3月，武夷山九曲溪畔，习近平总书记走进朱熹园。这也是五四运动以来中国最高领导人第一次走进朱熹园。"国以民为本，社稷亦为民而立。"园内墙上，朱熹民本思想的经典论述，引得习近平总书记驻足凝视良久。2018年6月，在主持中共中央政治局集体学习时，习近平总书记引用的正是这句古语。

将人民作为价值旨归，这背后蕴含着深厚的文化底蕴、文明底蕴，蕴含着中华民族不断发展壮大、生生不息向未来的文化基因。前文已经论述了很多，这里我们选一个独特视角来分析。

《论语·颜渊》有这样一段意味深长的对话：

哀公问于有若曰："年饥，用不足，如之何？"有若对曰："盍彻乎？"曰："二，吾犹不足，如之何其彻也？"对曰："百姓足，君孰与不足？百姓不足，君孰与足？"

鲁哀公问有若："年成歉收，国家备用不足，怎么办呢？"有若回答："何不实行十分抽一的税率呢？"哀公说："十分抽二，尚且不够用，怎么能去实行十分抽一呢？"有若回答："如果百姓用度足，国君怎么会用度不足呢？如果百姓用度不足，国君用度怎么会足呢？"

在注解这一章时，朱子写下了这样一段话：

民富，则君不至独贫；民贫，则君不能独富。有若深言君民一体之意，以止公之厚敛，为人上者所宜深念也。

朱子提出了"君民一体"的概念，这是"仁者以天地万物为一体"在政治上的体现，是"仁政"思想的理念基石。道理很简单：老百姓富裕了，君王不可能贫穷；反过来，如果老百姓都极端贫穷，君王不可能独善其身，这个时候往往就是最危险的时候。正因为如此，在上位者有义务让老百姓过上好日子。儒家的民本思想，深沉厚重，一以贯之。出了问题，一定是责问在上位者；提出严格要求，也一定是首先针对在上位者。

再举一个《论语》中的例子：

孟氏使阳肤为士师，问于曾子。曾子曰："上失其道，民散久矣。如得其情，则哀矜而勿喜！"

孟氏任命阳肤做法官，阳肤向曾子求教。曾子道："现今在上位的人不依规矩行事，百姓早就离心离德了。你假若能够审出罪犯的真情，便应该同情他，可怜他，切不要自鸣得意！"

人要有基本的共情能力，这就是孟子所说的"恻隐之心"，这是人之所以为人的根本所在。对他人的痛苦不要冷漠，在别人遭遇巨大痛苦的时候幸灾乐祸是很不得人心的。中国古人对此有深刻的认识，故而留下来这句经典名言："如得其情，则哀矜而勿喜。"即便是在上位者，即便是领导干部，即便是老百姓真的犯罪被抓，我们也不要沾沾自喜，将其作为自己的功劳，甚至为了完成自己的业绩去搞冤假错案。当官的人之所以还要不断研读领悟《论语》等人文经典，就是要让他们不断提醒自己，再大的官也是人，也不要忘了人之所以为人的根本所在，要有基本的良知和常识。多少贪官硕鼠，都是因为没有这一层人文熏陶而走向牢笼，这是很可悲的。

"君民一体"，也就是治国理政者与老百姓是命运共同体、利益共同体，一旦失去了平衡、走向了极端，整个体系就要毁灭、就要重塑，这是几千年历史反复告诉我们的一个基本道理。

开创了贞观之治的唐太宗吸取隋朝短命而亡的历史教训，对此有着极为深刻的认识。《贞观政要·君道》开篇即有这样的对话：

贞观初，太宗谓侍臣曰："为君之道，必须先存百姓。若损百姓以奉其身，犹割股以啖腹，腹饱而身毙。若安天下，必须先正其身，未有身正而影曲、上理而下乱者。朕每思伤其身者不在外物，皆由嗜欲以成其祸。若耽嗜滋味，玩悦声色，所欲既多，所损亦大，既妨政事，又扰生民。且复出一非理之言，万姓为之解体，怨讟既作，离叛亦兴。朕每思此，不敢纵逸。"谏议大夫魏征对曰："古者圣哲之主，皆亦近取诸身，故能远体诸物。昔楚聘詹何，问其理国之要。詹何对以修身之术。楚王又问理国何如？詹何曰：'未闻身理而国乱者。'陛下所明，实同古义。"

大意是说，贞观初年，唐太宗对侍从的大臣们说："做君主的法则，必须首先存活百姓。如果损害百姓利益来奉养自身，那就好比是割自己大腿上的肉来填饱肚子，肚子填饱了，人也就死了。如果要想安定天下，必须先端正自身，绝不会有身子端正了而影子弯曲，上头治理好了而下边发生动乱的事。我常想能伤身子的并不是身外的东西，而都是由于自身的贪欲才酿成灾祸。如一味讲究吃喝，沉溺于音乐女色，欲望越多，损害也就越大，既妨碍政事，又扰害百姓。如果再说出一些不合事理的话来，就更会弄得人心涣散，怨言四起，众叛亲离。每当我想到这些，就不敢放纵取乐，贪图安逸。"谏议大夫魏征回答说："古代圣明的君主，也都是先就近从自身入手，才能远而推及一切事物。过去楚庄王聘用詹何，问他治理好国家的要领，詹何却用加强自身修养的方法来回答。楚庄王再问他治理国家该怎么办，詹何说：'没有听到过自身治理好而国家会发生动乱的。'陛下所明白的，实在符合古人的道理。"

这段话是对"君民一体"理念的进一步阐释，将"损百姓以奉其身"比作"割股以啖腹"，"一体"就更加切实、形象了。

除了"君民一体"理念，朱子还提出了"共趋于富庶仁寿之域"的理想，这里强调的是共富而不是少数人的为富不仁，强调的不只是物质层面的富裕，更有精神层面的"仁"。这些宝贵思想对当代社会仍具有重要的借鉴意义，对于我们推进中国式现代化具有重要参考价值。

中国式现代化蕴含的独特历史观与
中华优秀传统文化

2023年7月，习近平总书记在江苏苏州考察时指出，"苏州在传统与现代的结合上做得很好，这里不仅有历史文化的传承，而且有高科技创新和高质量发展，代表未来的发展方向。"总书记的这番话，是在为中国未来指明发展方向，也是在为中国式现代化指明发展方向。

苏州城，一头是古城最高点、始建于南朝梁时的北寺塔，另一头是苏州工业园区高高矗立的新地标"东方之门"，古今同框，新老对望。如今的苏州，正成为人们读懂中国式现代化的一个实践样本。

时间镜头往前推。2023年全国两会期间，习近平总书记在参加江苏代表团审议时指出："上有天堂下有苏杭，苏杭都是在经济发展上走在前列的城市。文化很发达的地方，经济照样走在前面。可以研究一下这里面的人文经济学。"这是总书记布置的课题。

再往前回溯。《之江新语》有篇写于2006年的文章——《"文化经济"点亮浙江经济》。当时，习近平同志富有远见地提出："所谓文化经济是对文化经济化和经济文化化的统称，其实质是文化与经济的交融互动、融合发展。"

重视"在传统与现代的结合上"卜功夫，是习近平总书记一以贯之的思想，也是中国式现代化蕴含的独特历史观。这种独特历史观用中国经典中的术语表述就是三个字——通古今。

"究天人之际，通古今之变"是中华民族独有的大历史观，历史不仅仅是历史，而是通往当下、通向未来。

习近平总书记指出："一个民族的历史是一个民族安身立命的基础。"人们自己创造自己的历史，但既不是随心所欲地创造，也不是在选定的条件下创造，而是在直接碰到的、既定的、从过去承继下来的条件下创造，这是马克思的名言。我们说历史就是过去，但从某种意义上说，历史是过去的现实，现实是将来的历史。历史犹如长河奔涌向前，其过去、现在和未来不可分割。马克思、恩格斯指出："历史不外是各个世代的依次交替。每一代都利用以前各代遗留下来的材料、资金和生产力；由于这个缘故，每一代一方面在完全改变了的环境下继续从事所继承的活动，另一方面又通过完全改变了的活动来变更旧的环境。"这说明，每一代人的生活，都建立在前一代留下的历史遗产之上；我们今天的一切生活现状，如风俗习惯、社会潮流、学术思想等，无一不是由过去的历史累积或演变而来的。

如何处理好传统与现代、传统文化与现代化的关系，这是每一个追求现代化的国家都必须面对的时代课题。法国思想家福柯在《什么是启蒙》中指出，我们不应该把现代化仅仅看作一个处于前现代与后现代之间的一个时代，而更应该将其看作是一种态度，这种态度不仅仅局限在某一个特定的时代。这表明，现代化与其他文化形态是可以兼容的，我们应当摒弃那种非此即彼、截然对立的形而上学思维。

在如何处理好传统与现代、传统文化与现代化的关系上，习近平总书记作出了示范。

2014年2月25日，习近平总书记在北京考察时指出：

> 历史文化是城市的灵魂，要像爱惜自己的生命一样保护好城市历史文化遗产。北京是世界著名古都，丰富的历史文化遗产是一张金名片，传承保护好这份宝贵的历史文化遗产是首都的职责，要本着对历史负责、对人民负责的精神，传承历史文脉，处理好城市改造开发和历史文化遗产保护利用的关系，切实做到在保护中发展、在发展中保护。

2014年9月，在一份关于中国建筑文化缺失的相关材料上，习近平总书记批示：

　　要处理好传统与现代、继承与发展的关系，让我们的城市建筑更好地体现地域特征、民族特色和时代风貌。

　　2022年1月27日，习近平总书记来到平遥古城，自迎薰门步行入城，登上城墙俯瞰全貌，又先后参观平遥县署、日昇昌票号博物馆，随后来到古城南大街，沿街巷察看古城风貌。这次考察，总书记再谈"三个敬畏"。他说："历史文化遗产承载着中华民族的基因和血脉，不仅属于我们这一代人，也属于子孙万代。要敬畏历史、敬畏文化、敬畏生态，全面保护好历史文化遗产，统筹好旅游发展、特色经营、古城保护，筑牢文物安全底线，守护好前人留给我们的宝贵财富。"

　　注重历史文化遗产保护，是处理好传统与现代、传统文化与现代化关系的重要方面，习近平总书记很早就有科学认识、有力行动。

　　2002年4月，时任福建省省长的习近平为《福州古厝》一书作序。其中写道："保护好古建筑、保护好文物就是保存历史，保存城市的文脉，保存历史文化名城无形的优良传统。"他在序中还特别提出："保护好古建筑有利于保存名城传统风貌和个性。现在许多城市在开发建设中，毁掉许多古建筑，搬来许多洋建筑，城市逐渐失去个性。在城市建设开发时，应注意吸收传统建筑的语言，这有利于保持城市的个性。"

在担任浙江省委书记时，习近平就对一些地方将经济发展和文物保护对立起来的行为提出批评："如果说以前无知情况下的不重视还可以原谅，那么现在有认识情况下的不重视，那就是意识问题、政绩观问题。"这句话的分量，我们可以体会得到。

2006年9月27日，时任浙江省委书记的习近平在浙江大学为在杭高校千余名大学生作形势政策报告，主题是《继承文化传统 弘扬浙江精神》。一开场他就讲了一个故事：

> 当年，毛主席乘专列途经河南的南阳停留时，南阳地委书记上火车向主席汇报地方情况。毛主席问他：当年诸葛亮说"臣本布衣，躬耕于南阳"，这"南阳"是现在这里的南阳还是指现在湖北的襄阳呀？这位书记虽一脸茫然，却仍然肯定地说就是这里。毛主席又问，河南的香油很好，你知道现在的价格是多少吗？这位书记又没答上来。毛主席接着问，你今年多大呀？他回答说，这个知道，五十五。毛主席风趣地说，你不知今不知古，只知自己五十五。

这是在告诉我们，既要通今，也要博古，要做一个通古今之变的人。

　　汉代思想家王充在其传世名著《论衡》中围绕古今关系说过一句名言："知今而不知古，谓之盲瞽；知古而不知今，谓之陆沉。"只知道当下而不知道历史的人与盲人无异，只知道历史却不明了当下的人是愚昧迂执的。只有博通古今、执两用中的人，才是真有学问的人。

　　怎样处理古今关系，是古代学者们热衷探讨的一个大题目。王夫之在《读通鉴论》的叙论中提出："以古之制治古之天下，而未可概之今日者，君子不以立事；以今之宜治今日之天下，而非可必之后日者，君子不以垂法。"一个时代有一个时代的制度，不能以古度今，也不能以今日度明日。

　　清代历史学家章学诚指出："夫三王不袭礼，五帝不沿乐。不知礼时为大，而动言好古，必非真知古制者也。……故当代典章，官司掌故，未有不可通于《诗》、《书》六艺之所垂。而学者昧于知时，动矜博古，譬如考西陵之蚕桑，讲神农之树艺，以谓可御饥寒而不须衣食也。"这一段论述，对"好古"、"随时"作了进一步解释，对于"昧于知时，动矜博古"之人的讽刺可谓入木三分。

　　清代思想家龚自珍说得好："欲知大道，必先为史。"他说的"大道"可理解为"今"，他说的"史"可理解为"古"，二者的关系最终还是要落实到"大道"上。换言之，史学之所以有用，就是因为它有益于今人知晓"大道"。一切文化——当然包括古代文化——都是为人服务的，都是为当下之人服务的。正因为有了一代又一代的文化传承，中华民族形成了极为丰厚的文化遗产，但这些不能成为我们实现中国式现代化的包袱，而应该成为我们推进中国式现代化的财富。

习近平总书记强调："世界上没有放之四海而皆准的具体发展模式，也没有一成不变的发展道路。历史条件的多样性，决定了各国选择发展道路的多样性。"发展道路的选择很大程度上受到历史文化的影响，强调中华文化的突出特性，其实也是在为中国式现代化道路张本。

一个时期以来，很多人对人类社会发展史关注较多的是人类社会的横向发展，尤其关注西欧资本主义生产方式的全球扩张使得地区历史转变为世界历史的现象。一些人甚至误以为这是人类社会发展的普遍规律和必然趋势。这种误解造成一些人把现代化等同于西方化，进而在政治、经济、文化发展方面都以西方为标准，形成了所谓"西方中心论"。塞缪尔·亨廷顿赤裸裸地说过："普世主义是西方对付非西方社会的意识形态。"可以看出，"普世价值"并不"普世"，其追求的皆为私利，不管是谁，只要接受了"普世价值"，则西方阵营扩容，西方主导的国际秩序的基础就进一步扩大。自确立追求目标的那一刻起，"普世价值"的全部价值就已表现为一种政治工具的呈现，而再无任何理念可言，更遑论引领人类社会的新实践了。

如何破除西方中心论？很重要的一个方面就是处理好传统与现

代、继承与发展的关系，走出自己的路。2013年3月17日，习近平主席在第十二届全国人民代表大会第一次会议上的讲话中强调：

> 实现中国梦必须走中国道路。这就是中国特色社会主义道路。这条道路来之不易，它是在改革开放30多年的伟大实践中走出来的，是在中华人民共和国成立60多年的持续探索中走出来的，是在对近代以来170多年中华民族发展历程的深刻总结中走出来的，是在对中华民族5000多年悠久文明的传承中走出来的，具有深厚的历史渊源和广泛的现实基础。

2023年6月2日，习近平总书记在文化传承发展座谈会上提出：

> 中国特色社会主义道路是在马克思主义指导下走出来的，也是从五千多年中华文明史中走出来的。

中国特色社会主义道路就是在处理好传统与现代、继承与发展关系的基础上走出来的，中国式现代化就是在坚持独立自主的基础上走出来的，蕴含了独特的历史观，这种历史观也必将随着中国式现代化的越来越成功而大放异彩。

中国式现代化蕴含的独特文明观与中华优秀传统文化

习近平总书记把马克思主义为人类谋进步的使命同中华优秀传统文化"尚和合，求大同"的理想相结合，提出一系列重大外交政策理念，深刻回答了"人类社会何去何从"、"世界各国如何相处"、"不同文明怎样交往"等关乎人类前途命运的重大问题，为推动人类文明进步事业作出了贡献。比如，传承"大道之行也，天下为公"的思想，提出人类命运共同体理念；秉持"己欲立而立人，己欲达而达人"的情怀，提出共建"一带一路"倡议；笃行"以天下论者，必循天下之公"的理念，弘扬和平、发展、公平、正义、民主、自由的全人类共同价值；坚信"和羹之美，在于合异"的道理，倡导平等、互鉴、对话、包容的文明观。

"平等、互鉴、对话、包容的文明观"的提出，源自2018年习近平总书记在上海合作组织成员国元首理事会第十八次会议上的讲话：

当前，世界发展既充满希望，也面临挑战，我们的未来无比光明，但前方的道路不会平坦。我们要进一步弘扬"上海精神"，破解时代难题，化解风险挑战。

——我们要提倡创新、协调、绿色、开放、共享的发展观，实现各国经济社会协同进步，解决发展不平衡带来的问题，缩小发展差距，促进共同繁荣。

——我们要践行共同、综合、合作、可持续的安全观，摒弃冷战思维、集团对抗，反对以牺牲别国安全换取自身绝对安全的做法，实现普遍安全。

——我们要秉持开放、融通、互利、共赢的合作观，拒绝自私自利、短视封闭的狭隘政策，维护世界贸易组织规则，支持多边贸易体制，构建开放型世界经济。

——我们要树立平等、互鉴、对话、包容的文明观，以文明交流超越文明隔阂，以文明互鉴超越文明冲突，以文明共存超越文明优越。

——我们要坚持共商共建共享的全球治理观，不断改革完善全球治理体系，推动各国携手建设人类命运共同体。

以什么样的态度对待不同文明，事关人类文明发展进步。习近平主席向"意大利之源——古罗马文明展"开幕式所致贺信指出："中国愿同国际社会一道，坚持弘扬平等、互鉴、对话、包容的文明观，以文明交流超越文明隔阂，以文明互鉴超越文明冲突，以文明共存超越文明优越，推动构建人类命运共同体。"习近平主席倡导的平等、互鉴、对话、包容的文明观，科学把握了人类文明进步的客观规律，顺应了各国人民促进文明交流互鉴的共同愿望，为破解时代难题、化解风险挑战提供了中国智慧，为更好推进人类文明进步事业提供了思想引领。

习近平总书记在党的二十大报告中提出："尊重世界文明多样性，以文明交流超越文明隔阂、文明互鉴超越文明冲突、文明共存超越文明优越，共同应对各种全球性挑战。"这深刻而鲜明地彰显了中国式现代化的文明观。

当前，人类社会面临前所未有的挑战。一些人错误地将西方现代化道路作为实现现代化的唯一道路，把现代化道路上"先发"与"后发"的原因归结为文明的优劣，甚至渲染"文明冲突论"，给世界和平与发展蒙上阴影。"文明冲突论"、"文明优越论"沉渣泛起，加剧不同文明之间的隔阂，阻碍国际社会交流合作。中国提出全球文明倡议，积极回应国际社会对文明交流互鉴的普遍诉求，引领文明包容共存的前进方向。文明交流互鉴是不同国家、不同民族以及不同文化增进了解、建立互信、构筑友谊、加强合作的应有之义。

习近平总书记做过这样一个比喻："正如中国人喜欢茶而比利

时人喜爱啤酒一样，茶的含蓄内敛和酒的热烈奔放代表了品味生命、解读世界的两种不同方式。但是，茶和酒并不是不可兼容的，既可以酒逢知己千杯少，也可以品茶品味品人生。"文明的多样性决定了文明交流互鉴的必然性。历史和现实深刻表明，文明交流互鉴是推动人类文明进步和世界和平发展的重要动力。

《光明日报》2000年11月7日刊发了一篇题为《经济全球化和中国"三级两跳"中的文化思考》的文章，作者是著名学者费孝通先生。文中有一段话对儒家文化精髓有着深刻论述，对潘光旦和费孝通两代学人"确立世界文化多元共生的理念"的过程有着简明介绍：

中国文化的历史很长，古往今来的很多思想家为我们留下了十分宝贵的思想财富。中国传统文化思想的一大特征，是讲平衡和谐，讲人己关系，提倡天人合一。刻写在山东孔庙大成殿上的"中和位育"四个字，可以说代表了儒家文化的精髓，成为中国人代代相传的基本价值取向。我的老师潘光旦先生早在20世纪30年代就讲"位育"问题，认为在社会位育的两方面中，位即秩序，育即进步。位者，安其所也；育者，遂其生也。潘先生对"中和位育"作了很好的发挥。"中和"的观念在文化上表现出来的就是文化宽容与文化共享的情怀。十一年前，在一些学界朋友为我召开的八十岁生日的欢聚会上，我展望人类学的前景时，提出人类学要为世界文化的多元和谐作出贡献。我说了四句话，十六个字："各美其美，美人之美，美美与共，天下大同。"作为一个人类学者，我希望这门学科自觉地探讨文化的自我认识、相互理解、相互宽容问题，确立世界文化多元共生的理念，促进天下大同的到来。实际上，这也是中国的传统经验里面一直强调的"和而不同"的思想所主张的倾向。

"各美其美，美人之美，美美与共，天下大同"，这十六个字已经为世人所熟知，并上升为国家主流话语。

2019年5月15日，在亚洲文明对话大会开幕式上发表的主旨演讲中，习近平主席提出四点主张，其中一点就是"坚持美人之美、美美与共"。

第一，坚持相互尊重、平等相待。人类只有肤色语言之别，文明只有姹紫嫣红之别，但绝无高低优劣之分。我们应该秉持平等和尊重，摒弃傲慢和偏见，加深对自身文明和其他文明差异性的认知，推动不同文明交流对话、和谐共生。

第二，坚持美人之美、美美与共。一切美好的事物都是相通的。人们对美好事物的向往，是任何力量都无法阻挡的。我们既要让本国文明充满勃勃生机，又要为他国文明发展创造条件，让世界文明百花园群芳竞艳。

第三，坚持开放包容、互学互鉴。交流互鉴是文明发展的本质要求。文明交流互鉴应该是对等的、平等的，应该是多元的、多向的，而不应该是强制的、强迫的，不应该是单一的、单向的。我们应该以海纳百川的宽广胸怀打破文化交往的壁垒，以兼收并蓄的态度汲取其他文明的养分，促进亚洲文明在交流互鉴中共同前进。

第四，坚持与时俱进、创新发展。我们应该用创新增添文明发展动力、激活文明进步的源头活水，不断创造出跨越时空、富有永恒魅力的文明成果。

"各美其美，美人之美，美美与共，天下大同"，本质上同"中和位育"、"和而不同"思想是相通的。"中和位育"是引用儒家经典《中庸》里的"致中和，天地位焉，万物育焉"之义提炼而成的核心概念。"位育"即天地万物各处其位、繁育滋长之意。潘光旦认为"安所遂生"即"位育"，为"一切生命的大欲"。而"中和"则是实现"位育"的方法，是天地万物的"化育"之道。

如何才能达到中和位育的境界呢？通常而言，在文化交流中容易"爱其所同"，也就是不同国家由于文化背景、信仰、价值观等类似或相近，更容易相互吸引，从而达成目标上的一致。对外文化交流，不仅要"爱其所同"，还要"敬其所异"。也就是当信仰、立场、观点相异而容易进入交流误区和盲区时，始终包容差异、尊重差异、理解差异，在此基础上寻求共识。"爱其所同"与"敬其所异"是一个整体，二者不可或缺。西方中心论最大的问题在于，他们只是"爱其所同"，而绝不"敬其所异"。他们因为在现代化的道路上先行一步便藐视其他文明，就是一种可怕的傲慢与无知。

"平等、互鉴、对话、包容的文明观"，处在第一位的就是平等。我们着重分析一下平等观背后的文化基因。

中国人心目中的平等，不是财富的平等、权力的平等，而主要是道义上的平等，正所谓"人无贵贱，有道则尊"。这不禁让人想起王阳明的一篇名文《答毛宪副书》：

　　昨承遣人喻以祸福利害，且令勉赴太府请谢，此非道谊深情，决不至此，感激之至，言无所容。但差人至龙场凌侮，此自差人挟势擅威，非太府使之也。龙场诸夷与之争斗，此自诸夷愤恼不平，亦非某使之也。然则太府固未尝辱某，某亦未尝傲太府，何所得罪而遽请谢乎？

　　跪拜之礼，亦小官常分，不足以为辱，然亦不当无故而行之。不当行而行，与当行而不行，其为取辱一也。废逐小臣，所守以待死者，忠信礼义而已，又弃此而不守，祸莫大焉。凡祸福利害之说，某亦尝讲之。君子以忠信为利，礼义为福。苟忠信礼义之不存，虽禄之万钟，爵以侯王之贵，君子犹谓之祸与害；如其忠信礼义之所在，虽剖心碎首，君子利而行之，自以为福也，况于流离窜逐之微乎？

某之居此，盖瘴疠蛊毒之与处，魑魅魍魉之与游，日有三死焉，然而居之泰然，未尝以动其中者，诚知生死之有命，不以一朝之患而忘其终身之忧也。

太府苟欲加害，而在我诚有以取之，则不可谓无憾；使吾无有以取之而横罹焉，则亦瘴疠而已尔，蛊毒而已尔，魑魅魍魉而已尔，吾岂以是而动吾心哉！

执事之谕，虽有所不敢承，然因是而益知所以自励，不敢苟有所隳堕，则某也受教多矣，敢不顿首以谢！

该文写于正德三年（1508年），是王阳明谪居贵州龙场期间回复毛宪副的一封书信。毛宪副即时任贵州按察司副使兼提学副使的毛科，与王阳明同为浙江余姚人。王阳明因反对宦官刘瑾专政，被廷杖后贬为龙场驿丞。当时思州太守以王阳明失势可欺，派人凌侮王阳明，逼迫他行跪拜之礼。不料，激起当地乡民公愤，把差吏围起来痛打一顿。这事引起思州太守震怒，传言王阳明必须谢罪，王阳明的同乡毛科也亲自写信，晓以利害，喻以祸福，劝王阳明赔礼了事。王阳明作书回复，剀切陈辞，断然拒绝了太守提出的无理要求，表达了维护人格尊严的坚定意志，太守听闻后也爽然自失。在与瘴疠蛊毒、魑魅魍魉为伴，时命屯蹇、命悬一线的情况下，王阳明仍旧不畏强暴、大义凛然，今日读来，仍然让人肃然起敬、仰佩不已。

"人无贵贱，有道则尊"，这也是中国道教所大力倡导的。一些宗教采取"唯我独尊"的态度，甚至为了追求"普世宗教"而不惜发动宗教战争，而道教则强调"上善若水，虚怀若谷"，强调"为而不争"，强调"负阴而抱阳，冲气以为和"，以平等包容的精神与其他宗教交流。

"物之不齐，物之情也"，人与人有共同点，但也有差别，因为每一个人都是独一无二的，就像世界上没有两片相同的树叶。正因为如此，如果都按照同一个标准去对待的话，那就会造成灾难。荀子曾引用《尚书》中的"维齐非齐"来谈他对平等观念的理解，认为要达到社会的平等，就必须"非齐"；一味追求"齐"，结果可能反而是"不齐"。究竟是"齐"还是"不齐"，不能只看表面现象。只有真正尊重他人、平等待人，才能实现人间和美。

"维齐非齐"四个字背后蕴含着中国传统的思维方式，楼宇烈先生称之为"自然合理"。楼先生认为："我们应该理直气壮地讲，中国是有科学思想的，自然合理就是科学思维。"这里的"自然"非指自然界，而是自然而然、本然的意思。"自然合理有一个特点就是个性化，这跟现代科学的普遍适用不一样，它注重的是如何符合这个事物的特性、事物的本性。"正如水一般，它可以随器赋形，随物寓色，从而滋养万物，这也正是老子认为"上善若水"、水"几于道"的根本原因之一。顺应事物的本性就需要尊重事物的个性。先秦儒家讲"维齐非齐",郭象在注解《庄子》时提出"适性逍遥",宋明理学家讲"理一分殊",其根本精神指向都是一致的。这些也正是中华文明"平等观念"深入人心的思想根基、文化根基。

"世界没有定于一尊的制度样板,没有放之四海而皆准的发展模式。各国都有权选择符合本国国情和人民需要的道路。"中国式现代化的生动实践充分表明,现代化道路并没有固定模式,适合自己的才是最好的,不能削足适履。每个国家自主探索符合本国国情的现代化道路的努力都应该受到尊重。我们在受到凌辱的时候没有丢掉骨气,我们在走向强起来的过程中也不会凌辱其他民族与国家,因为我们深深懂得一个传承数千年的道理,"己所不欲,勿施于人"。把自己当人,保持人的尊严;也把别人当人,希望每个人都有做人的尊严;看不得盛气凌人的人上人,历史证明这样的"人上人"最终都会成为被人笑话的人。在未受到平等对待时自强不息,在可以让人搭乘顺风车时厚德载物,这就是我们中国人的平等观。这种平等观深刻影响了中国式现代化蕴含的平等、互鉴、对话、包容的独特文明观。

中国式现代化蕴含的独特民主观与
中华优秀传统文化

去过天安门的朋友都应该看到过华表。关于华表的来历，学者们有多种说法，其中一种比较有说服力的说法是起源于远古的"诽谤木"。

据晋代崔豹《古今注》载："程雅问曰：'尧设诽谤之木，何也？'答曰：'今之华表木也，以横木交柱头，状若花也，形似桔槔，大路交衢悉施焉。或谓之表木，以表工者纳谏也，亦以表识衢路也（即辨识道路）。'"按照崔豹的描述，当时表木的形状与现在天安门前后的华表大致相同，而其功能，除了书写谏言，同时还可以作为路标。

诽谤何以是谏言？原来诽、谤二字的古义相同，均指"言其过失"，或者说"直言批评"，并无后世"无中生有，恶意中伤"的贬义。《吕氏春秋·不苟论》曰："尧有欲谏之鼓，舜有诽谤之木。"

也证明诽谤与谏言属同一性质。遗憾的是，原始意味的民主随着帝王权力的强化逐渐地消失殆尽了，文字狱大行其道，"莫谈国事"大行其道。原先的"诽谤木"也在历史长河中演变为装饰华丽、垂世长久的附属建筑。

对于《吕氏春秋》里的这句话，习近平总书记2019年1月25日在十九届中央政治局第十二次集体学习时的讲话中有引用：

> 大家读历史都知道，《吕氏春秋》里讲："尧有欲谏之鼓，舜有诽谤之木。""谏鼓"、"谤木"就是为了收集舆论。

"谏鼓"也好，"谤木"也好，都表明中国古代在开明时期言路畅通、民心舒畅，这也是民主的重要内容。

《周礼·地官·乡师》有云："凡四时之征令有常者，以木铎徇于市朝。"《诗经·大雅·板》亦有云："先民有言，询于刍荛。"刍荛即是割草打柴的平民。《诗经》中的《国风》反映了当时各地的风土人情，其内容即周王派使者到民间采风所得，这叫"木铎采诗"。其实，无论是"徇以木铎"，还是"询于刍荛"，抑或是"木铎采诗"，讲的无非都是当政者要到百姓身边，了解民意，都强调执政者要注意察民意，集民智，问政于民，问计于民。

在后世的很多时期，这些理念都没有得到很好贯彻执行。我们举一个汉代的例子。

东汉安帝刘祜亲政的几年，宦官、外戚勾结弄权，胡作非为，民怨四起。延光年间，河间出了一位忧国忧民的热血男儿，名叫赵腾。他不忍朝政一直这样堕落下去，千里迢迢跑到洛阳向皇帝上书。奏书直陈安帝的过失，刘祜读后气了个半死，一介草民太不自量！遂将赵腾逮捕审问，罪名是"罔上不道"。太尉杨震（即名传千古的"四知太守"）闻讯后，震惊又焦急，即刻上书。他深知安帝的德性，奏章写得尽可能婉转，说：尧舜时代"谏鼓谤木，立之于朝"，专门创造条件，让百姓批评朝政。商周时期，贤明的君主闻听"小人怨詈"后，不但不予追究，而且会自我警戒和反省。如今，赵腾所犯之罪就是"激讦谤语"，但此罪绝不能与持刀杀人相提并论，请求皇帝轻判赵腾，以劝诱天下"刍荛舆人"为国进言。安帝不听，最后竟将赵腾杀了。

在杨震这位老臣看来，赵腾所为是必须提倡的，也符合中国的政治传统。赵腾的表达是重要的，是朝廷了解民情民意的重要来源。杀了赵腾，就堵死了言路，是自毁江山。"知屋漏者在宇下，知政失者在草野。"不能轻视赵腾甚至更底层百姓的言论，很多真知灼见正是来自樵夫、车夫这些当时的底层百姓，只有经常听取他们的言论，才能真正知道政之得失。

但是，安帝不但杀了赵腾，而且还在宵小的怂恿下，逼死了杨震。这是不少昏君暴君统治下的常态。皇权得不到有效制约和规范，在唐宋以前还很先进的中国制度，明清以降逐渐成为中华民族精神与元气的桎梏，只有革故鼎新才能让历代先贤的理念与梦想得以实现，只有让人民当家做主才能让中华民族重振雄风。

人民当家做主是中国共产党矢志不渝的奋斗目标。一百多年来，中国共产党高举人民民主旗帜，领导人民在一个有两千多年封建社会历史、近代成为半殖民地半封建社会的国家实现了人民民主。民主从价值理念发展成为扎根中国大地的制度形态和治理机制，贯穿党领导人民进行革命、建设、改革的全过程，覆盖国家治理的各环节，体现在经济社会发展的各方面，中国人民真正成为国家、社会和自己命运的主人。

我们举两个例子。

大家知道新中国的国旗是怎么来的吗？这是一个体现人民当家做主的好例子。

1949年7月，《人民日报》刊登了一则启事：新政协筹备会向全国征集国旗图案。此后一个多月时间，筹备会收到了国内外寄来的应征国旗设计稿件1920件、图案2992幅，有的是工人在车间的工具箱上描绘的，有的是战士在前方的战壕里绘制的，还有的是由知名人士、专业人士设计的。对这些作品进行筛选并讨论修改后，最终确定五星红旗为新中国的国旗，而其设计者是上海市一名32岁的普通职员。这面代表人民并由人民设计的旗帜，从此在神州大地高高飘扬。

再举一个关于党的二十大的例子。

党的二十大，关乎中国发展前景，关乎14亿多人民幸福生活，关乎以中国式现代化全面推进中华民族伟大复兴。2022年4月15日至5月16日，党的二十大相关工作网络征求意见活动开展。这是我们党历史上第一次将党的全国代表大会相关工作面向全党全社会公开征求意见。

"围绕党的全国代表大会相关工作开展网络征求意见，是全党全社会为国家发展、民族复兴献计献策的一种有效方式，也是全过程人民民主的生动体现。"习近平总书记就研究吸收网民对党的二十大相关工作意见建议作出重要指示。

为构建现代能源体系、统筹推进碳达峰碳中和提出对策；为推动教育高质量发展，建议培养高质量人才；为健全防止返贫动态监测和帮扶机制想办法……在人民群众广泛响应、积极参与下，活动期间共收集各类意见建议留言超过854.2万条、2.9亿字，体现出了建言数量质量"双高"的特点。

从五四新文化运动倡导"德先生"、"赛先生"，到新时代提出举世瞩目的全过程人民民主，中国人民对于民主的追求一日不曾停止。党的十八大以来，习近平总书记提出全过程人民民主重大理念，在推动中国式现代化过程中，健全人民当家做主制度体系，发挥社会主义协商民主重要作用，丰富民主形式，畅通民主渠道，从各层次各领域扩大人民有序政治参与，推动全过程人民民主取得历史性成就，成为新时代我国民主政治领域具有重大创新意义的标志性成果。实践充分证明，社会主义现代化是在人民民主制度基础上发展的，中国式现代化是充分实现人民平等参与、平等发展权利基础上发展的，没有全过程人民民主，就没有中国式现代化。

习近平总书记强调："推进中国式现代化是一个探索性事业，还有许多未知领域，需要我们在实践中去大胆探索。"我国全过程人民民主是富有蓬勃生机的新事物，还需要在实践中不断发展完善。

中国式现代化蕴含的独特生态观与
中华优秀传统文化

2012年12月，习近平总书记在党的十八大后首次出京考察，来到改革开放先行地广东。总书记深刻阐述现代化进程中的生态文明建设："我们建设现代化国家，走美欧老路是走不通的，再有几个地球也不够中国人消耗。""走老路，去消耗资源，去污染环境，难以为继！"

有人算过这样一笔账：如果在全球维持一个像美国这样的物质社会，将需要五个地球的资源。中国，必须走出一条自己的路，走前人未曾走过的路。中国现代化不是西方现代化的"翻版"，这既是历史选择，也是时代必然。中国式现代化就是要防止和克服西方现代化伴生的物质主义膨胀、生态恶化等弊病，走出一条人与自然和谐共生的现代化新路。

2013年4月，在十八届中共中央政治局常委会会议上，习近平总书记提出振聋发聩的"生态三问"：

如果仍是粗放发展，即使实现了国内生产总值翻一番的目标，那污染又会是一种什么情况？

在现有基础上不转变经济发展方式实现经济总量增加一倍，产能继续过剩，那将是一种什么样的生态环境？

经济上去了，老百姓的幸福感大打折扣，甚至强烈的不满情绪上来了，那是什么形势？

发展经济是为了民生，保护生态环境同样也是为了民生。建设人与自然和谐共生的现代化，就是为了既创造更多物质财富和精神财富，满足人民日益增长的美好生活需要，也提供更多优质生态产品，满足人民日益增长的优美生态环境需要。

面对突飞猛进的工业文明，马克思很早以前就发出过警告："文明如果是自发地发展，而不是自觉地发展，则留给自己的是荒漠。"蒸汽机的发明，打开了工业文明时代的大门。人类在创造巨大物质财富的同时，也加速了对自然资源的攫取，造成人与自然关系紧张。20世纪，洛杉矶光化学烟雾事件、伦敦烟雾事件、日本水俣病事件等"世界八大公害事件"，"损失巨大，震惊世界，引发了人们对资本主义发展模式的深刻反思"。

"人类只有一个地球，人类也只有一个共同的未来。"这是中国的自觉，也是中国的担当。以绿色为底色的中国式现代化，摈弃传统工业文明"大量生产、大量消耗、大量排放"的模式，踏上了经济发展和生态环境保护共赢之路。

中国式现代化蕴含的独特生态观彰显了什么样的文化基因？中华优秀传统文化中的生生理念，在习近平生态文明思想中得到了充分彰显。

何谓"生生"？《周易·系辞上》第五章称：

> 一阴一阳之谓道，继之者善也，成之者性也。仁者见之谓之仁，知者见之谓之知，百姓日用不知，故君子之道鲜矣！显诸仁，藏诸用，鼓万物而不与圣人同忧，盛德大业至矣哉！富有之谓大业，日新之谓盛德。生生之谓易，成象之谓乾，效法之谓坤，极数知来之谓占，通变之谓事，阴阳不测之谓神。

"生生之谓易"，这句话体现了《周易》的根本思想，事实上也是中华文化根本精神的最佳体现。《周易·系辞下》第一章有云："天地之大德曰生，圣人之大宝曰位。"天地最大的德性就是"生"。《系辞上》第十一章用最简要的文字、最深刻抽象的文字描述了这个"生生"的过程：

易有太极，是生两仪，两仪生四象，四象生八卦，八卦定吉凶，吉凶生大业。

这段文字表现的就是宇宙的大化流行、生生不息。这个过程与《老子》描述的"道生一,一生二,二生三,三生万物"模式有相通之处，也有不同之处。按照《周易》的观点，宇宙是从混沌未分的"太极"发生出来的，而后有"阴"有"阳"，再由阴阳分化出太阴、太阳、少阴、少阳等四象，四象分化而为八卦，代表万物不同的性质，即《说卦传》所说的："乾，健也；坤，顺也；震，动也；巽，入也；坎，陷也；离，丽也；艮，止也；兑，说也。"相应的，这八种性质又可以用天、地、雷、风、水、火、山、泽的特征来表示。由八卦又"错综"生成六十四卦，但宇宙的生成过程并非到此就完结了，实际上仍可继续展开，所以六十四卦最后两卦为"既济"和"未济"，表示事物发展到最后必然有一个终结。但此一终结又是另一新的开始，故《序卦传》中说："物不可穷也，故受之以未济终焉。"天下万物就是这样生化出来的，也是这样一刻不停地生生不已。正是从这个意义上说，"生生"是一个连续不断的生成过程，它并没有由一个"主宰者"来创造生命，而是由自然界本身来不断地生成，不断地创造。天地本来就是这个样子，以"生生"为基本的存在方式。

回到《系辞上》第五章。"盛德大业"是《周易》提出的圣人标准。何谓"大业"？何谓"盛德"？《周易》认为"富有之谓大业，日新之谓盛德"。北宋思想家张载认为："富有，广大不御之盛与！日新，悠久无疆之道与！富有者，大而无外也；日新者，久而无穷也。"圣人事业一方面应当"富有"，繁荣富强，大而无外，另一方面应当"日新"，久而无穷。

如何才能做到"富有"且"日新"呢？《系辞上》第一章有世界观和方法论层面的明示：

> 乾以易知，坤以简能。易则易知，简则易从。易知则有亲，易从则有功。有亲则可久，有功则可大。可久则贤人之德，可大则贤人之业。易简，而天下之理得矣；天下之理得，而成位乎其中矣。

乾坤易简，大道至简，因为本质上不过两个字——"生生"，一切有利于"生生"的就是美的、善的。"生生"与"生"有关系，但又有很大不同。"生生"是一个大化流行、绵延不息的宇宙链条，就是前文讲到的天地人三才之道、参赞化育之道，是需要天地人特别是人来参与贡献的，因为"人能弘道，非道弘人"，"人"是能动的主体，是万物之中最特别、责任也最重的。人活一世，要有自己的德业——可久则贤人之德，可大则贤人之业——要干出一番有益于社会的事业，此即"可大"；这番事业还要"可久"，也就是不能过把瘾就死，不能只顾眼前不顾长远，只图昙花一现而不能松柏常青，应该代代相传、影响后世，此即"可久"。简而言之，我们追求的事业是"天下万世"之业，这也正是横渠四句所谓的"为天地立心，为生民立命，为往圣继绝学，为万世开太平"的简明概括。

"可大"、"可久"是中华文明的鲜明品格。不仅要自己好，还希望别人好，这是可大；不仅我们这一代要好，而且希望子子孙孙、千秋万代都好，这是可久。前者是在空间轴上的扩展，后者是在时间轴上的绵延。"不谋万世者，不足谋一时；不谋全局者，不足谋一域"，一纵一横，相互协力，让我们明白一切都是相互关联的。"四方上下曰宇，往古来今曰宙"，宇宙浩渺，天道循环，构成中华文明发展的大气象、大格局。中华先贤秉持这一健全的宇宙观，通过各种教化方式，转化为中华儿女日用而不知的行为自觉，这正是中华民族日益恢复该有的世界地位的内在动力，也是中华文明生生不息至今的文化基因。

事实上，中国人最善于在大局下思考问题，最善于协调个体与整体的关系。

作为中华优秀传统文化忠实传承者和弘扬者的中国共产党人，拥有战略眼光，保持战略定力，是一项必备品质。毛泽东说过："没有全局在胸，是不会真的投下一着好棋子的。"正所谓善弈者谋势，不善弈者谋子。井冈山时期，有一次毛泽东站在黄洋界上问战士："从这里你能看多远？"战士们你一言我一语，说能看到江西，还可以看到湖南。毛泽东接着大家的话说："我们革命就要站得高看得远，站在井冈山不仅能看到江西、湖南，还要看到全中国、全世界。"正因为有如此格局，中国革命的星星之火才形成了燎原之势；也正因为有如此格局，才让中国成为全球化建设的重要参与者、贡献者、引领者。

不仅要中国好，还要世界好，这是人类命运共同体在"可大"方面的体现；不仅要当代好，还要子孙好，这是可持续发展在"可久"方面的体现。如何才能实现可持续发展？就是要把推动形成绿色发展方式和生活方式摆在更加突出的位置，让资源节约、环境友好成为主流的生产生活方式，使青山常在、绿水长流、空气常新，让人民群众在良好生态环境中生产生活。之所以强调生态文明建设，是因为工业化创造了前所未有的物质财富，但也造成了前所未有的生态创伤。我们不能吃祖宗饭、断子孙路，重走西方工业化走过的弯路，而要解决好工业文明带来的矛盾，努力实现更高质量、更有效率、更加公平、更可持续、更为安全的发展，促进世界可持续发展和人的全面发展。建设生态文明是关乎中华民族永续发展的千年大计，也是关乎人类永续发展的历史伟业。

可大可久之业，才是合乎道义的历史伟业。大家一起发展才是真发展，可持续发展才是好发展。真发展即可大，不是一家独奏而是各国合唱，这是中国对世界秩序一直以来的期待；好发展即可久，不是一时一地的，而是高瞻远瞩、一以贯之的。《周易》有云："天行健，君子以自强不息。""地势坤，君子以厚德载物。"自强不息则可久，厚德载物则可大。做好新时代的奋斗者，日积月累，日就月将，中华民族伟大复兴将水到渠成，中华民族的永续发展将根深蒂固；当好新时代的包容者，不让土壤，不拒细流，人类命运共同体将合力而成，"为中国人民谋幸福，为中华民族谋复兴，为人类谋进步，为世界谋大同"的理想终将实现。

树高千尺有根，水流万里有源。习近平生态文明思想是马克思主义基本原理同中国生态文明建设实践相结合、同中华优秀传统生态文化相结合的重大成果，具有深厚的理论依据、文化底蕴。

2018年5月，习近平总书记在全国生态环境保护大会上发表重要讲话，提出新时代推进生态文明建设的原则，强调要加快构建生态文明体系。这次大会总结并阐述了习近平生态文明思想。习近平生态文明思想正式确立，成为建设美丽中国的根本遵循和行动指南。总书记特意提到十天前召开的纪念马克思诞辰200周年大会："我在会上特别强调，学习马克思，就要学习和实践马克思主义关于人与自然关系的思想。"

马克思认为，人靠自然界生活，人类在同自然的互动中生产、生活、发展，人类善待自然，自然也会馈赠人类，但"如果说人靠科学和创造性天才征服了自然力，那么自然力也对人进行报复"。"我们不要过分陶醉于我们人类对自然界的胜利。对于每一次这样的胜利，自然界都对我们进行报复"，这是恩格斯的名言。马克思主义就是我们党和人民事业不断发展的参天大树之根本，就是我们党和人民不断奋进的万里长河之泉源。

马克思主义的基本立场、观点和方法与中华优秀传统文化，有诸多契合之处。中华文明传承五千多年，积淀了丰富的生态智慧。"'天人合一'、'道法自然'的哲理思想，'劝君莫打三春鸟，儿在巢中望母归'的经典诗句，'一粥一饭，当思来处不易；半丝半缕，恒念物力维艰'的治家格言，这些质朴睿智的自然观，至今仍给人以深刻警示和启迪。"2013年5月，习近平总书记在主持十八届中共中央政治局第六次集体学习时娓娓道来。

人不负青山，青山定不负人。京津冀大气污染治理、浙江"千村示范、万村整治"工程、塞罕坝造林、毛乌素治沙……亮眼的"绿色成绩单"正是习近平生态文明思想在东方大地上的生动实践。从建设美丽中国到共建美丽地球，中国一诺千金。2022年世界经济论坛，习近平主席的视频演讲掷地有声：实现碳达峰碳中和是中国高质量发展的内在要求，也是中国对国际社会的庄严承诺。在肯尼亚东北部的加里萨郡，中企承建东非最大光伏电站，既不排放温室气体，又缓解了肯尼亚"电荒"；中国的节水梯田模式被复制到埃及，在西奈半岛山区涵养水源；非洲"绿色长城"有中国技术支持，阻止了撒哈拉沙漠南侵；中国电动大巴在南美有效缓解环境污染，吸引时任智利总统主动代言；北起中国昆明、南至老挝万象的中老铁路，建造过程中多次延长隧道、以桥代路，只为保护象群生存家园……

"前人种树后人乘凉，我们每个人都是乘凉者，但更要做种树者。"习近平总书记2017年3月29日在参加首都义务植树活动时的讲话，一语中的，也是"生生"理念的新时代表达。

08
第八章

在推进中国式现代化进程中
建设中华民族现代文明

只有创造过辉煌的民族，才懂得复兴的意义；只有迷茫彷徨过的民族，才对"收拾精神，自作主宰"有深切的渴望。中国是一个有着五千多年文明史的大国，在历史上曾长期走在世界前列，在制度上、文化上、思想上曾长期居于引领地位，辐射周边，影响世界。

近代以后，由于西方列强的入侵和封建统治的腐败，中国逐渐沦为半殖民地半封建社会，山河破碎，生灵涂炭，中华民族遭受了前所未有的苦难，中国人民精神上一度陷入被动。这种被动，用鲁迅在《呐喊》自序中的一句话可以概括：

> 有谁从小康人家而坠入困顿的么，我以为在这途路中，大概可以看见世人的真面目。

人事有代谢，往来成古今。中华民族所创造的中华文明，源远流长，饱经沧桑，而民族的交流融合、文化的吐故纳新以及传统的延续扩展一直静水流深。伟大的中国人民没有屈服，而是挺起脊梁，奋起抗争，进行了一场场气壮山河的斗争，谱写了一曲曲可歌可泣的史诗。历史已经证明并将继续证明，谁能够承担起实现中华民族伟大复兴的历史使命，谁就能赢得中国人民的衷心拥护，成为中华民族的主心骨。一百多年前，十月革命一声炮响，给中国送来了马克思列宁主义。中国先进分子从马克思列宁主义的科学真理中看到了解决中国问题的出路。在近代以后中国社会的剧烈运动中，在中国人民反抗封建统治和外来侵略的激烈斗争中，在马克思列宁主义同中国工人运动的结合过程中，1921年中国共产党应运而生。党的十九大报告郑重指出，从此，"中国人民谋求民族独立、人民解放和国家富强、人民幸福的斗争就有了主心骨，中国人民就从精神上由被动转为主动"。这一重大论断，意味着中国人民精神世界的发展迎来了曙光。

今日之中国，江山壮丽，人民豪迈，前程远大。在以中国式现代化全面推进中华民族伟大复兴的新征程上，习近平总书记向全党全国人民发出了"建设中华民族现代文明"的伟大号召。"中华文明源远流长，从未中断，塑造了我们伟大的民族，这个民族还会伟大下去的。"总书记的话代表了全党全国人民的心声。

循大道，至万里。在强国建设、民族复兴的新征程上，我们坚信，在以习近平同志为核心的党中央坚强领导下，在习近平新时代中国特色社会主义思想科学指引下，深入学习贯彻习近平文化思想，已经创造了人类文明奇迹的华夏儿女，必将在建设中华民族现代文明的伟大历史进程中，不断铸就中华文化新辉煌，谱写民族复兴新华章！

在坚定文化自信中实现精神上的独立自主

　　2023年中秋国庆长假刚过，一场重要会议——全国宣传思想文化工作会议在北京召开。这次会议认为，习近平总书记在新时代文化建设方面的新思想、新观点、新论断，内涵十分丰富，论述极为深刻，是新时代党领导文化建设实践经验的理论总结，丰富和发展了马克思主义文化理论，构成了习近平新时代中国特色社会主义思想的"文化篇"，形成了习近平文化思想。

　　这次会议最重要的成果，就是正式提出和系统阐述习近平文化思想。在"文化篇"之前，已有多个领域的重要思想在重要场合被总结和阐述。它们都是习近平新时代中国特色社会主义思想的重要组成部分。

　　2017年，党的十九大把习近平强军思想写入党章，这是习近平新时代中国特色社会主义思想的"军事篇"。同年12月，中央经济工作会议总结并阐述了习近平新时代中国特色社会主义经济思想。

2018年5月，党中央召开全国生态环境保护大会，正式确立习近平生态文明思想。一个月后，中央外事工作会议总结并阐述了习近平外交思想。

2020年11月，党的历史上首次召开的中央全面依法治国工作会议，将习近平法治思想明确为全面依法治国的指导思想。

习近平经济思想、法治思想、文化思想、生态文明思想、强军思想、外交思想……习近平新时代中国特色社会主义思想之光照亮前行之路。

"把民族命运掌握在自己手中，做一个走到哪里都受到尊敬的堂堂中国人，是近代以来中华儿女为之奋斗的目标。"这是习近平总书记对中国梦的深情阐释。如果说中国共产党的成立让近代以来的中国人民"从精神上由被动转为主动"，那么可以说，经过长期的革命、建设、改革实践和理论创新积累，习近平新时代中国特色社会主义思想让中国人民实现"精神上的完全主动"。这是《习近平新时代中国特色社会主义思想三十讲》中的一个重大论断。

党的十八大以来，习近平新时代中国特色社会主义思想在新的伟大斗争中，展现出强大的真理穿透力、价值感召力、实践引领力、文化自信力，已经成为全党全国各族人民的思想指引、行动遵循，成为我国社会主义经济、政治、文化、社会、生态文明建设以及国防军队、祖国统一、外交工作、党的建设等各方面的科学指南，以这一思想为指引的中国人民实现了精神上的完全主动。事实雄辩证明，新时代十年伟大变革，根本在于有习近平同志作为党中央的核心、全党的核心掌舵领航，根本在于有习近平新时代中国特色社会主义思想科学指引。一方面，习近平新时代中国特色社会主义思想以其深刻的理论性、实践性和鲜明的战略性、前瞻性，从根本上引领了党和国家事业全面开创新局面，是实现历史性变革的根本指针；另一方面，这一思想是走好新时代长征路的主心骨、定盘星，其实践价值是作用于现实的，更是影响长远的，必将随着实践的发展而更加充分彰显。新时代十年伟大变革，让我们更加深刻地领悟到一个道理——理论的先进，是最彻底的先进；思想的主动，是最大的主动。

"精神上的完全主动"体现在国内、国际的方方面面。首先看国内方面。比如，党的十八大以来，针对境内外敌对势力加紧对我国进行意识形态渗透和各种错误思潮、观点给我国改革发展稳定带来的严重干扰，党中央果断做出加强党对意识形态工作领导的重大工作部署，就意识形态领域方向性、根本性、全局性问题阐明立场，坚持马克思主义在意识形态领域的指导地位，建立健全意识形态工作责任制，加强宣传舆论阵地管理，加强网络舆论监管，对错误思想敢于亮剑、敢于斗争，坚决遏制各种错误思想炒作和蔓延，大大增强了党在意识形态领域的领导权、主动权和话语权，大大压缩了错误思潮和敌对势力造谣惑众、散布杂音噪声的生存空间，有效扭转了意识形态领域一度出现的被动局面。

又如，开展钓鱼岛维权斗争，划设东海防空识别区并实施常态化管控，强化对南海重点岛礁和海域管控，抓住时机推进南海岛礁扩建工程建设，取得了经略海洋、维护海权的历史性突破，为我国发展在国际上赢得了战略主动。《习近平强军思想学习问答》在"为什么要牢固树立战斗力这个唯一的根本的标准"这一问中如是说：

> 我军一路走来，以无往不胜的英雄气概，打败了国内外异常凶恶的敌人，打出了国威军威，为党和人民建立了伟大的历史功勋。近年来，面对严峻复杂的国家安全形势，全军部队坚持底线思维，全面加强练兵备战工作，坚定灵活开展军事斗争，有效应对外部军事挑衅，开展钓鱼岛维权斗争、有效监管东海防空识别区、组织南海常态化战斗巡航、进行边境维权斗争、震慑"台独"分裂行径等，有力维护了国家主权、安全、发展利益，维护了国家战略全局稳定。

国家稳定，人心稳定。主动权都是通过斗争得来的成果，也需要通过斗争来巩固。

习近平总书记在全国脱贫攻坚总结表彰大会上的讲话中，将脱贫攻坚取得的重大历史性成就概括为五条，其中一条就是：

脱贫群众精神风貌焕然一新，增添了自立自强的信心勇气。脱贫攻坚，取得了物质上的累累硕果，也取得了精神上的累累硕果。广大脱贫群众激发了奋发向上的精气神，社会主义核心价值观得到广泛传播，文明新风得到广泛弘扬，艰苦奋斗、苦干实干、用自己的双手创造幸福生活的精神在广大贫困地区蔚然成风。带领乡亲们历时七年在绝壁上凿出一条通向外界道路的重庆市巫山县竹贤乡下庄村党支部书记毛相林说："山凿一尺宽一尺，路修一丈长一丈，就算我们这代人穷十年苦十年，也一定要让下辈人过上好日子。"身残志坚的云南省昆明市东川区乌龙镇坪子村芭蕉箐小组村民张顺东说："我们虽然残疾了，但我们精神上不残，我们还有脑还有手，去想去做。"贫困群众的精神世界在脱贫攻坚中得到充实和升华，信心更坚、脑子更活、心气更足，发生了从内而外的深刻改变！

"不了解农村，不了解贫困地区，不了解农民尤其是贫困农民，就不会真正了解中国，就不能真正懂得中国，更不可能治理好中国。"脱贫攻坚战取得全面胜利，极大鼓舞了农民尤其是贫困农民，这种精神上的奋发向上同物质方面的硕果累累一样重要。

再看国际方面。世界正处于大发展大变革大调整时期，当代中国已不再是国际秩序的被动接受者，而是积极的参与者、建设者、引领者，这是"精神上的完全主动"的重要体现。世界对中国的关注，从未像今天这样广泛、深切、聚焦；中国对世界的影响，也从未像今天这样全面、深刻、长远。比如，2017年2月，联合国决议首次写入"构建人类命运共同体"理念，体现了这一理念已经得到广大会员国的普遍认同，也彰显了中国对全球治理的巨大贡献。第七十一届联合国大会主席彼得·汤姆森更是将构建人类命运共同体视为"人类在这个星球上的唯一未来"，有外国专家学者将构建人类命运共同体理念评价为"人类历史上最重要的哲学思想之一"。

提出共建丝绸之路经济带和21世纪海上丝绸之路重大倡议，是习近平总书记深刻思考人类前途命运以及中国和世界发展大势，为促进全球共同繁荣、打造人类命运共同体所做出的重大战略决策，开辟了我国参与和引领全球开放合作的新境界，在世界发展史上具有里程碑意义。

近年来，我国供给侧结构性改革深入推进，经济结构不断优化，同时，在引领全球经济治理中也发挥着积极作用。2016年的G20杭州峰会将"结构性改革"写入成果文件，列入全球经济治理行动指南。国际社会普遍认为，中国已经成为全球结构性改革的引领者。

2021年一句"中国人不吃这一套"火爆互联网，也极大振奋了中国人的精气神。

2021年3月18日，中美两国在阿拉斯加举行高层战略对话会议，中共中央政治局委员、中央外事工作委员会办公室主任杨洁篪在全世界的注目下，说出了那句语惊四座的著名言论："美国没有资格居高临下同中国说话，中国人不吃这一套。"这句话让中国人扬眉吐气，精神振奋，一夜之间，"中国人不吃这一套"出现在大街小巷，各种日用品、文化衫上都印上了这句让人解气的话。阿拉斯加对话极大地树立了中国的国家威望，就连日本媒体也承认，只有中国才能如此霸气，日本永远做不到。阿拉斯加中美激烈交锋，让世界见识到了一个敢于"平视世界"的中国，是中国人民实现"精神上的完全主动"的鲜活注脚。

中国人民"精神上的完全主动"，对于世界各国人民独立自主探索"精神主动"之道也很有借鉴意义。当今世界正处于百年未有之大变局，面临的不稳定性、不确定性日益突出。在这样一个世界发展何去何从的十字路口，习近平总书记以卓越政治家和战略家的恢宏视野、战略思维，鲜明提出一系列关乎人类前途命运的新理念、新思想、新主张，凸显了中国特有的大国风范、大国担当，成为不确定世界中的重要确定性因素，构成了习近平新时代中国特色社会主义思想的重要组成部分。

这一思想坚持中华文明的主体性、社会主义现代化建设的实践性，着力把当代中国在社会主义道路上建设现代化的积极探索和宝贵经验加以理论化、系统化，构建了坚持马克思主义原则、体现独特文明特征、独立于西方模式和西方话语的思想体系、价值体系、制度体系、目标体系、战略体系，深刻凝结着当代中国对人类更好未来的艰辛探索，拓展了发展中国家走向现代化的途径，给世界上那些既希望加快发展又希望保持自身独立性的国家和民族提供了全新选择。

近年来，很多西方国家出现社会紊乱甚至失序现象，如债务危机、难民危机、右翼极端主义暗流涌动、种族歧视引发社会抗议和骚乱等。前所未有的治理赤字，让西方世界"进入新的不确定、不稳定时期"。广大发展中国家追随欧美资本主义国家的发展理念和发展道路，到头来并没有解决发展问题，有的甚至战乱不断、民不聊生。

与之形成鲜明对比的是，在中国共产党领导下，改革开放四十多年来中国创造了世界历史上的发展奇迹，成功走出了一条独具特色的社会主义现代化道路，打破了发展中国家对西方国家现代化的"路径依赖"，为他们树立了发展榜样，提供了全新选择。哲学社会科学学者既要关注中国繁荣发展的生动实践，更要挖掘其中蕴含的中国智慧、中国理念和中国价值，让世界从与中国共享"经济发展红利"，走向更高层次的共享"思想理念红利"。

虽然我国综合国力和国际地位不断提升，国际社会对我国的关注前所未有，但中国在世界上的形象很大程度上仍是"他塑"而非"自塑"，我们在国际上有时还处于有理说不出、说了传不开的境地，存在信息流进流出的"逆差"、中国真实形象和西方主观印象的"反差"、软实力和硬实力的"落差"。我们要在已有文化自信的基础上，更加巩固与拓展；要在已有精神独立性基础上，更加丰富与完善。总而言之，就是要在坚定文化自信中实现精神上的独立自主。

实现中华民族精神上的独立自主，首先要明确中华文化的一个重要特点——自本自根。道家代表性人物庄子继承发展老子"道法自然"的观点，认为道无为无形、超越时空，"自本自根，未有天地，自古以固存"，是世间万物的创造者。"自本自根"这个词成为描述中华文化的一个好词汇。

中华文化的"自本自根"，与我国独特的地理环境有很大关系。我国周边多为海洋、高山、草原、荒漠，而中原华夏文明所处地理位置和资源相对优越，具有强大向心力和凝聚力，不断吸纳、融合周边族群与文化，呈现出周边向中心汇聚、内部自足更新的发展态势。这种态势被学界形象地称为"重瓣花朵式"结构，而中原文化就是整朵花的"花心"。

中华文明兼容并包，具有无比宽广的胸怀，与其他各大文明相比，自成一体，独具一格，是一个自本自根的文明。正如楼宇烈先生所言，如果说科学技术和生产力发展水平上的差异可以通过观念变革、社会变革来迎头赶上乃至消除的话，那么文化类型上的差异则不能用"赶上"的方法去解决，而且也是不可能、不需要解决的。中华文明自身的突出特性，在新时代得到了深刻阐释与高度重视。

曾几何时，我们将自己的文化贴上落后、愚昧的标签，将西方文化贴上光明、自由、美好的标签，"尽弃其学而学焉"，后来才发现，西方文化也有很多问题，中华文化也有很多很好的、足以矫正现代文明缺陷的因素，这就是习近平总书记反复强调的"历久弥新"。正如庞朴先生所说的，每一时代的文化里面都有绝对的内容，每一个民族的文化里面都有人类性的成分；人类性寓于民族性之中，永恒性寓于时代性之中，普遍性寓于特殊性之中。强调民族性并不是要排斥其他国家的学术研究成果，而是要在比较、对照、批判、吸收、升华的基础上，使民族性更加符合当代中国和当今世界的发展要求，因为"越是民族的越是世界的"。

"越是民族的越是世界的"，这个观念的形成来之不易，甚至为之付出了血的代价。在欧风美雨涤荡的年代，我堂堂中华也有学人独立支撑、傲然独创。比如，张岱年先生曾评价熊十力"著作丰富，内容宏博渊奥，确有甚深义蕴。以他的哲学著作和现代西方一些著名哲学家的著作相比，实无逊色"。美籍华裔学者陈荣捷介绍20世纪中国哲学家时，重点介绍了冯友兰和熊十力，并认为"熊、冯二氏，而以熊先生为先，盖以其哲学皆从中国哲学内部开展，非将西方思想与经学苟合也"。美、英、法等国各种《百科全书》及《哲学百科全书》则均有熊十力专条，表明注重"从中国哲学内部开展"

哲学体系的熊十力是世界级的哲学家，其重立大本、重开大用的"体用不二"架构是具有全球影响力的原创性中国哲学。

"越是民族的越是世界的"，我们再举一个例子。电视剧《觉醒年代》中，很多人物都丰厚饱满，让人看了直呼过瘾，其中有一个所谓的怪杰、狂儒尤其引人注目，他就是辜鸿铭。

辜鸿铭生在南洋，学在西洋，婚在东洋，仕在北洋，精通9种语言，获13个博士学位。他曾倒读英文报纸嘲笑英国人，说美国人没有文化。他是第一个将中国的《论语》、《中庸》用英文和德文翻译到西方的学者。凭借三寸不烂之舌，他向日本首相伊藤博文大讲孔学，与文学大师列夫·托尔斯泰书信讨论世界文化和政坛局势。辜鸿铭虽恣意狂放、独尊孔儒，却深受外人的重视，被印度圣雄甘地称为"最尊贵的中国人"。西方人曾流传一句话：到中国可以不看三大殿，不可不看辜鸿铭。很多人被他学贯中西的深厚学养、一以贯之的文化立场所感染。在那个唯西学马首是瞻的时代，辜鸿铭这个对西方文化最了解的人反而最支持中华文化，这是很值得玩味的。

20世纪20年代英国哲学家罗素在《中国问题》一书中认为：

从孔子时代以来，古埃及、巴比伦、马其顿、罗马帝国都先后灭亡，只有中国通过不断进化依然生存，虽然也受到诸如昔日的佛教、现在的科学这种外来影响，但佛教并没有使中国人变成印度人，科学也没有使中国人变成欧洲人。中国人如果对我们的文明扬善弃恶，再结合自己的传统文化，必将取得辉煌的成就。但在这个过程中，……中国文明如果完全屈从于西方文明将是人类文明史的悲哀。

然而，当时的中国知识阶层普遍认为，两千多年封建统治造成了中国文化落后、国家衰败。一些人在否定封建文化的同时，把传统文化中的优秀成分也一并否定掉了，认为中国只有"全盘西化"才有出路和希望，造成了当时中国人的文化迷茫。相反，辜鸿铭的文化自信却赢得世界的尊重。

国史大家陈寅恪说过："取塞外野蛮精悍之血，注入中原文化颓废之躯，旧染既除，新机重启，扩大恢张，遂能别创空前之世局。"既自本自根，又兼收并蓄，既有固有之圆心，又能画出无边的半径，进而成就中华民族文化主体性的盛大气象，这是我们在坚定文化自信中实现精神上的独立自主的唯一选择。

文化自信是一个国家、一个民族发展中最基本、最深沉、最持久的力量。在漫长的历史进程中，中华民族以自强不息的决心和意志，走过了不同于世界其他文明体的发展历程，创造了独树一帜的灿烂文化。独特的文化传统，独特的历史命运，独特的基本国情，注定了我们必然要走适合自己特点的发展道路。习近平总书记指出："有文化自信的民族，才能立得住、站得稳、行得远。"自信才能自强。只有坚定文化自信，总结好中国历史经验与当代经验，提升中国理论，实现精神上的独立自主，才能建设好中华民族现代文明。

在坚持守正创新中赓续历史文脉谱写当代华章

习近平总书记反复强调："守正才能不迷失方向、不犯颠覆性错误，创新才能把握时代、引领时代。"坚持守正创新，才能赓续历史文脉，谱写当代华章。

坚持守正创新，是儒家经权思想的创造性转化、创新性发展。《论语·子罕》中记载：

> 子曰："可与共学，未可与适道；可与适道，未可与立；可与立，未可与权。"

大意是说，孔子认为，可以一起学习的人，未必可以一起学到道；可以一起学到道的人，未必可以一起坚守道；可以一起坚守道的人，未必可以一起通权达变。孔子将学习分为四个阶段，即共学、适道、立、权。

孟子对于经权思想有重要发展。《孟子》中有一段著名的对话：

> 淳于髡曰："男女授受不亲，礼与？"
>
> 孟子曰："礼也。"
>
> 曰："嫂溺，则援之以手乎？"
>
> 曰："嫂溺不援，是豺狼也。男女授受不亲，礼也；嫂溺，援之以手者，权也。"

淳于髡向孟子抛出了一个两难问题：如果小叔子严格遵守"男女授受不亲"之礼，他就不能伸手去救溺水的嫂子，就要看着嫂子溺亡；如果小叔子伸手去救嫂子，他就违背了"男女授受不亲"之礼。孟子固然重视礼制，但也十分看重权变："权，然后知轻重。"虽然"男女授受不亲"之礼是必须遵守的，但是与人命相比，就分出轻重了。

不"权"不足以知轻重。《孟子·尽心上》说："执中无权，犹执一也。所恶执一者，为其贼道也，举一而废百也。"主张中道或者中庸是对的，但如果仅仅坚持一点而对其他一切不管不顾，没有周密的权衡、灵活的变通，那么同样是执着于一端，有损于仁道。这是孟子经权思想中最精彩的两句话，是独出心裁的理论总结，是对孔子"可与立，未可与权"思想的深化与发展，它比"权，然后知轻重"的正面阐述更为深刻，更加令人警醒。

用今天的话来说，孟子最反对的就是教条主义，反对拿一个所谓的公式到处去套，而不是实事求是地分析问题、权衡轻重，从而作出明智的决定。

守经达权、以常衡变，体现了中国古人的大智慧，深深地刻进了中国人的文化基因。被周总理誉为中国当代理学大师的马一浮先生说过："天下之道，常变而已矣。唯知常而后能应变，语变乃所以显常。"中华文化既有自本自根的独创性，也有海纳百川的包容性，在守正中创新，在创新中守正，在守正创新中生生不息、绵延发展，正因为像滚动的雪球一样有稳固而坚强的内核，所以能够越滚越大，可大且可久。

守正与创新相辅相成，体现了变与不变、继承与发展、原则性与创造性的辩证统一。在中国古代，孔子的"述而不作"影响深远。"作"是圣人之事，"述"是贤者之事。圣人作，贤者述，作是创新，述是传承，共同构成创新与传承的完整链条。朱子认为孔子的"述而不作"是"寓作于述"，也就是在创新中传承、在传承中创新，这保证了中华文明的连续性和创新性。

何谓"守正"？在党的二十大报告中，习近平总书记提出"六个必须坚持"，这是我们党首次从世界观和方法论的高度深刻阐述了推进理论创新的科学方法、正确路径。对理论创新来说，"守正"就是三个坚持，即坚持马克思主义基本原理不动摇，坚持党的全面领导不动摇，坚持中国特色社会主义不动摇。

对文化建设来说，守正才能不迷失自我、不迷失方向，创新才能把握时代、引领时代。在文化传承发展座谈会上，习近平总书记对守正创新有明确的表述：

> 守正，守的是马克思主义在意识形态领域指导地位的根本制度，守的是"两个结合"的根本要求，守的是中国共产党的文化领导权和中华民族的文化主体性。创新，创的是新思路、新话语、新机制、新形式，要在马克思主义指导下真正做到古为今用、洋为中用、辩证取舍、推陈出新，实现传统与现代的有机衔接。新时代的文化工作者必须以守正创新的正气和锐气，赓续历史文脉，谱写当代华章。

对文化建设来说，"守正"也有三方面的含义。一是马克思主义在意识形态领域指导地位的根本制度，二是"两个结合"的根本要求，三是中国共产党的文化领导权和中华民族的文化主体性。这一重要论断，为我们建设好中华民族现代文明指明了方向。

在2018年8月全国宣传思想工作会议上，习近平总书记用"九个坚持"高度概括了我们党对宣传思想工作的规律性认识；在2023年6月文化传承发展座谈会上，明确了文化建设方面的"十四个强调"，鲜明提出坚持党的文化领导权、深刻理解"两个结合"、担负新的文化使命等重大创新观点，提出建设中华民族现代文明的重大任务；2023年10月，习近平总书记又对宣传思想文化工作作出重要指示，提出"七个着力"的要求。

作为文化建设"守正"重要内容的"两个结合"，是新时代党的创新理论的重要创新内容，这一创新内容成了进一步推进理论创新的根本遵循。

2023年6月30日，习近平总书记在主持二十届中央政治局第六次集体学习时明确指出：

> 马克思主义中国化时代化这个重大命题本身就决定，我们决不能抛弃马克思主义这个魂脉，决不能抛弃中华优秀传统文化这个根脉。坚守好这个魂和根，是理论创新的基础和前提，理论创新也是为了更好坚守这个魂和根。坚持是为了更好地发展，发展也是为了更好地坚持。理论创新必须讲新话，但不能丢了老祖宗，数典忘祖就等于割断了魂脉和根脉，最终会犯失去魂脉和根脉的颠覆性错误。我提出守正创新，就是强调既不走封闭僵化的老路，也不走改旗易帜的邪路，这两条路都是死路。

"老祖宗"的问题是一个大问题。"不能数典忘祖"，习近平总书记从2013年12月26日在纪念毛泽东同志诞辰120周年座谈会上的讲话中开始提及，后在2014年5月4日北京大学师生座谈会上的讲话中、2014年8月20日在纪念邓小平同志诞辰110周年座谈会上的讲话中、2014年10月13日在主持十八届中央政治局第十八次集体学习时的讲话中、2018年3月8日在参加全国两会山东代表团审议时的讲话中、2019年3月18日在学校思想政治理论课教师座谈会上的讲话中、2022年5月27日在主持十九届中央政治局第三十九次集体学习时的讲话中等诸多重要场合都有强调。

　　反复强调"不能数典忘祖"是"两个结合"的重要内容、关键支撑，是新时代以习近平同志为主要代表的中国共产党人大力推进党的理论创新、推进马克思主义中国化时代化的一个范例，是文化生命体生生不息、新陈代谢的缩影，是体现文化主体性、彰显精神独立性的典范。习近平总书记在主持二十届中央政治局第六次集体学习时最为清晰地点出了"数典忘祖"的内涵，那就是"割断了魂脉和根脉"，"祖"就是"魂脉"和"根脉"。"魂脉"是一个崭新的概念，是这次会议首次提出，是与"根脉"相对应的提法。两个"决不能"将"魂脉"和"根脉"的概念进行了精准界定："决不能抛弃马克思主义这个魂脉，决不能抛弃中华优秀传统文化这个根脉。"这对于澄清一些人的错误认识有着很强的针对性，为我们更好推进实践基础上的理论创新、更好建设中华民族现代文明指明了方向、提供了遵循。

　　强调"两个结合"，这是新时代中国特色社会主义原创性的。

中国走上这条道路，跟中国文化密不可分。我们走的中国特色社会主义道路，它内在的基因密码就在这里，有中华优秀传统文化这个基因。所以我们现在就是要理直气壮、很自豪地去做这件事，去挖掘、去结合中华优秀传统文化，真正实现马克思主义中国化时代化。

中华优秀传统文化是我们党创新理论的"根"，我们推进马克思主义中国化时代化的根本途径是"两个结合"。

在五千多年中华文明深厚基础上开辟和发展中国特色社会主义，把马克思主义基本原理同中国具体实际、同中华优秀传统文化相结合是必由之路。这是我们在探索中国特色社会主义道路中得出的规律性认识。

历史正反两方面的经验表明，"两个结合"是我们取得成功的最大法宝。

中国特色的关键就在于"两个结合"。

……

"两个结合"是对马克思主义文化理论的丰富与发展，是新时代中国共产党人对马克思主义的原创性贡献。"结合"本身就是创新，同时又开启了广阔的理论和实践创新空间。

近代思想家严复在晚年时说过："鄙人行年将近古稀，窃尝究观哲理，以为耐久无弊，尚是孔子之书。四子五经，故是最富矿藏，惟须改用新式机器发掘淘炼而已；其次莫如读史，当留心细察古今社会异同之点。"传统文化是一个大宝库，需要一番发掘、陶冶、提炼、铸造才能为今所用。对传统进行创造性转化、创新性发展，必须在中国化时代化马克思主义指导下，结合时代特点，顺应"国潮最新潮、华流是顶流"的发展大势，为其注入全新的时代内涵，让新时代的中国闪耀中华文明的智慧光芒，让中国式现代化插上文化的翅膀，更好构筑中国精神、中国价值、中国力量，激发全民族文化创新创造活力，增强实现中华民族伟大复兴的精神力量。

在坚持文明包容互鉴中共同推动
人类文明发展进步

习近平总书记指出，中华文明具有突出的包容性，从根本上决定了中华民族交往交流交融的历史取向，决定了中华文化对世界文明兼收并蓄的开放胸怀。加快培育和创造新时代中国特色社会主义文化，离不开文化的开放包容。我们要立足中国、放眼世界，推动马克思主义中国化、时代化，充分发挥中华文明开放包容的突出特征，建设中华民族现代文明。

中华文明自古就以开放包容闻名于世。习近平总书记指出："从历史上的佛教东传、'伊儒会通'，到近代以来的'西学东渐'、新文化运动、马克思主义和社会主义思想传入中国，再到改革开放以来全方位对外开放，中华文明始终在兼收并蓄中历久弥新。"一部中国史，就是一部各民族交融汇聚成多元一体中华民族的历史，就是各民族共同缔造、发展、巩固统一的伟大祖国的历史。从赵武灵王胡服骑射到北魏孝文帝汉化改革，从"洛阳家家学胡乐"到"万里羌人尽汉歌"，从新疆出土的"五星出东方利中国"汉代织锦护臂到陕西出土的唐代三彩载乐骆驼俑，从中原盛行"胡衣胡帽"到边疆少数民族崇尚"雅歌儒服"，红军长征途中的"彝海结盟"留下民族团结的佳话……一部中华民族的历史，有你、有我、有他，有各民族的相互尊重、相互欣赏，有各民族文化的相互交融、相互借鉴。在这片瑰丽绚烂的土地上，各民族人民拥有亲如一家的文化根基，各民族文化拥有多元一体的精神血脉。

"五十六个星座五十六枝花，五十六族兄弟姐妹是一家。"中华民族五十六个民族守望相助、团结和睦，外国学者将这个"令人吃惊的统一"看作是"中国的神话"。其中奥秘何在？

中华民族以文化定义自己，正所谓"中国而夷狄也，则夷狄之；夷狄而中国也，则中国之"。在中国人看来，判定一个民族是不是中华民族大家庭一员的标志，不是种族，不是血缘，也不是地缘，而主要是文化。这种文化观、民族观打破了诸多隔阂，具有极强的坚定性与吸引力，成为中华民族不断发展壮大的关键，也是今日中国具有强大文化向心力、凝聚力的关键所在。

习近平总书记曾作过一个比喻，"各民族优秀传统文化都是中华文化的组成部分，中华文化是主干，各民族文化是枝叶，根深干壮才能枝繁叶茂"，二者是一个有机整体，不可或缺，不可替代。中华文化是各民族文化的集大成，各民族都对中华文化的形成和发展作出了贡献，正如习近平总书记指出的：

> 中华文化是各民族文化的集大成。我国文化宝库中的《诗经》、汉赋、唐诗、宋词、元曲、明清小说，既有大量反映少数民族生产生活的作品，也有大量少数民族作者的创造。藏族的《格萨尔》、蒙古族的《江格尔》、柯尔克孜族的《玛纳斯》，并称中国少数民族"三大英雄史诗"。在列入《人类非物质文化遗产代表作名录》的中国项目中，少数民族的占到三分之一。要向各族人民反复讲，各民族都对中华文化的形成和发展作出了贡献，各民族要相互欣赏、相互学习。把汉文化等同于中华文化、忽略少数民族文化，把本民族文化自外于中华文化、对中华文化缺乏认同，都是不对的，都要坚决克服。

对于中华文化的认同是中华民族共同体意识的关键所在，正因为如此，习近平总书记强调：

> 加强中华民族大团结，长远和根本的是增强文化认同，建设各民族共有精神家园，积极培养中华民族共同体意识。文化认同是最深层次的认同，是民族团结之根、民族和睦之魂。文化认同问题解决了，对伟大祖国、对中华民族、对中

国特色社会主义道路的认同才能巩固。

文化认同是最深层次的认同，是民族团结之根、民族和睦之魂，这是中华文明史教给我们的深刻智慧，也是建设中华民族现代文明的题中应有之义。

文化主体性是各个民族在千百年的融合发展中逐渐形成的，华夏儿女的文化自信源自文化主体性，文化主体性是建设中华民族现代文明的根基所在，也是坚持文明包容互鉴的基石所在。没有文化认同和文化主体性，就无法建设中华民族现代文明，也就无法为推动人类文明发展进步作出更大的贡献。

中华文明是各个民族在交流互鉴中形成的，也必将在与世界其他民族包容互鉴中更好发展，为积极落实全球文明倡议、不断丰富和发展人类文明新形态贡献力量。

中华文明之所以具有包容性、开放性，之所以能够平等对待其他各种文明，很重要的一个原因是中华民族具有强烈的好学精神。我们以《论语》这部对中国人影响深远的儒家经典为例进行说明。

《论语》二十篇，开篇就是《学而》，朱熹注曰：

此为书之首篇，故所记多务本之意，乃入道之门、积德之基、学者之先务也。

　　《论语》一书最开始的两个字是"子曰"，但具有实质性内容的第一句则是大家所熟知的"学而时习之"。从这个意义上说，《论语》这部经典是以"学"打头的。学的目的是什么？成为君子。所以《论语》首章将全书的旨意彰显无遗：

　　　　子曰："学而时习之，不亦说乎？有朋自远方来，不亦乐乎？人不知而不愠，不亦君子乎？"

　　学的目的是成为君子，而不是书呆子，只会读书不会做人做事、无法修齐治平影响社会的学不是真学；学的方法和路径是反复练习并不断体悟践行，做到知行合一，而不是学一套做一套，也不是装腔作势、虚张声势、有名无实；学的状态是愉悦快乐的，也是乐于与人共享的，而不是闭门读书、两耳不闻窗外事。但"及人而乐者顺而易，不知而不愠者逆而难"，有些时候不被人知，甚至被人误解、嘲笑、曲解，也能够做到"不知而不愠"，对所学保持定力，对世界保持信心，对与他人的感通保持耐心，这才是一个真正的君子应当达到的境界。于己为乐、与人为善，最终希望同归于善、同归于乐，这就是君子仁爱的气质、洒脱的胸怀、沉潜的底蕴、高明的气象。

　　有一副对联据说为南宋大儒朱熹所作：

学成君子，如麟凤之为祥，而龙虎之为变；

德在生民，如雨露之为泽，而雷霆之为威。

上联强调学的重要性，饱学君子将来会成为如龙虎、麟凤一般出人头地的人物；下联则强调修身立德，既要如雨露一般泽被万物，又要如雷霆一般公道勇武。君子之学，必然明体达用、体用贯通，也就是将马克思所说的"认识世界"和"改变世界"融为一体，将理论和实践打成一片。

习近平总书记2007年写过一篇《"书呆子"现象要不得》，意味深长：

不读书要不得，"书呆子"现象也要不得。读书不是一件容易的事，要切实加强对马克思主义的学习，重视学习的针对性和指导性，善于用马克思主义的立场、观点、方法认识和解决遇到的问题。要充分考虑生动的实际生活和现实的确切真实，注重研究新情况，认真分析新问题，积极寻求新对策，努力做到知行合一，理论联系实际，实实在在地做事情，尽心尽力地干工作，而不是热衷于追求热闹，只摆花架不种花，只摆谱架不弹琴。

对于中国共产党人来说，学习是为了知行合一、解决问题、改造世界、推动事业发展，"热衷于追求热闹，只摆花架不种花，只摆谱架不弹琴"的假学习是要不得的，没有实际效果的学习是要不得的。

"学成君子"这一主题贯穿《论语》全书，《论语》最后一章也呼应了首章：

> 子曰："不知命，无以为君子也。不知礼，无以立也。不知言，无以知人也。"

朱熹注解此章时引用前贤的话说：

> 知斯三者，则君子之事备矣。弟子记此以终篇，得无意乎？

"知斯三者，则君子之事备矣"，学成君子起码要做到这里的"三知"，这为后人的学习指明了努力方向。

"人不知命，则见害必避，见利必趋，何以为君子？""知命"很重要的一层含义就是知晓自己的使命，勇猛担当，这样才能无所畏惧、勇毅前行，才不至于见到困难就躲，遇到麻烦就避，看到风险就闪。

"不知礼，则耳目无所加，手足无所措。""知礼"很重要的就是明晓规矩规范，遵守公序良俗，弘扬优良传统，就是要主动融入社会，不然就会手足无措，就会与社会格格不入。

"言之得失，可以知人之邪正。""知言"最重要的就是如《周易》所言"多识前言往行，以畜其德"，仿效古今公认的典范，学习他们百世流芳的言行，这是"学"的重要内容。"前言往行"很多是通过书籍传承下来的。读书学史可以看成败、鉴得失、知兴替。历史人物有忠有奸，如果有"见贤思齐，见不贤而内自省"的学习精神，就能不断提升个人的境界和操守。

"学成君子"是《论语》全书的灵魂与主线，是将所有格言警句串起来的一条线索。

中国共产党人历来重视传承文明，赓续文脉，其对于学习的重视，是世界上所有其他政党很难比得上的。

2012年11月17日，党的十八大刚刚闭幕两天，习近平总书记便组织十八届中央政治局同志进行了第一次集体学习。他在讲话中谈道："国内外都在看我们这一届中央领导集体工作会以什么来开局，我们就以深入学习宣传贯彻党的十八大精神来开好局、起好步。"这次学习传递出新一届党中央从中央最高层做起加强学习的强烈信号。

2016年，《学习时报》连载了美国哈佛大学费正清中国研究中心研究员罗斯·特里尔主编的《习近平复兴中国》，其中一些观点非常富有启发性，这里简要引述：

如果说中共在西方的一片唱衰声中不降反升是依靠其超强的适应能力的话，那么这种适应能力的一个很重要的来源就是学习。专门从事政治精英研究的新加坡国立大学研究员薄智跃认为，"中国模式"实际上是一种学习模式。中共自上而下建立了一套庞大的学习系统，使之不仅能定期对党员进行党性教育，从而保持坚定的信念和勤政为民的作风，而且能迅速吸收新知识，掌握新措施新实践，克服"本领恐慌"，应对不断出现的新挑战。"学习"部分地可以解释中共为何在面临前所未有的民主化、全球化、信息化和网络化压力下，仍然能够保持其执政地位。

可以说，中国共产党在治理压力下，不断强化学习型政党建设，不断改造学习体系，创新学习机制，将中国传统、党的建设与现代治理技术都融入马克思主义政党这一组织主体上，大大提高了党员干部的党性和治理能力，也强化了中共自身的适应能力。中共的学习系统已经成为国家治理体系和治理能力现代化的重要环节。

善于学习，就是善于进步。我们党依靠学习创造了历史，更要依靠学习走向未来。

当今时代，知识更新周期大大缩短，各种新知识、新情况、新事物层出不穷。这是因为时代不同了，当今社会发展太快了。2013

年3月，习近平总书记在中央党校建校80周年庆祝大会暨2013年春季学期开学典礼上的重要讲话中，引用一些数据和事例来说明问题："有人研究过，18世纪以前，知识更新速度为90年左右翻一番；20世纪90年代以来，知识更新加速到3至5年翻一番。近50年来，人类社会创造的知识比过去3000年的总和还要多。还有人说，在农耕时代，一个人读几年书，就可以用一辈子；在工业经济时代，一个人读十几年书，才够用一辈子；到了知识经济时代，一个人必须学习一辈子，才能跟上时代前进的脚步。"正是着眼于这些新的时代特点，习近平总书记看到了全党需要加强学习、领导干部需要更新和优化知识结构的紧迫性。他认为，如果我们不努力提高各方面的知识素养，不主动加快知识更新、优化知识结构、拓宽眼界和视野，那就难以增强本领，也就没有办法赢得主动、赢得优势、赢得未来。

同一年，习近平总书记在欧美同学会成立100周年庆祝大会上的重要讲话中再次强调："学习是立身做人的永恒主题，也是报国为民的重要基础。梦想从学习开始，事业从实践起步。当今世界，知识信息快速更新，学习稍有懈怠，就会落伍。有人说，每个人的世界都是一个圆，学习是半径，半径越大，拥有的世界就越广阔。"

事实上，早在2004年，习近平同志在《努力具备符合时代要求的知识结构》一文中就高度重视学习，将学习提高到"关系到中华民族能否持续发展、能否实现民族复兴大业的战略问题"的高度：

当今时代，科学技术迅猛发展，各种知识层出不穷，迫切要求我们每个同志特别是领导干部加强学习，提高素质，努力具备符合时代要求的知识结构。党的十六大提出，要构建终身教育体系，"形成全民学习、终身学习的学习型社会，促进人的全面发展"。这是一个关系到中华民族能否持续发展、能否实现民族复兴大业的战略问题。

"学习是文明传承之途、人生成长之梯、政党巩固之基、国家兴盛之要。"这是中国共产党人对于学习重要性的高度概括。"中国共产党是一个在学习中成长、壮大的政党，学习自觉是其能够始终挺立潮头的重要法宝。中华民族是一个兼容并蓄、海纳百川的民族，学习力是其文明始终绵延不绝的重要源泉。"2018年1月10日，十九大胜利闭幕不久，《人民日报》在《全党来一个大学习——新时代中国共产党人的理论自觉》一文中的这两句话，对新时代中国共产党人学习自觉与学习力的重要性作了精彩提炼。

习近平总书记对马克思主义学习型政党的建设和对全民学习型社会的形成的引领作用也作了说明。他说，中国共产党这样的马克思主义政党"不仅自身要认真学习，努力成为学习型政党，而且要以自己的示范行动促进学习型社会建设，充分激发全社会创造活力，共同推动社会向前发展"。2014年5月22日，习近平总书记在出席亚信峰会后与外国专家座谈时，第一次提出"中国要永远做一个学习大国"。

建设学习大国的提出，是党把自身有关学习的意志和主张上升为国家意志和主张的重要体现，优化和丰富了党的学习理论的框架结构和关切领域，形成了学习在国家、政党和社会各个领域、各个层次多位一体、全面开展的新局面，展现了中国共产党作为执政党以全党学习带动全民学习、以学习型政党建设引领学习型国家建设的良好形象，体现了新的时代条件下我们党高度的学习自觉、自信和自强，彰显了中国共产党作为一个成熟型政党的开阔胸怀和世界眼光。

对于中华文化的强大生命力与巨大包容性，复旦大学张维为教授从文化基因、文明基因的角度有一个精彩概括：

有学者认为"中国文化是世界上罕见的多基因文化"，"古代华夏文明的内吸式壮大过程，使它具有特别突出的宽容精神和强大的包容、吸收与变通能力"。这种基于"多基因文化"的"包容、吸收与变通能力"本质上就是一种特殊的"综合创新能力"。它也体现在中国人特殊的学习能力上。

他还举例说明我们究竟学了些什么：

历史上，我们从世界不同文明中汲取养分，从世界各国借鉴经验，就像中亚民族发明的二胡，今天成了中国民乐的主要乐器；西方人提出的社会主义理念也中国化了。新中国建立以来，我们借鉴了国外大量的经验，包括苏联的经验和西方国家的经验。改革开放以来，我们有选择地学习了美国在金融领域内的经验，日本、德国在企业管理方面的经验，以色列在农业方面的经验，新加坡在开发区建设和反腐倡廉方面的经验，等等。但总体上看，我们没有简单地照搬外部的经验，而是综合了别人的经验，并根据中国的民情国情进行借鉴甚至创新。

以我为主，开放且有定力地学习，这也是孔夫子两千多年前曾经教给我们的。

党的十八大以来，从推动构建人类命运共同体，到高质量共建"一带一路"，从提出全球文明倡议，到创立亚洲文明对话大会、举办中国共产党与世界政党领导人峰会，以习近平同志为核心的党中央立足中华文明开放包容的文明特质，着眼于当今世界开放包容、多元互鉴的主基调，坚持弘扬平等、互鉴、对话、包容的文明观，着力促进和而不同、兼收并蓄的文明交流。在中国共产党领导下，中国不遗余力促进世界各国文明开展平等对话、相互启迪，探索出一条交流互鉴、美美与共的文明之路，让各国文明在交流互鉴中熠熠生辉。

2023年5月18日至19日，中国—中亚峰会在西安举行。中亚各国元首在唐风古韵中感受中华文化海纳百川、包容四海的雍容气度。

大唐首都长安不远处的敦煌，是人类文明包容互鉴的典范。季羡林先生说过："敦煌文化的灿烂，正是世界各族文化精粹的融合，也是中华文明几千年源远流长不断融会贯通的典范。"敦煌是古代中国通向西域的重要门户，古代中国文明同来自古印度、古希腊、古波斯等不同国家和地区的思想、宗教、艺术、文化在这里汇聚交融。中华文明以海纳百川、开放包容的广阔胸襟，不断吸收借鉴域外优秀文明成果，造就了独具特色的敦煌文化和丝路精神。

2023年11月24日，习近平主席向世界中国学大会·上海论坛致贺信，在贺信中他指出：

中国学是历史中国之学，也是当代中国之学。中华文明源远流长，在同世界其他文明的交流互鉴中丰富发展，赋予中国式现代化以深厚底蕴。溯历史的源头才能理解现实的世界，循文化的根基才能辨识当今的中国，有文明的互鉴才能实现共同的进步。希望各国专家学者当融通中外文明的使者，秉持兼容并蓄、开放包容，不断推进世界中国学研究，推动文明交流互鉴，为繁荣世界文明百花园注入思想和文化力量。

恩格斯说过："我们越是深入地追溯历史，同出一源的各个民族之间的差异之点，也就越来越消失。一方面这是由于史料本身的性质——时代越远，史料也越少，只包括最重要之点；另一方面这是由这些民族本身的发展所决定的。同一个种族的一些分支距他们最初的根源越近，他们相互之间就越接近，共同之处就越多。"中华民族是具有开放包容胸怀的民族，在新的历史起点上铸就中华文化新辉煌，要坚持马克思主义中国化、时代化，传承发展中华优秀传统文化，促进外来文化本土化，以更加博大的胸怀，更加广泛地开展同各国的文化交流，更加积极主动地学习借鉴世界一切优秀文明成果。

九天阊阖开宫殿，万国衣冠拜冕旒。这是汉唐盛世的华夏气象，是中华民族海纳百川、胸襟博大的最好象征。坚持文明包容互鉴，以时代精神赓续优秀传统，更好构筑中国精神、中国价值、中国力量，在推进中国式现代化进程中建设中华民族现代文明，同时与各国人民、各国文化同归于治、同归于善，共同推动人类文明发展进步，就能让中华文明同各国人民创造的多彩文明一道，为人类提供正确精神指引。

后　记

2007年，在北京官园一处家人闲坐、灯火可亲的寓所，北大国学社的一群小伙伴，一起拜访甫回国内的叶曼先生。

叶曼先生幼承庭训，四岁开蒙，中年师从南怀瑾先生，后在美国开设文贤书院，保存传播中华优秀传统文化，回京定居时，已然93岁高龄。当时种种请益问难的内容虽已模糊，但一句铿锵的论断言犹在耳："中国一定强！二十年后，全世界都会来学习中国文化，到时，你们拿什么教给别人？"

2009年起，国学社邀请叶曼先生在北大举办《道德经》系列公益讲座，我有幸担任讲座主持。记得第一次讲座，叶曼先生着一身旗袍来到课堂，她说："重回母校，我以这样的方式表达我的尊重。"整堂课两个小时，她一直站立着不曾坐下。每一次课，先生来回坐四个小时的车过来，课前会用竖排、繁体、娟秀的蝇头小楷手书这一次的要点，交与我们复印给大家。也正是在这一次次的讲座中，我结识了伟光、李猛等同道好友。

那些一同在国学社含英咀华的时光，还包括——

晨露未晞的未名湖畔，早读《诗》、《书》，清音琅琅；

入夜时分的理教教室，精读《论语》，字研句磨；

新桐初引的静园草坪，习练八段锦，亦张亦弛；

水榭楼台的鸣鹤园中，雅集唱和，声声入耳。

我们还曾从游潇湘之地，访道寻师，于山色有无间，读取大块文章……

有趣的是，大部分国学社社员并非来自文史背景。伟光本硕均为材料专业，李猛从农学转到国学领域，刚跨专业成为一名图书编辑，而我是光华管理学院的本硕，又接着读了博士。仿佛某种血脉里共同的召唤，让我们回溯到文化的源头，如痴如醉地汲取养分。而彼时的燕园，流行的是向前看、向西方看，北大国学社即便不算边缘，也肯定算是小众。但我们乐此不疲、欲罢不能，因为深得其味、深得其乐。在日复一日的熏染中，初识何谓经典、何谓圣贤，何谓传统、何谓使命。读书是一字一句、口诵心惟，与古圣先贤把臂同游、千古同风。传统则仿佛一束亮光反照，让我们看到自身的来处，明了未来将向何方，身心遂得以安顿。

2014年，伟光从北大哲学系暨国学研究院博士毕业，入职人民日报，成为中国第一大报的理论编辑。李猛已在出版社策划出了好几种叫座又叫好的优质图书。这年，我从光华管理学院博士后出站，来到湖南大学任教。选择这里，既因为家乡风物亲，也因为我听到了这样一句话："没有任何一所大学，能像北大一样影响近代中国的命运；也没有任何一座学府，能像岳麓书院一样，见证中国文化的千年传承。"

从岳麓书院延续而来的湖南大学，是一所古老、美丽、开放的大学。千年弦歌不绝是它的古老，麓山湘水环绕是它的美丽，不设围墙、没有校门是它的开放。岳麓书院讲堂之上高悬着"实事求是"的匾额，青年毛泽东曾无数次注目流眄，深思力行。岳麓山下的自卑亭和登高路，隐喻着"登高必自卑"的学问之道；山间的道中庸亭和极高明亭遗址，承载了"极高明而道中庸"的生命境界；山上数十座英烈墓，更诠释了何谓"一群湖南人，半部近代史"。我常常漫步在山间院内、水边林下，感受那文脉武魂在内心的激荡，而对传统经典的研习，也一直未中断过。

2017年，世寿103岁的叶曼先生示寂，我与诸位旧年国学社好友重聚湖畔，为先生举办追思会。与先生的十年因缘，从兹圆满，也自兹翻新。我们想起某一次讲座末了，先生说："在这两个小时里，我唱一出老师的戏，你们唱一出学生的戏，等会儿大家都散了。这就是人生。各人演好自己的戏，这就是道，这就是德，就是道德。"未名一会虽散去，但各自珍重，各自荷担，成己成物，即是道德，即是我们永久的追思。

2019年起，我在湖南大学MBA学员中开设《湖湘文化与社会责任》课程，引导学子们追寻湖湘文脉，增强文化认同和社会使命感。2021年疫情期间，创立"衡门经典读书会"，与大家一同线上共读，从曾国藩家书到经典格言，从《幼学琼林》到《千字文》，日有所诵，直至今日。

遥相呼应的是，伟光于2018年发起组织了拔节新时代群，将看似枯燥的理论学习搞得朝气蓬勃、生意盎然，经过六年多满怀热情、苦心孤诣的运营，这个社群已经成为理论界的一个品牌。此外，他发起组织的亲范学堂，效法古人"一日不作，一日不食"，努力倡导"一日不读，一日不食"，从2015年2月8日开始迄今，与朋友们一起，通过行不言之教，引领陪伴子女诵读中华元典。李猛则从中国纺织出版社来到他梦寐中的出版殿堂——中华书局，成为大众图书编辑和《文史知识》编辑，现在又拓展到近现代史和主题出版领域。

因缘潜移默运，我们在2023年再次交会。

党的二十大提出中国式现代化，习近平总书记深刻诠释"第二个结合"，传统文化已从不绝如缕到郁郁葱葱，成为"国潮"。在学习"中国式现代化"相关论述时，我忽然心有所感，发现每一个中国式现代化的特征，都亦古亦新，背后都渊源有自。于是，与伟光联袂撰成《中国式现代化的文化基因》一文，被《学习时报》采用，在2023年8月7日头版发表。文章得到学习强国平台首页重点推荐，阅读量近百万，得到很多惊喜反馈。

去年七一，李猛与伟光在北京小聚，谈及主题出版，希望得到老朋友支持。《中国式现代化的文化基因》正式发表后，经过沟通，李猛诚挚邀请将其扩展成书，在中华书局出版。北大国学社此时已因种种原因停办，而我们仨决定再度携手，努力打造精品，算是赓续曾经的社团理想，也算是以崭新的方式赓续燕园梦想。

于是，接下来的半年中，我们在古老文明和现代文明之间穿梭往返，欣然发觉，中华传统文化与中国式现代化的实践完全可以互相映照，互相阐发，既美成在久，又与古为新。

我与伟光的写作，大体分工如下：我负责第三章、第四章、第五章的写作，伟光负责第一章、第六章、第七章和第八章，第二章则由两人合力完成。

写书如吐丝，当过往种种积淀以一种抽丝剥茧的方式倾吐成形，虽然线性的语言文字替代不了立体的生命体验，难免有言不尽意之感，却也同时让许多不解的困惑得以澄清，让许多零星思考得以整合，这或许便是写作的意义。

"却顾所来径，苍苍横翠微。"在此详述我们三个人的故事，只因想起了一句意味深长的话："一个人的命运，当然要靠自我奋斗，但也要考虑到历史的进程。"每个人的经历都是大时代里的小切片，如果说十余年前我们的"血脉觉醒"，是被文化经典的瑰丽璀璨所照亮，那么今天全中国人的"文脉觉醒"，则是文化基因的伏脉千里，是人间大道的亘古亘今，也是一个古老民族的日新又新。

写至此刻，叶曼先生17年前的耳提面命，依然响如惊雷。

"二十年后"的预言，当时闻之似遥，如今已近在目前。我们做了一点点努力，但还远远不够；这本小书，权当一个阶段性的总结，作为对师长嘱托的汇报，也是对学生时代那一段最美时光的致敬与回望。

感恩鲐背之年的楼宇烈先生赐予序言。先生是北大国学社的指导老师，也是伟光的博士生导师。多年来读先生书、听先生言，其德巍巍，其人温温，山高水长，难以尽述。

感谢张维为教授。多年前读到《中国震撼》时的震撼，仍留心中。本书中许多观点的形成，都可追溯到张教授关于"文明型国家"论述所带来的启示。先生欣然提笔写序，对我们是莫大的鼓励。

也要特别感谢和致敬《学习时报》及其老社长许宝健，没有半年前那篇在头版刊登的方块文章，就没有今天的这本著作。此外，书稿写作过程中参考了《人民日报》、《光明日报》、《学习时报》、学习强国等报刊网站的许多理论文章及大量学术资料，在此一并致以谢意。

本书能顺利付梓，感谢李猛兄和中华书局的大力促成，感谢杜艳茹编辑的精心审校。

特别说明，本书是国家自然科学基金面上项目"久在樊笼里，复得返自然？基于应对视角的消费者自然产品偏好研究：类别、机制与对策"（项目编号：71972067）的阶段性成果，也是国家社会科学基金重大项目"中国式现代化的理论内涵与实现路径研究"（项目编号：22&ZD012）的阶段性成果。

同今人居，与古人稽。薪尽火传，不知其止。

谨以这本小书献给我们伟大的文明和伟大的时代。

彭璐珞

甲辰立春于岳麓山畔